职业教育蓝皮书
LUE BOOK OF VOCATIONAL EDUCATION

广州市职业教育发展蓝皮书
（2014）

BLUE BOOK OF GUANGZHOU VOCATIONAL EDUCATION DEVELOPMENT(2014)

刘晖　王贵军◎主编

·广州·

版权所有　翻印必究

图书在版编目（CIP）数据

广州市职业教育发展蓝皮书·2014/刘晖，王贵军主编.—广州：中山大学出版社，2015.12

ISBN 978-7-306-05562-0

Ⅰ.①广… Ⅱ.①刘… ②王… Ⅲ.①职业教育—发展—白皮书—广州市—2014　Ⅳ.①G719.2

中国版本图书馆 CIP 数据核字（2015）第 305666 号

出版人：	徐　劲
策划编辑：	金继伟
责任编辑：	林彩云
封面设计：	林绵华
责任校对：	廖丽玲
责任技编：	何雅涛
出版发行：	中山大学出版社
电　　话：	编辑部 020-84110771，84110283，84113349，84111996
	发行部 020-84111998，84111981，84111160
地　　址：	广州市新港西路 135 号
邮　　编：	510275　　传　真：020-84036565
网　　址：	http://www.zsup.com.cn　E-mail: zdcbs@mail.sysu.edu.cn
印　刷　者：	广州家联印刷有限公司
规　　格：	787mm×1092mm　1/16　18.75 印张　389 千字
版次印次：	2015 年 12 月第 1 版　2015 年 12 月第 1 次印刷
定　　价：	58.00 元

如发现因印装质量问题影响阅读，请与出版社发行部联系调换

广州市职业教育发展蓝皮书编委会

主　　任：邓宏永　张连绪　邓成明

副主任：陈建年　刘　晖　王贵军

委　　员：（按姓氏笔名排序）

邓成明　邓宏永　王贵军　闫利雅　刘　晖

汤晓蒙　买琳燕　邱立雄　张连绪　张　灵

陈建年　陈　苑　李岸潮　孟卫青　赵小段

赵　锋　查吉德　樊明成

主　　编：刘　晖　王贵军

副主编：查吉德　赵　锋　张　灵　买琳燕　樊明成

汤晓蒙　孟卫青　闫利雅　赵小段

前　言

《广州市职业教育发展蓝皮书（2014）》（以下简称《蓝皮书》）由广州市发展和改革委员会与广州大学、广州番禺职业技术学院联合编写，是一部将历史与现状、理论与实践、共性与个案一炉共冶的，全面展示广州市职业教育发展状态的报告。

《蓝皮书》是第一部描述广州市职业教育发展全景的专业报告，遵循科学严谨、论从史出、言必有据的原则，致力于历史与逻辑的统一、社会与教育的统一、改革与发展的统一、文字和数字的统一，以及科学性、实用性与学术性的统一，使其成为一部职业教育领域的权威年度报告，一部服务于政府、学校、研究机构和社会各界人士的具有年鉴、档案、咨询、史记等功能的专业工具书。

《蓝皮书》由四个部分构成。第一部分为广州市职业教育改革发展报告，第二部分为广州市职业教育发展专题报告，第三部分为典型案例，第四部分为附录。2014年是中国职业教育事业发展具有"里程碑"意义的一年，是我国职业教育全面综合改革的元年。中共中央、国务院先后发布了《国务院关于加快发展现代职业教育的决定》、《现代职业教育体系建设规划（2014—2020年）》和《关于开展现代学徒制试点工作的意见》等战略性文件，明确了发展职业教育是促进转方式、调结构和民生改善的战略举措，确立了加快发展现代职业教育的战略地位。2014年也是广州市职业教育取得重大进展的一年。《蓝皮书》正是在此大时代大背景下，力求全面总结2014年广州市职业教育发展情况，分析新常态，介绍新动态，总结新特点，剖析新问题，提炼新成果，展望新趋势。

《蓝皮书》第一部分包括广州市职业教育改革发展的社会背景、广州市职业教育改革发展的历史与现状和广州市职业教育改革发展的主要措施。阐述了中国经济社会发展新进展，如经济新常态、"一带一路"国家战略、中国（广东）自由贸易试验区等，及其对广州市职业教育发展的需求与挑战，介绍了世界职业技术教育发展特征与趋势，叙述了自 1949 年以来广州市职业教育的跌宕起伏、起承转合，回顾了从 1950 年广州市政府颁布《关于职业技术学校的发展和改进意见》到广州市委、市政府颁发《广州市职业技术教育发展总体规划（2006—2020 年）》的历史变迁，陈述了广州市高等职业教育、中等职业教育（含中等职业学校和技工学校教育）发展状况，以及 2014 年为推动新时期广州市职业教育改革与发展的"政校企行深度合作，产学研用协同育人"新举措。第二部分分别介绍了广州市职业教育体制机制改革与创新报告、广州市职业教育国际化发展报告、广州市民办职业教育发展报告三个专题，展现了 2014 年职业教育改革的战略方向与创新突破。第三部分是在阅读梳理大量的广州市职业教育发展与改革鲜活事例的基础上，筛选、归类、提炼的 12 篇典型案例，分别汇聚了 2014 年职业教育在人才培养、社会服务等领域的最新改革进展，典型案例各具特色，代表了广州市职业教育的典型做法和发展趋势，是广大职业教育工作者探索累积的"广州经验"。第四部分附录包括相关制度文件和各类基础数据表，前者收录了广州市政府有关职业教育发展总体规划、综合改革、校企合作、内涵建设以及加快发展现代技工教育等方面的主要文件，后者收录了代表广州市职业教育整体发展状态的数据。

需要指出的是，由于本报告是第一部《蓝皮书》，为全景展示广州市职业教育和清晰表述事情的原委，叙述时间并不局限于 2014 年度，例如，新中国广州市职业教育发展历史跨度为 60 多年，广州教育城建设工作、职业教育集团（联盟）探索也溯及 3~5 年之前。

尽管《蓝皮书》的整体框架、篇章结构与内在逻辑经过了反复推敲与集思广益，研究团队经过一年多的查阅文献、实地调研、访谈座谈、思考写作，但由于是首次编著《蓝皮书》，经验不足在所难免，"始生之物，其形必丑"（《庄子》），内容与观点亦难免不尽完善，敬请同行批评指正。

目　　录

第一部分　广州市职业教育改革发展报告

一、广州市职业教育改革发展的社会背景 …………………………… 1
二、广州市职业教育改革发展的历史与现状 ………………………… 29
三、广州市职业教育改革发展的主要措施 …………………………… 58

第二部分　广州市职业教育发展专题报告

专题一　广州市职业教育体制机制改革报告 ………………………… 63
一、广州市职业教育体制机制改革的背景与意义 …………………… 63
二、广州市职业教育体制机制改革的探索与实践 …………………… 65
三、广州市职业教育体制机制方面存在的主要问题 ………………… 81
四、广州市职业教育体制机制改革的对策与建议 …………………… 82

专题二　广州市职业教育国际化发展报告 …………………………… 85
一、广州市职业教育国际化的发展背景 ……………………………… 85
二、广州市职业教育国际化的发展现状 ……………………………… 86
三、广州市职业教育国际化的主要问题 ……………………………… 96
四、广州市职业教育国际化的发展对策 ……………………………… 99

专题三　广州市民办职业教育发展报告 ……………………………… 104
一、广州市民办职业教育的发展背景 ………………………………… 104
二、广州市民办职业教育的发展现状 ………………………………… 106
三、广州市民办职业教育发展面临的主要问题 ……………………… 117
四、广州市民办职业教育的发展对策 ………………………………… 122

第三部分　典型案例

人才培养案例 …………………………………………………… 127
社会服务案例 …………………………………………………… 197

第四部分　附录

附录一　广州市颁布的相关政策文件 ………………………… 211
附录二　各类基础数据表 ……………………………………… 253

第一部分 广州市职业教育改革发展报告

一、广州市职业教育改革发展的社会背景

(一) 国家、省、市重视职业教育

近年来,随着经济社会转型和高素质技能型人才需求日益旺盛,职业教育的地位和作用也更加凸显,国家重点推进职业教育发展,广东省和广州市也更加重视职业教育发展,结合本地区需求,制定各项职业教育政策,加大投入,极大促进了职业教育的发展。

1. 国家重视推进职业教育发展

国家一直重视职业教育发展,尤其是《国家中长期教育改革和发展规划纲要(2010—2020年)》颁布以来,我国职业教育取得了巨大的成就。一是建立了世界上最大规模的职业教育体系。二是形成了基本完善的职业教育法律制度体系。三是探索了灵活多样的职业教育办学模式。四是确立了覆盖广泛的职业教育学生资助体系。五是走出了一条中国特色的职业教育发展道路。[①] 2014年,国家继续加快发展现代职业教育,不断出台相关政策。因此2014年被认为是中国职业教育发展史上最惊天动地的一年,国家对职业教育投入了前所未有的关注,中国职业教育正面临着前所未有的机遇和变革。

2014年上半年,有关职业教育发展的重要会议陆续召开,重要政策连续出台。2月26日,李克强总理主持召开国务院常务会,部署加快发展现代职业教育,确定了加快发展现代职业教育的任务措施:一是牢固确立职业教育在国家人才培养体系中的重要位置,激发年轻人学习职业技能的积极性。二是创新职业教育模式,扩大职业院校办学自主权;建立学分积累和转换制度,打通从中职、专科、本科到研究生的上升通道;引导一批普通本科高校向应用技术型高校转型。三是提升人才培养质量。四是引导支持社会力量兴办职业教育。五是强化政策支持和监管保障。3月25日,教育部召开2014年度职业教育与

---

① 教育部:《〈中国职业教育发展报告〉总结十年历程》,http://edu.sina.com.cn/l/2012-10-29/1039220646.shtml,2012-10-29。

继续教育工作会议，强调要牢固确立现代职业教育在国家人才培养体系中的重要位置，让职业教育为国家和社会源源不断地创造人才红利。同月，新一轮高校改革调整方向明确：国家普通高等院校1200所学校中，将有600多所转向职业教育，占高校总数的50%。本次高校改革调整的重点是1999年大学扩招后"专升本"的600多所地方本科院校，将率先转作职业教育。5月2日，国务院印发《关于加快发展现代职业教育的决定》（以下简称《决定》），全面部署加快发展现代职业教育。《决定》明确了今后一个时期加快发展现代职业教育的指导思想、基本原则、目标任务和政策措施，提出"到2020年，形成适应发展需求、产教深度融合、中职高职衔接、职业教育与普通教育相互沟通，体现终身教育理念，具有中国特色、世界水平的现代职业教育体系"。《决定》首次提出企业要发挥"重要办学主体作用"；重新划分了教育体系，今后职业教育将包括中职、专科、本科和研究生几个阶段，及相应的学位制度；还提出探索发展股份制、混合所有制职业院校等。6月23日，全国职业教育工作会议在北京召开，习近平总书记作出重要指示。教育部、国家发展和改革委员会、财政部、人力资源和社会保障部、农业部、国务院扶贫开发领导小组办公室联合发布《现代职业教育体系建设规划（2014—2020年）》，明确提出职业教育"分步走"战略以及到2015年的初级发展目标。

进入2014年下半年，职业教育改革的步伐依然强劲。8月，教育部启动卓越教师培养计划，其中的卓越中等职业学校教师培养，重点建立健全高校与行业企业、中等职业学校的协同培养机制，探索高层次"双师型"教师培养模式。9月，教育部开始了现代学徒制试点工作。教育部发出通知，要求积极开展"招生即招工、入校即入厂、校企联合培养"的现代学徒制试点工作，并明确现代学徒制包括学历教育和非学历教育。为此，教育部发布了关于开展现代学徒制试点工作的意见。12月12日，全国职业教育现代学徒制试点工作推进会举行，教育部副部长鲁昕要求，必须加快推进现代学徒制试点工作，各地要系统规划，做好顶层设计，因地制宜开展试点工作，构建校企协同育人机制。一是落实好招生招工一体化；二是加强专兼结合的师资队伍建设；三是推进优质教学资源共建共享；四是形成与现代学徒制相适应的教学管理与运行机制；五是完善试点工作的保障机制。除了上述工作，《中华人民共和国职业教育法》修订工作继续进行，《高等职业学校专业目录》、《教育部关于深化职业教育教学改革 全面提高人才培养质量的若干意见》、《中等职业学校校长专业标准》等文件征求意见工作也在不断推进。未来，这些政策的出台，将更加深入地推进职业教育的深层变革。

2. 广东省政府重视职业教育发展

广东省2004年颁布的《广东省教育现代化建设纲要（2004—2020年）》

提出大力发展普通高中和中等职业教育,加强职业教育与经济社会的结合,促进多元化办学,到 2020 年,建立起适应社会主义市场经济体制,与市场需求和劳动就业紧密结合,中高等职业教育相互衔接,结构合理、灵活开放、特色鲜明、自主发展的现代职业教育体系。① 2010 年颁布的《广东省中长期教育改革和发展规划纲要(2010—2020 年)》提出了"完善现代职业教育体系,建成我国南方重要的职业教育基地"的职业教育发展目标,确定了建设现代职业教育体系、推进职业教育战略性结构调整、加强职业教育基础能力建设、推进职业教育校企合作、建设我国南方重要的职业教育基地等主要发展任务,并就职业教育管理体制改革、教育教学改革、招生制度改革、人才工作体系改革、国际交流合作、区域教育联动等问题做出了明确规定。② 2011 年,广东省先后发布《中共广东省委 广东省人民政府关于统筹推进职业技术教育改革发展的决定》、《广东省职业技术教育改革发展规划纲要(2011—2020 年)》和《广东省教育发展"十二五"规划》,对广东省职业教育发展做出了明确细致的规定。《中共广东省委 广东省人民政府关于统筹推进职业技术教育改革发展的决定》提出了"加快建立与现代产业体系发展相匹配、与社会充分就业相适应、富有生机和活力的现代职业技术教育体系,实现由职业技术教育大省向职业技术教育强省转变"的总体目标,并提出在发展规划、招生平台、经费投入、资源配置和人才培养标准"五个统一"的基础上,改革创新职业教育体制机制。③《广东省职业技术教育改革发展规划纲要(2011—2020 年)》提出了"紧密围绕全省经济社会发展目标,加快建立与现代产业体系发展相匹配、与社会充分就业相适应、富有生机活力的现代职业技术教育体系。完善国家资助体系,促进教育公平和社会和谐,把广东建设成为职业技术教育强省"的总体目标,进一步明确了推进"五个统一"的基本思路,提出了构建现代职业技术教育体系的六项重点任务和打造南方重要职业技术教育基地的六

---

① 中共广东省委,广东省人民政府:《广东省教育现代化建设纲要(2004—2020 年)》,http://www.eol.cn/article/20060320/3179519.shtml,2006 – 03 – 20。

② 广东省教育厅:《广东省中长期教育改革和发展规划纲要(2010—2020 年)》,http://www.moe.edu.cn/publicfiles/business/htmlfiles/moe/s4604/201011/110935.html,2010 – 10 – 26。

③ 中共广东省委,广东省人民政府:《中共广东省委 广东省人民政府关于统筹推进职业技术教育改革发展的决定》,http://www.360doc.com/content/13/1107/13/13920349_327390190.shtml,2015 – 05 – 02。

项工程。① 《广东省教育发展"十二五"规划》提出了"构建满足区域需求、适应现代产业体系发展趋势的现代职业教育体系，建成集约化高水平职业教育基地"的总体目标，提出以能力建设为重点，加快发展职业教育的六大措施。②

3. 广州市政府重视职业教育发展

广州市 2007 年颁布的《广州市职业技术教育发展总体规划（2006—2020年）》提出了"到 2020 年全面建成充分满足市民终身教育需要的总量适当、结构优化、布局合理、特色鲜明、专业门类齐全、国际合作程度高、办学质量和办学效益好、适应我市经济社会发展需要的创新型现代职业技术教育新体系，职业技术教育整体水平和综合实力居全国同类城市领先地位，达到世界发达国家和地区水平"的总体目标，并对优化布局、调整结构、创新体制机制和管理机制、完善人事制度、加强基础能力建设、推动合作交流、推进职业技术培训等方面作出具体规定。③ 2011 年颁布的《广州市中长期教育改革和发展规划纲要（2010—2020 年）》提出通过构建现代职业教育体系、增强职业学校的办学能力、提高职业教育质量和水平、优化职业教育发展环境、推动职业教育发展。④ 2012 年颁布的《广州市教育事业第十二个五年规划》提出了"建成与广州经济发展方式转变和产业结构调整升级相适应的中高等职业教育（含技工教育）相互衔接、学历教育与职业培训并举的现代职业教育体系"的目标，强调以推进校企联盟建设为重点，通过建立现代职业教育体系、加强职业学校基础能力和办学能力建设、促进中等职业学校师资队伍全面发展，进一步提升职业教育基础能力和办学水平。⑤ 2013 年 1 月印发的《广州市教育城建设工作方案》提出建立"国际一流教育服务聚集区"的目标，开启了广州市职业教育发展的新阶段。2013 年 1 月发布的《广州市人民政府办公厅关于促

---

① 广东省人民政府：《广东省职业技术教育改革发展规划纲要（2011—2020 年）》，http://zwgk.gd.gov.cn/006939748/201107/t20110701_191829.html，2011 - 06 - 27。

② 广东省人民政府：《广东省教育发展"十二五"规划》，http://www.jyb.cn/info/dfjyk/201111/t20111120_464551.html，2011 - 11 - 20。

③ 广州市人民政府：《广州市职业技术教育发展总体规划（2006—2020 年）》，http://www.guangzhou.gov.cn/node_429/node_433/2007 - 09/1188622536206939.shtml，2007 - 09 - 01。

④ 中共广州市委，广州市人民政府：《广州市中长期教育改革和发展规划纲要（2010—2020 年）》，http://www.gzedu.gov.cn/gov/GZ04/201110/t20111012_16487.html，2011 - 10 - 12。

⑤ 广州市教育局：《广州市教育事业发展第十二个五年规划》，http://wenku.baidu.com/view/daee93f2ba0d4a7302763a03.html，2012 - 03 - 27。

进我市职业教育校企合作工作的意见》提出通过合作办学、共同培养技能人才、合作推进内涵建设、共建实验实训基地、共建实习就业基地和共同开展技术研发等措施,"探索建立职业教育、产业发展、促进就业紧密结合的职业教育人才培养新机制和产学研合作新模式"。① 此外,广州市还颁布了一系列其他推进职业教育发展的政策文件,如《广州市高等职业教育特色专业学院建设实施方案》、《广州市高职院校教师准入管理办法》、《广州市关于促进市属高职院校教师职业教育教学能力提升的意见》、《广州市高职教育中外合作办学实施办法》等。随着这些政策文件的陆续颁布实施,将在多个方面促进职业教育改革发展。

(二) 区域经济社会发展对职业教育提出新要求

1. 经济新常态对职业教育发展提出新要求

2014年5月,习近平总书记提出了"新常态"重大战略判断,并已系统阐释了"新常态"的九大趋势性变化,明确了中国经济新常态增速换挡、结构升级及创新驱动的三大特点,指出了四个发展机遇:一是经济增速虽然放缓,实际增量依然可观;二是经济增长更趋平稳,增长动力更为多元;三是经济结构优化升级,发展前景更加稳定;四是政府大力简政放权,市场活力进一步释放。他强调,经济新常态下必须更加注重满足人民群众的需要,更加注重市场和消费心理分析,更加注重引导社会预期,更加注重加强产权和知识产权保护,更加注重发挥企业家才能,更加注重加强教育和提升人力资本素质,更加注重建设生态文明,更加注重科技进步和全面创新。作为中国改革开放和经济发展的前沿地区,广东省和广州市不仅要适应新常态,而且要引领新常态,充分利用好国际竞争格局的深刻变化、我国实施"一带一路"发展战略、南沙自贸区给广东和广州经济转型升级带来的战略机遇,把广州经济社会发展推向一个新阶段。广东省和广州市经济转型升级的重要内容就是优化经济结构,核心是提质增效;未来,广东省与广州市需要加强政策引导,统筹发展规划,以产业高端化、集群化、融合化为方向,以现代服务业为主导,加快培育发展战略性新兴产业,继续做大做强先进制造业,全面提升产业核心竞争力。

经济新常态既为职业教育发展提供了新机遇,也提出了新需求。发展方式转变、经济增速调整、保障改善民生、提升人才素质、资源配置方式转变和推进依法治国,都要求职业教育应准确认识新常态、主动适应新常态、全面服务

---

① 广州市人民政府:《广州市人民政府办公厅关于促进我市职业教育校企合作工作的意见》,http://zwgk.gd.gov.cn/007482532/201302/t20130205_365969.html,2013 – 01 – 24。

新常态,为科学技术进步和生产方式变革培养更多技术技能人才。① 就广东省和广州市而言,主动适应和引领经济新常态的目标,在以下方面对职业教育发展提出了新要求:一是经济增长速度调整要求职业教育适应新常态。经济社会转型是目前广东省和广州市经济发展的重要任务,在经济增长速度放缓、经济结构调整艰难等因素共同作用的情况下,必须摒弃不平衡、不协调、不可持续的粗放增长模式,不断寻求新的经济增长点和驱动力,这需要职业教育培养更多的高素质技能型人才。二是产业结构升级要求职业教育适应新常态。作为以制造业为主要支柱的广东经济,要实现从"规模制造"到"精品制造"的转变,推进价值链与产业链的升级,就必须改革和调整产业结构、城乡结构和区域结构,积极发展结构优化、技术先进、清洁安全、附加值高、吸纳就业能力强的现代产业体系。为此,职业教育应不断提升系统培养人才的能力,打通从中职到研究生的上升通道,培养多层次和多类型的应用型人才。三是改善民生要求职业教育适应新常态。作为区域发展不均衡、外来人口众多的广东省和广州市,就业等民生问题是增进人民福祉、维护社会稳定的核心问题。"经济新常态应使就业更充分、收入更均衡、社会更完善,人民享受的经济福祉由非均衡型向包容共享型转换。"② 而职业教育就是缓解就业结构性矛盾、有序推进城镇化及缩小城乡区域差距的有效途径,必须坚持以服务发展、促进就业为导向,加快培养高素质劳动者和技术技能人才助推民生改善,促进社会公平。四是创新驱动战略的实施要求职业教育适应新常态。在经济新常态中,创新驱动已经成为支撑产业升级和技术技能积累的重要战略平台。结合国家创新驱动战略的实施,广东省和广州市也提出了创新驱动经济发展的具体对策,其中重要的举措就是实施人才驱动发展战略。为此,广东省提出加快现代职业教育体系建设,着力培养高素质劳动者和技术技能人才,全面提升职业教育服务经济社会发展的能力。五是开放合作要求职业教育适应新常态。新常态下的经济体制是开放型的经济新体制。广东省和广州市作为经济开放和发展的前沿,只有更加积极主动地实施开放战略,建立互利共赢、多元平衡、安全高效的开放型经济体系,才能在激烈国际经济竞争中争取主动,为新常态释放更为长期、持久的动力。为此,职业教育也应当主动适应新变化,抓住新机遇,坚持实施"走出去"战略,加强国际交流与合作,创新

---

① 鲁昕:《职业教育,加快适应经济新常态》,载《职业技术》2015年第2期,第9－11页。

② 鲁昕:《中国经济新常态对职业教育提出新需求》,http://www.360doc.com/content/15/0104/13/3106397_438067204.shtml,2015－01－04。

合作机制,建成一批世界一流的职业院校和骨干专业,形成具有国际竞争力的人才培养高地。

2. "一带一路"国家战略对职业教育提出新要求

2013年,国家提出"丝绸之路经济带"和"21世纪海上丝绸之路"战略构想,"一带一路"成为国家发展的新战略。"一带一路"战略涉及省份众多,而广东省作为我国自古以来对外开放的重要区域,在"一带一路"建设中具有独特的区位优势和重要的战略枢纽作用。广东省已正式发布《广东省参与建设"一带一路"的实施方案》,提出了促进重要基础设施互联互通、提升对外贸易合作水平、加快产业投资步伐、推进海洋领域合作、推动能源合作发展、拓展金融业务合作、提高旅游合作水平、密切人文交流合作、健全外事交流机制九项重点任务。"在重要基础设施互联互通方面,将深化港口、机场、高速公路、高速铁路和信息互通的国际合作,打造国际航运枢纽和国际航空门户,面向沿线国家,构筑联通内外、便捷高效的海陆空综合运输大通道。其中,包括加强广州、深圳、珠海、湛江、汕头等港口建设,组建海上丝绸之路货运物流合作网络;打造世界一流粤港澳大湾区,建设国际金融贸易中心、科技创新中心、交通航运中心、文化交流中心,建设粤港澳大湾区物流枢纽;打造'空中丝绸之路',增加广州、深圳至东南亚地区国家的国际航线和航班,开通与沿线国家主要城市的航班。"[①] 与其他省份相比,广东参与建设"一带一路"的实施方案充分考虑了自身的区位优势和经济优势,主要突出21世纪海上丝绸之路建设、突出粤港澳合作、突出经贸合作三个方面。

"一带一路"建设与职业教育关系密切,它为职业教育发展提供了重要机遇。国家发展和改革委员会等三部委联合发布的《推动共建丝绸之路经济带和21世纪海上丝绸之路的愿景与行动》提出秉持和平合作、开放包容、互学互鉴、互利共赢的理念,促进人文交流更加广泛深入,不同文明互鉴共荣,扩大相互间教育交流规模,开展合作办学。[②] 结合广东省和广州市职业教育的发展基础,以及广东省参与"一带一路"建设的重点领域可以看出,广东省和广州市职业教育发展将迎来巨大的发展机遇。具体而言,广东省和广州市职业教育将在以下四个方面迎来大发展:一是"一带一路"相关领域人

---

① 宋军:《广东:打造"一带一路"战略枢纽》,http://money.163.com/15/0609/03/ARKV0OMG00252G50.html,2015-06-09。

② 国家发展改革委,外交部,商务部:《推动共建丝绸之路经济带和21世纪海上丝绸之路的愿景与行动》,http://www.fmprc.gov.cn/ce/cgtrt/chn/xw/t1253579.htm,2015-04-10。

才需求大幅增长。《广东省参与建设"一带一路"的实施方案》确定了基础设施、对外贸易、产业投资、海洋、能源、金融、旅游、人文交流和外事交流九大领域,计划总投资达554亿美元,将对职业教育提出大量的人才需求。二是提升和促进职业教育国际交流。国际交流合作是职业教育发展的重要途径,也是"一带一路"建设中人文交流的重要载体。通过与周边国家职业院校开展校际交流,能够加深彼此了解和认识,实现思想交流、经验分享、互学互鉴,夯实伙伴关系,促使自身办学水平、教师水平和学生能力的提升。三是职业教育对外合作办学将大有可为。广东省与东南亚及南亚和西亚等"海上丝绸之路"沿线国家有着密切的联系,这些国家不仅是广东参与"一带一路"建设的优先推动区域,也是职业教育合作的重点方向。广东省职业教育可以充分发挥职业教育资源人才优势,通过实施走出去办学战略,输出我国优质职业教育资源,围绕当地"一带一路"重大建设项目人才需求,与周边国家职业教育学校共建特色专业,打造职业教育品牌,服务当地经济社会发展。四是促进职业院校学生境外就业。广东省在对东南亚、南亚和中亚等周边国家输出大量富余优质产能的同时,将同时拉动当地的技能人才需求,给广东职业教育毕业生带来参加境外项目工程建设、境外工作就业的机会。因此,职业院校可与相关行业企业深化产教融合,调整专业结构,共建专业教学标准,培养与"一带一路"建设相关联、适应境外工作需要、综合素质高的技能劳动者和职业人才。[①]

3. 自贸区建设为职业教育发展提供新机遇

2014年12月31日,中国(广东)自由贸易试验区经国务院正式批准设立,包括广州南沙新区、深圳前海蛇口和珠海横琴新区三个片区。按区域布局划分,广州南沙新区片区重点发展航运物流、特色金融、国际商贸、高端制造等产业,建设以生产性服务业为主导的现代产业新高地和具有世界先进水平的综合服务枢纽。

根据《中国(广东)自由贸易试验区总体方案》,自贸区的主要任务包括:①建设国际化、市场化、法治化营商环境;②深入推进粤港澳服务贸易自由化;③强化国际贸易功能集成;④深化金融领域开放创新;⑤增强自贸试验区辐射带动功能。涉及金融、海陆交通运输、商贸、医疗、物流、电子商务、

---

① 李建忠:《"一带一路"给职业教育带来怎样的发展机遇》,http://www.cssn.cn/jyx/jyx_jyqy/201505/t20150528_2013164.shtml,2015-05-28。

软件开发、工业设计、信息管理等行业产业。① 从我国已实施的中国—东盟自贸区、上海自贸区等经验来看，自贸区自身发展及其强大的辐射效应，使其专门人才和复合型人才需求随着各个领域合作的不断推进和纵深发展而持续增加，甚至高端技能型人才的短缺已成为制约自贸区发展的瓶颈。因此，全力提升符合自贸区建设需求的人才培养力度便显得尤为重要。从广东自贸区自身特点来看，未来既需要具有经济合作、贸易往来、旅游管理等能够从事一线工作的服务型人才，又需要在工业制造、工程服务等重点领域具备熟练操作技能的应用型人才。这种需求也符合《广东省中长期人才发展规划纲要（2010—2020年）》所确定的紧缺人才范围，即高端新型电子信息、新能源汽车、半导体照明、生物医药等战略性新兴产业，装备、汽车、石化、钢铁、船舶等先进制造业，金融、物流、商务会展、文化创意、工业设计和服务外包等现代服务业，家用电器、纺织服装、轻工食品、建材、造纸等传统优势产业，优质粮食、特色园艺、农产品精深加工等现代农业以及其他国民经济重点领域急需紧缺专门人才。② 因此，今后广东省和广州市职业教育应着眼于广东自贸区、珠江三角洲乃至更大区域经济社会发展的人才需求，遵循科技发展规律、产业发展规律和人才成长规律，围绕广东省重点发展的高端新型电子信息、半导体照明（LED）、电动汽车、太阳能光伏、核电设备、风电、生物医药、节能环保、新材料、航空航天、海洋11个战略性新兴产业，培养所需人才。

（二）世界职业技术教育发展特征与趋势

随着全球化进程加速和劳动力的国际流动，职业技术教育与培训（Technical and vocational education and training，以下简称TVET）在现代世界经济体系中的作用愈加重要，因而成为一个国家、地区乃至国际组织的重要政策议题。职业技术教育与培训作为帮助个体获得与工作场所直接相关的知识、技能与态度的一种教育与培训体系，无论在发展中国家还是在发达国家，都发挥着提高个体、企业以及整个经济体系的生产力和收入水平的重要作用。基于亚洲开发银行（Asian Development Bank，ADB）、世界经济合作与发展组织等的报

---

① 国务院：《中国（广东）自由贸易试验区总体方案》，http://www.gov.cn/zhengce/content/2015-04/20/content_9623.htm，2015-04-20。

② 中共广东省委，广东省人民政府：《广东省中长期人才发展规划纲要（2010—2020年）》，http://epaper.southcn.com/nfdaily/html/2011-01/15/content_6916704.htm，2011-01-15。

告，以及世界发达国家的职业技术教育政策与实践，① 我们可以看出世界职业技术教育发展的基本特征与未来态势。

1. 政府对职业技术教育体系从管理走向治理

由于与变化中的劳动力市场密切相关，职业技术教育与培训体系几乎是所有教育子系统中面临挑战最多、管理最复杂的一个体系（ADB，2007）。在职业技术教育的责任体系中，政府、雇主和学校是最主要的三方力量，在不同的国家和地区，这三个利益主体在职业技术教育体系中的责任格局也不相同：一种情况是政府主导（state‐orientated）的 TVET 体系，政府在职业技术教育与培训系统中承担着主要提供者、政策制定者和管制者的多重角色，作为最终用户的雇主和企业的参与有限，学校处在政府管理链条的底端，这种情况如中国；另一种情况是企业导向（enterprise‐orientated），政府主要扮演政策制定者和促进者的角色，雇主和企业作为最终用户在职业教育体系中发挥着关键作用，学校具有面向市场的办学自主权，典型的例子如德国。不同的 TVET 治理体系具有各自的优缺点，政府主导的职业技术教育管理模式能够使国家集中有限资源为主要经济部门输送技能型人才，根据优先发展领域确定职业技术教育与技能培训的规模与层次，并照顾到培训资源在各地区、人群中的分配公平性，但也存在对市场不敏感、公共经费使用效率低的突出问题；企业导向的职业教育与培训体系具有对工作场所技能需求反应灵敏、培训效率和效益高的优点，但以利润为主要目的企业也容易出现培训参与动力不足、培训资源分配不均、技能型人才流失和"搭便车"的弊端。20 世纪 90 年代以来，随着新公共管理运动的兴起和公共财政资源的紧缺，西方公共管理改革的一个突出主题就是权力下放、绩效与责任制，这也深刻地影响到与市场密切联系的 TVET 系统。职业技术教育与培训体系的核心任务是为工作场所输送技能型人才，这需要在政府、雇主与学校之间建立一个合理的责任分担格局，形成多方利益团体

---

① 主要文献包括：亚洲开发银行（Asian Development Bank）2007 年针对发展中国家成员国的政府提供的 TVET 政策指引与制度设计咨询报告《职业技术教育与培训的好实践》（*Good Practice in Technical and Vocational and Training*）；欧洲职业培训开发中心（Europe Center for the Development of VET）2011 年的工作报告《欧洲国家职业资格框架的进展》（*Development of National Qualifications in Europe*）；世界经合组织 2007 年发布的报告《职业技术教育与培训》（*Vocational Education and Training*）；德国 2007 年作为欧盟主席成员国提交的官方报告《德国职业教育与培训概览》（*Vocational education and training in Germany: short description*）；德国外贸与引资促进机构（Germany Trade and Invest: Foreign Trade and Inward Investment Promotion Agency）2014 年发布的报告《德国职业技术教育体系》（*German's VET System*）。

对话、协调与合作的 TVET "治理"格局，尤其是要发挥企业和雇主在职业技术教育治理体系中的关键作用，德国就是一个非常好的例子。

德国是联邦制国家，根据德国《基本法》，各州负责公立学校和教育事项（包括职业学校），各州制定所有关于学校的法律，联邦只对企业内部培训和非全日制职业学校负责。在这种高度分权式的职业教育责任体系中，为了能够平衡联邦与各州、政府与其他社会合作方在 TVET 体系中的利益格局，在《德国职业教育法案》的根本指导下，德国从各个层面上建立了高度协调和密切合作的机制（见图 1-1）：第一，在联邦层面，联邦教育与研究部具体负责职业教育，联邦经济与技术部或者其他联邦政府部门要颁布新的培训指导时，必须与联邦教育研究部签订协议后才能发布；第二，在州际层面，各州教育和文化部长联席会议（KMK）是协调 16 个州教育政策（包括职业教育政策）的一个重要协调机制，负责根据联邦职业培训指导意见制定职业学校的课程框架，各州负责开发职业学校的普通教育课程；第三，在联邦层面的政府与雇主之间，联邦职业培训机构（Federal Institute for Vocational Training, BIBB）是一个联邦层面的协调机构，负责为联邦各政府部门起草相关的职业培训指导，开展职业技术教育研究，以及通过开发、促进和咨询活动促进企业内部培训的发展，还要负责协调雇主与工会之间的关系；第四，在地区层面的政府与雇主之间，在德国职业教育责任体系中，社会伙伴（social partners）来自于工业、商业、农业、自由职业、公共管理、卫生服务和超过 900 个的跨公司培训部门，他们形成不同的能力团体（competent group），负责给企业提出技能需求建议、注册受训者、给不同技能领域的培训者颁发合格证书、实施考试以及在地区层面建立各方沟通机制。可以看出，德国职业技术教育与培训体系是在职业教育基本法律的框架下，以满足劳动力市场技能需求为导向，在政府内部、政府与社会伙伴之间建立良好沟通合作的一个现代治理体系，这为德国职业技术教育与培训的良性运行和可持续发展提供了坚实的体制基础。

2. 职业技术教育主要采用院校为本和企业为本两类基本模式

从职业技术教育与培训的场所来看，有两种基本类型：第一种是基于院校的职业技术教育与培训（institution-based training），指在职业技术教育学院、学校或者专门的培训中心进行的职业技术教育与技能训练，这种教育与培训服务的提供者可以是政府、部分非政府组织或者私人；第二种是基于企业的职业技术教育与培训（enterprise-based training, on-the-job training），指在一些正规的或者非正规的企业中、在工作场所进行的技能训练（包括传统的学徒制培训形式）。根据服务提供者的不同，这两类培训可以进一步分为四种形式，每类培训形式都有各自的优点和缺点（见表 1-1）。

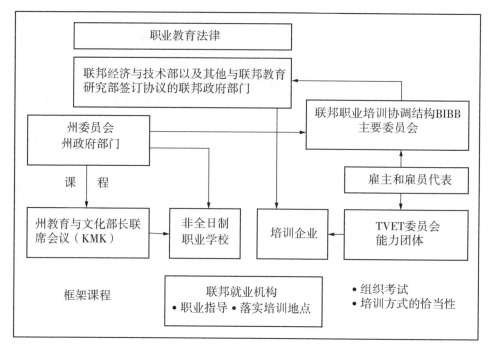

图1-1 德国职业教育治理责任体系

资料来源：德国联邦职业教育中心和欧洲职业培训开发中心（2007）．德国职业教育一览［EB/OL］．www.trainningvillage.gr/etv/Information_resources/National Vet/．

表1-1 职业技术教育与培训的多元提供方式

提供方式	主要特征
公共培训系统（院校培训）Public training system	这类培训由政府使用公共经费资助，在培训体系中居于战略性地位。它包括多种形式：培训中心、中等职业技术学校、技术学院、理工学院、农村与社区技能中心等。这个体系具有能配合国家发展战略、为重要国家经济部门输送技能型人才、资源在各地区公平分配、教员工作安全高等优势，但也容易出现对市场反应迟钝、管理惰性、预算有限、成本—收益率低、责任制意识低等问题
非政府培训（院校培训）Non-government training system	包括两种类型：非营利性培训机构和营利性（私立）培训机构。具有弥补公共培训资源不足、对劳动力市场反应迅速、便于开发新的培训方案、非政府组织可能提供一些高成本培训项目、高端培训质量高于公立培训的优点，但也存在培训质量不均衡性大、高学费导致培训机会不公平、私立培训机构倾向于提供低成本培训项目、可持续发展性不够、信息和选择性不够公开等问题

续表 1-1

提供方式	主要特征
基于企业的培训 Enterprise-based training（on-the-job training）	优点：不需要政府资助、与实践和企业需求密切相关、向没有机会进行正规培训体系的工人提供培训、时间短、工业化进程中劳动力技能获取与更新的关键途径。缺点：受训技能人员流失和"搭便车"的市场风险、企业间培训政策差异大、中小企业无力负担工人培训的成本
非正规经济部门培训（包括传统的学徒制）	学徒制是这类培训的主要构成。优点：自我调控工作（没有政府经济支持、监督和控制）、自费（学徒和家庭承担费用）、不需要专门的培训资源、边做边训练、几类技能交织（技术、经营、顾客服务、职业态度等）。缺点：缺乏政府监控导致劳动力廉价、缺乏系统训练、缺少培训标准和技能评估、通常面向农村和城郊劳动力、没有技能认可证书

在不同国家中，每类职业技术教育与培训所占比例的差异性也很大。在这种多样化的职业技术教育培训提供方式中，有两点值得注意：第一，必须看到，政府直接提供的、依托公立职业技术学院（校）实施的 TVET 仅是职业技术教育与培训的一种提供形式，或者说，公共资源只是职业技术教育与培训服务提供的一个很小的组成部分，企业或者私人经常在职业技术教育与培训的提供中扮演着非常重要的角色。第二，各类培训形式之间并非截然分开，院校培训和企业培训具有各自的优缺点，一个好的做法就是将院校培训与企业培训两种形式有机地结合起来，学生在职业院校与工作场所之间交替接受训练，德国的"双元制"培训体系在这方面做得非常成功。"双元制"职业技术教育形式是德国职业技术教育的主体，2012 年，德国劳动力市场中各层次、各类型技能型人才占总量的 82%（另外的 18% 为非技能型劳动力），其中接受双元制训练形式的熟练型技能人才（skilled craftsman）占了劳动力总量的 54%，职业学院和技术学院毕业的能工巧匠（master craftsman）占了 10%，大学毕业生只占了 18%。这意味着双元制成为德国劳动力市场技能型人才输送的最主要途径，为德国技能型人才培养和德国经济发展做出了巨大贡献。2012 年，德国年轻人失业率为 7.9%，在欧洲国家中处于最低水平，远远低于法国（25.5%）、英国（21.0%）、波兰（27.4%）、西班牙（55.57%）、欧盟 28 个成员国平均水平（23.5%）和澳大利亚（8.7%）（GTI，2014），双元制职业技术教育为此做出巨大贡献并得到德国民众乃至世界的高度认可。德国不来梅大学教授菲

利克斯·劳耐尔（Felix Rauner）曾说："以国际标准衡量，双元制职业教育属于一种迄今只在少数几个国家达到较高发展水平的职业教育与培训形式。"①"双元学徒制"是由企业（通常是私营的）与公立非全日制职业学校合作实施的一种职业技术教育与培训形式，其基本做法是：学生先同企业签订学徒合同，然后根据学徒的职业，再到合作的职业院校报到学习，培训课程安排分为3个阶段：第一阶段（第1年）学习与职业相关的行业基础知识，第二阶段（第2～3年）是专业学习，第三阶段是由各州商会或所学专业的行业协会与职业学校共同确定毕业考试。学生在企业与学校的时间比例一般为3∶2或者4∶1，学徒的在校理论学习和工厂车间、实际操作一般是交叉安排，职业学校负责配合企业传授专业理论，并按照国家对公民的素质要求普及语言和文化知识等，企业是最重要的教学主体，要为学徒工设计详细的实习教学计划，配备经验丰富、受过良好职业训练并富有责任感的专制实训教师（见图1－2）。

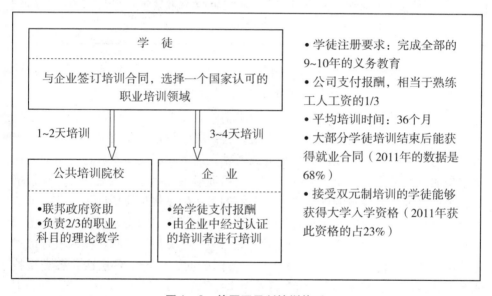

图1－2 德国双元制培训体系

资料来源：Germany Trade & Invest. German's VET System, DIHK, Federal Ministry of Education and Research, IAB, Federal Statistical Office 2013, www. gtai. com.

3. 政府在职业技术教育发展中扮演提供服务与政策规制的双重角色

在不断变革的经济环境和劳动力市场中，职业技术教育与培训无疑成为一

---

① 菲利克斯·劳耐尔：《双元制职业教育——德国经济竞争力的提升动力》，载《职业技术教育》2011年第12期，第68－71页。

个面临挑战最多的教育子系统,也是一个管理最为复杂的系统。在一个国家的职业教育发展中,政府通常扮演着双重角色:一个是职业教育与培训提供者,另一个是政策制定与管制者。从政府作为职业技术教育与培训服务的直接提供者角色来看,国际经验对此并没有提供太多的支持性证据。亚洲开发银行2007年的报告指出,从发展中国家的经验与教训看,政府由于缺乏协调以及财政和管理能力的限制,在承担职业教育发展的两种角色上通常效率很低,这使得职业技术教育与培训体系对劳动力市场的反应缓慢且成本高昂,结果是接受职业技术教育与培训的毕业生和劳动力市场需求之间的差距越来越大,这又进一步加剧了年轻人的失业率,构成对国家和地区的严峻挑战和风险(ADB, 2007)。具体而言,政府直接提供的、基于公立院校的职业技术教育与培训有两个明显的缺陷:一是院校惰性。实施职业技术教育与培训的院校由于有先期的师资、设备、建筑等沉没成本,使得它们通常具有内指性(looking inward)倾向,即对市场反应迟钝,不考虑市场变化而提供重复的技能培训方案;二是成本高昂和服务分割。在许多社会主义经济体系中,政府直接提供的公共职业技术教育与培训服务被割裂,即由几个不同的政府部门提供,比如劳动部门、教育部门、农业部门、工业部门、交通部门或者商业部门等。由于不同部门都有各自的预算,这使得职业技术教育与培训的成本测算非常困难,也就很难分析职业教育与培训公共投入的效率与效益。但另一方面,职业技术教育与培训由于设备、场地的使用与维护等原因,其成本通常要高于普通教育,因而职业技术教育与培训的成本核算与成本管理就非常重要。无法测算职业技术教育与培训领域的公共预算,也就无法衡量经费使用绩效和提高经费使用效率。

因此,在分析一个国家或者地区的政府以及公共投入在职业技术教育与培训中的作用时,需要将政府公共投入与政府直接提供服务两种角色加以区分。从国际经验来看,许多国家的政府都面临着收入不断缩减和公共财政紧缩的窘况,提高有限公共经费的使用效率和效益是政府面临的一个紧迫问题;同时,企业和私人提供职业教育与培训对于发展技能做出了极大贡献。因此,政府在职业技术教育和培训体系中的合理角色应该是政策制定者和促进者,而不是服务的直接提供者。根据亚洲开发银行(2007)的建议,政府的优先事项包括以下领域:①制定政策,即与社会部门、培训提供者合作制定职业教育与培训的政策与标准;②提供信息,即向公众提供劳动力市场需求信息,以及职业技术教育与培训机构的绩效信息,尤其是私人培训机构的服务范围、质量、结果以及成本的信息;③开发课程,即向所有的培训提供者(公立的和私立的)提供服务,资助他们研发新的培训方案和材料,以及负责师资培训;④质量保障,即通过设定标准和产出管理(而不是投入管理),保障培训机构(尤其是私立培训机构）的质量；⑤特别资助，即资助社会和经济背景不利的人群的技能发展，以及私立机构不愿意或者成本太高而无法涉及的培训领域，如地理、城市规划技能培训等。

4. 课程与培训方案设计遵循需求导向与可持续发展原则

从培训技能的指向性来看，职业技术教育与培训模式大致分为两种类型：供给导向（supply-orientation）和需求导向（demand-orientation）。两类培训模式在院校管理体制、责任制、培训方案设计、预算方式等许多方面都存在差异（见表1-2）。职业技术教育与培训的主要任务是帮助年轻人获得工作世界所需要的知识、技能与态度，从供给导向转向需求导向是现代TVET体系的必然选择。但是，建立一个需求导向的TVET体系并非一件容易的事情，它受到很多因素的影响，比如体制性条件、社会伙伴的参与动力机制、培训经费筹措与分配方式等。亚洲开发银行就建立一个需求导向的TVET体系向成员国政府提出了以下几点政策建议：①治理结构中加强雇主和企业的参与；②对于达到基于市场需求的培训标准的机构给予经济激励；③根据预先设定的质量和数量的绩效标准达成度拨款，比如达到能力标准的毕业生数量、就业毕业生数量，或者接受培训的人数等；④促使培训院校及其管理部门向雇主主导的管理委员会承担责任制；⑤要求培训院校从市场中获取所有或者部分预算；⑥赋予院校自主权，允许它们在预算控制和标准下进行自主决策；⑦租用培训设备、场地与材料；⑧与培训者签订短期合同；⑨与竞标培训任务的私人部门签订合同，根据基于标准的培训绩效划拨经费（ADB，2007）。

表1-2 供给导向培训与需求导向培训的主要特征（ADB，2007）

	供给导向培训	需求导向培训
市场敏感性	对市场需求反应迟钝	密切关注市场变化并及时调整
院校管理	官僚体制，政府主导	最终用户—雇主参与管理
院校责任制	对培训结果承担很小责任	对产出高度负责
培训动力	遵循政策，面向政府投资者	向市场提供服务并盈利
培训方案	重复性设置	根据市场需求变化
培训者	全职，通常是公务员或者签订长期合同，服务于一所培训院校，没有失业威胁	非全日制，签订短期合同，人员置换和技能更新很快
受训者	基于培训院校接受技能训练	基于工作场所接受培训
预算方式	政府公共预算，很少考虑绩效	必须自己争取预算和投入

一个国家或者地区 TVET 体系的有效性或者效益体现在技能培训与劳动力市场技能需求的吻合程度上。从技能开发的角度看，需求导向的培训体系需要解决好两个问题：一是根据特定工作场所所需技能类型，向目标群体提供针对性培训。按照 ADB 的分类，职业技术教育与培训涉及的技能类型包括以下几个层次：①基本技能（basic skills），如语言、数学、问题解决、沟通、团队工作、可培训能力；②职业技能（occupational skills），即许多职业都需要的一些宽泛技能，如机械工程、信息技术等；③与特定工作相关的技能（job-related skills），即从事某种工作所需要的特定技能，如网络设计、建筑设计、价值估算等。职业技术教育与培训的提供方必须清楚地区分一个教育与技能培训方案主要面向哪些群体，并根据工作场所的具体要求向目标群体提供特定的技能培训。二是根据工作场所变化及时更新技能培训方案和促进培训的可持续发展。在现代经济环境下，工作场所需要的技能处在不断变化中，新的职业类型不断出现，传统的职业技能也需要更新，因此，建立一个能随着工作环境变化而不断更新培训方案的可持续发展机制就非常重要。在德国，联邦职业培训机构 BIBB 负责制定培训指导（training directives），一份培训指导通常包括职业培训的名称、培训时间、培训方案框架和考试要求，培训指导保证了在一个特定的职业培训领域中统一的国家标准。各州根据培训指导为每一个经过认可的职业培训开发课程框架。在技术和企业组织环境不断变革的背景下，德国建立了定期更新培训指导的机制。2006 年 10 月 1 日止，德国一共有 346 个国家认可的职业培训领域，1996—2006 年间，就开发了 68 个新的职业培训领域，并对 206 个职业培训领域的培训指导进行了修订。通常，更新一个业已存在的职业培训领域需要花费 1 年时间，而开发一个新的职业培训领域需要 2 年时间。在职业培训方案开发与更新过程中，众多的职业培训相关者，包括雇主、工会、联邦和州政府，都参与到这样一个过程中。培训指导修订的一般程序是：雇主先向行业协会提出技能更新要求，行业协会再向联邦职业培训机构就某一职业资格领域提出更新、修订的建议，联邦职业培训机构就行业协会的建议进行实证研究，在必要情况下协调更新和修订相关的职业指导，但是新的培训指导必须与联邦教育研究部签订协议才能实施。

5. 职业技术教育与其他教育领域不断渗透和整合

职业技术教育与培训体系与其他教育领域相互衔接，不同教育领域之间具有更高的渗透性，这能提高职业教育和培训对年轻人的吸引力（BIBB & Cedefop, 2007）。在一个国家或者地区中，TVET 与其他教育领域之间有两个衔接点需要谨慎处理。

一是中等教育阶段中普通教育与职业教育的渗透。在职业技术教育与培体系发展中,一个战略性的问题是是否应该以及如何将中等教育"职业化"。从国际经验看,中等教育阶段提供职业技术教育与培训的做法主要有两种形式:第一种形式是单独设立中等教育阶段的职业技术学校;第二种形式是在中等教育学校中设立独立的职业技术教育分支,或者在中等普通教育课程体系中加入部分职业技术教育的学科,这类中等教育学校有时被称为"综合中学"。中等教育阶段是否应该在普通教育课程体系中加入职业教育科目,是一个比较有争议的问题。父母通常会担心自己的孩子在完成规定的小学、中学教育后,没有掌握任何进入工作场所需要的技能,这对他们极其不利。因此,他们主张在普通教育体系中增加一些职业技术教育的内容。但是,亚洲开发银行的报告指出:没有任何来自市场部门的证据能够证明在普通教育体系中增加职业技术教育内容(比如占到总课时的1/3)的这种做法是合理的,在竞争严峻的市场中,这种做法并没有提高中学毕业生的就业竞争力(ADB,2007)。在衡量多样化中等教育的收益上,Loxey等人也曾做过一个里程碑式的研究,他们发现:在劳动力市场中,一个多样化的中等教育体系并不比学术性中等教育体系的表现好。但是多样化中学的教育成本要比普通教育中学高得多。因此,从成本—收益的角度看,综合中学的效益要低于学术性中学(Loxey,1985)。在中等教育阶段中,如果要将职业技术教育与培训整合到普通教育中,需要思考几个基本的问题:①中等教育职业化是否符合学生和家长的愿望?这就要考虑中等教育阶段适龄青少年的学校注册率。如果注册率较低,比如仅有一半,那么这些学生可能更希望继续进行学术深造而不是进入职业领域。ADB在1999年的报告中曾批评马来西亚政府设立中等职业学校的做法,因为实际上马来西亚所有的中学毕业生都继续接受高等教育,这使中等职业学校的设立成为一笔巨大的浪费(ADB,1999)。但是,如果适龄青少年中中等教育注册率占了绝大多数,许多学生可能不具有学术倾向,那么提供一些实践性教学就更适合他们。②职业技术教育内容适合在哪个阶段展开?在中等教育的初级阶段不适合将学生分流到职业教育领域,这会过早地限制他们的发展和选择,但是这个阶段可以接触一些成本较低的实践性科目。③国家是否有能力负担中等教育阶段职业化的成本?中等教育阶段加入职业教育内容成本相当高昂,包括设备购买、维护与更新费用、工作车间建设、聘请具有实践经验的培训者等,国家是否能负担起综合中学的教育成本?④潜在收益有多大?这需要通过一些实证性方法测量多样化中等教育的收益。从国际经验看,由于职业技术教育成本高、需要有实践经验丰富的培训者以及容易分散学生对基本学术技能训练的精力,中等教育阶段实施职业技术教育的最好方式仍是让学生到专门化的职业培训中心接受技能训练。普通教育体系中的职业技术教育内容可以考虑在以下几个领域开展:

①计算机运用技能，这类技能在许多职业领域中都需要，而且在许多普通教育学科中也需要使用计算机技术；②成本较低且没有性别偏见的培训方案，例如会计、商业科目学习，这也是在许多职业中都涉及的技能；③创业技能训练，这类训练是正规的职业技术教育与培训的一个内在组成部分，目的在于教育毕业生能够计划、启动和经营一项生意（ADB，2007）。在德国，初级中等教育阶段面向10~16岁的学生，这个阶段主要提供基本普通教育，初步引入的职业教育包括工作生活准备教育或者将职业教学和学习材料整合到其他学科的教学中。高级中等教育阶段则以职业教育为主体，承担职业教育的有全日制职业学校、卫生学校、职业拓展学校、二元制教育形式等，其中二元制占主导地位。

二是职业院校与大学教育之间的衔接。职业教育与高等教育之间的衔接是指不同类型、不同程度的教育之间（通常是文凭教育和学位教育之间）的相互承认，基于这种衔接，学生能够转换所修课程或者专业。在职业教育发达国家如德国、澳大利亚，从20世纪80年代开始，职业院校与高等教育之间的衔接就开始得到关注。这种衔接的动力来自几个方面：从个体角度看，终身学习的理念是发展跨教育部门学历衔接政策的依据。正如2012年澳大利亚高等教育、技能与就业常务理事会（SCOTESE）发布的《国家成人教育基础技能战略》指出：个体在不同生命阶段有不同的学习需求，需要提供多种学习途径供个体选择以实现终身学习的目标（SCOTESE，2012）。从社会和经济发展的角度看，现代经济体系的发展和变化对拥有较高技能的人才需求量增大，职业教育需要向更高层次发展。从政策层面看，国家学历资格框架的开发为职业教育与高等教育的衔接提供了指引和制度保障。在德国，第三阶段教育中职业学院（vocational academy）的培训一部分是按照学院和雇主之间的协议进行，一部分是根据政府部门制定的培训指导和标准框架实施。德国联邦和各州一直共同致力于建立一个尽可能一致的标准，以便于让接受职业培训的年轻人能够进入高等教育机构，并减少已经获得职业资格的年轻人在高等教育机构中的学习时间。2004年10月，德国州文化部长联席会议（KMK）决定将职业学院中学士资格水平的培训进行认证，这就意味着职业学院的学士资格在达到某种标准后与高等教育机构中的学士资格相当，这样职业学院的毕业生也可以进一步注册硕士课程。2004年，德国适龄青年中接近53%的学生在被认可的职业培训领域中接受二元制培训，二元制培训结束后，一部分学徒就业成为技能型工人，在以后的职业生涯中进行持续培训，一部分学生按照一定标准获得学术资格进入职业学院进行一年全日制学习，然后进入高等教育机构。德国职业教育形式与高等教育机构之间的无缝衔接，使接受二元制培训的年轻人在结束培训后具有了就业与深造的双重选择,吸引了大批的年轻人接受二元制培训。根据德国教育与研究部的统计,2007年获得高等教育入学资格的学生中有29%放弃了高等教育入学资格而选择接受二元制培训,这充分表明了职业教育与大学教育机构的有机衔接对于提高职业教育吸引力的强大作用。澳大利亚也成功地在高等职业教育与大学教育之间建立了衔接机制。2008年,澳大利亚劳工党发布《布莱德高等教育提供者咨询报告》,要求大学要建立在一个更加广泛和有效的高等教育系统之上,特别是要与职业教育与培训建立牢固的合作关系(Bymes J. et al, 2010)。澳大利亚职业教育与培训(文凭教育)与高等教育(学位教育)之间的衔接最早是个人学分转换方案,个体提交学习成果或者资格证书,目标高等教育机构审核并决定是否与目标学历资格具有相关价值。由于个人学分转换效率低且主观性大,目前主要采取职业院校与高等教育机构之间签订协议的衔接方式,这种方式结构化程度更高,首先要对职业院校提供的职业教育文凭证书中的能力模块/单元和高等教育学位资格的科目模块之间的关系进行评估,然后双方签署谅解备忘录,作为学分转换和衔接的指导性文件和处理跨院校关系的管理框架(Jackson A et al, 2001)。虽然这些职业教育发展国家中职业院校与高等教育之间的衔接取得了一定成就,但也面临一些挑战。从传统上看,职业教育与高等教育有不同的使命和定位,一个是面向工作世界的技能培训,一个是高深知识的传播、生产与创新,二者的衔接促进了高等教育的繁荣和提升了吸引力,但一定程度上也削弱了高等教育的传统功能。世界经济组织每年就一个主题发表国际教育比较报告《教育一览》(*Education at a glance*), 2005—2006年度《重新思考第三阶段教育》报告指出:德国、澳大利亚和瑞典都建立了强大的职业教育体系,共同显示了职业教育与培训系统在国家发展中的重要性和有效性,但它们的高等教育体系的发展非常缓慢,这些国家更加重视非学术型职业教育在第三阶段教育中的地位。德国具有大学教育资格的人相当少,澳大利亚1988年以后社会地位比较低下的学生进入大学(尤其是八大名校)也越来越少。

6. 质量保障贯穿投入、过程与产出全过程

职业技术教育与培训体系的核心使命在于向个体提供就业和增加收入所需要的知识和技能。如果这些技能不是劳动力市场所需要的,那么培训就是一笔浪费。TVET的质量保证分为两个层次:一个是培训院校质量保证,采取注册(registration)、证书(certification)、认证(accreditation)的方式;一个是个体技能获得质量保证,采取技能考试的方式。在各国的TVET质量保证体系中,"质量"是从培训的投入、过程和结果三个角度加以保证的。

从投入质量看,在许多国家,投入不足直接削弱了培训质量。"投入"质量的第一要素是培训标准，即基于职业需求的技能标准。政府可以通过两个方面建立培训标准：一是引入基于能力的培训模式（competence-based training）；另一个是建立职业资格框架（vocational qualifications framework）。另外一个投入因素就是培训者，教师和培训者的知识、技能水平是影响培训质量的一个决定性因素，培训者数量不足或者资格不够是导致培训质量低的一个重要原因，尤其是如果培训者缺乏充分的企业实践经验，更会直接影响到培训效果。此外，培训设备、设施和材料等物质性投入也影响到培训质量。从过程和结果质量看，一个有效的做法是建立一个清晰的技能测验体系，尤其是吸引工业部门参与到技能测验体系的制定中，这可以对院校培训施加强有力的积极影响，促使培训院校根据职业技能需求实施培训，并不断更新培训内容。德国的IHK职业资格认证考试是一个非常好的例子。德国所有职业学校的学生包括双元制教育体系毕业的学徒工，都必须参加全国统一的职业资格认证考试（IHK）。IHK考试由代表企业需求的德国工商业联合会或手工业联合会负责开发试题、统一命题并组织实施考试，考试内容与标准按照企业对人才的实际需求制定，学生通过IHK考试并获得的IHK职业资格证书有两个作用：一是学徒期满的就业证书，该证书保证了所有职业上岗证的权威性，在德国甚至欧盟通用；二是进行职业深造的资格证明，凭该证书可进入高等专科或技术大学继续学习。澳大利亚也建立了一个基于标准的职业资格框架，基于能力或者标准模块、能力水平测验指导和资格框架，国家开发了培训包。实际上，澳大利亚的工业部门决定培训结果，而培训院校可以根据培训结果自由开发课程与培训方案。这样做有两点好处：一是将工业部门从开发培训方案的琐碎事项中解脱出来，激发培训院校在设计课程方案中的创新性；二是在培训机构中建立了一个质量保证框架。在澳大利亚培训资格框架（Australia Qualifications Framework）下，所有的培训机构都需要注册并且根据核心标准接受审计，这就确保了澳大利亚4500所培训机构在提供和评价培训上能达到基本标准。

7. 师资培训注重教师与培训者的持续性专业发展

TVET的师资教育与培训在提升一个国家或地区的职业技术教育与培训质量的政策目标中具有关键性作用，也是职教发达国家重要的政策和实践议题。早在1998年，欧洲职业教育培训发展中心（Cedefop）作为推动欧盟职业教育的官方机构就搭建了一个国家网络平台——培训者培训网络（the training of Trainers Network），目的在于促进欧盟范围内TVET教师与培训者的专业发展。目前，促进TVET师资专业发展已经成为欧盟政策框架中的一个核心目标，并被列为欧盟成员在TVET合作中优先发展的领域之一。2007年，联合国教科文组织召开了"朝向可持续的职业技术教育（TVET）教师教育：可持续发展教育国际会议",提出了加强 TVET 体系中师资专业发展的动力和激励机制等。在欧盟的语境下,TVET 师资包括:①职业学校(院)中从事教育教学工作的人员,也可以称为"学校教师"(school teachers);②企业中,由雇主指定的负责受训人员的初级以及继续或者再培训的带薪员工,也可以成为"工作场所的指导教师"。这两类人员的专业发展都必须包含在一个统一的 TVET 师资政策、法律和服务框架下,这样才能保证建立一个高质量的 TVET 师资与培训者队伍。

以德国为例,我们可以管窥职业教育发达国家对职业教育师资的严格要求(见图1-3)。德国 TVET 体系中的师资有两种类型:一类是在各类职业学校中工作的教师(teachers),另一类是在企业中工作的培训者(trainers)。职业学校教师又可以分为两种:一种是职业学校的"学校教师"(school teachers),这类教师主要负责特定学科的理论知识教学以及未来职业环境中需要的深入和广泛的普通教育,他们同时负责职业学科教学(如电子工程、国内经济、卫生保健等)和普通教育教学(如德语、数学、政治、物理等);另一种是"职业教师"(vocational teachers),其主要任务是向参加企业内部培训的年轻人提供特定学科的实践教学,这类教师通常由通过国家考试的技术员、经过认证的高级技师承担。德国职业学校教师培训分为职前培训与在职继续教育,各州负责制定职业学校教师培训相关法律与政策基础,包括法令、政府规章、教师培训方案学习指导、培训指导和两次国家考试指导,具有很完善的职业学校教师培训法律体系。德国对于在职业学校体系中承担职业实践教学的教师没有提出高等教育学历的要求。通常,这类教师具有熟练工人或者合格技师的职业背景,在职业学校的教学实践或者职业教学研讨会上进行培训。大多数州规定,一个人要获得在职业学校中承担实践教学的资格,必须通过高级技师资格考试或具有技术学校任教资格,以及许多年的职业实践。

8. 经费筹措与分配更加多元化和注重绩效导向

在职业技术教育与培训的经费筹措与运用上,涉及两个核心问题:一是怎样吸纳更多的非政府投入?二是如何分配经费以提高职业教育与技能培训的绩效?整体而言,在职业技术教育与培训经费的筹措上,除了政府的公共投入外,还可以拓展5个收入来源:企业投入、受训者个体或者家庭支付学费、培训院校向市场出售服务或者产品、社区支持或者捐助、建立非政府的私人培训机构。当然,这些经费筹措方式可以同时使用。目前,职业技术教育与培训的经费筹措越来越多地基于受益原则——谁受益谁付费,由于雇主(提高生产力)和受训者(提高收入)是两个主要的受益方,因此,他们应该分担职业教育与技能培训的成本,这也是 TVET 发达国家和地区在职业技术教育与培训发展中的一个主要财政经验,不仅弥补了公共经费的不足,而且激发了企业主

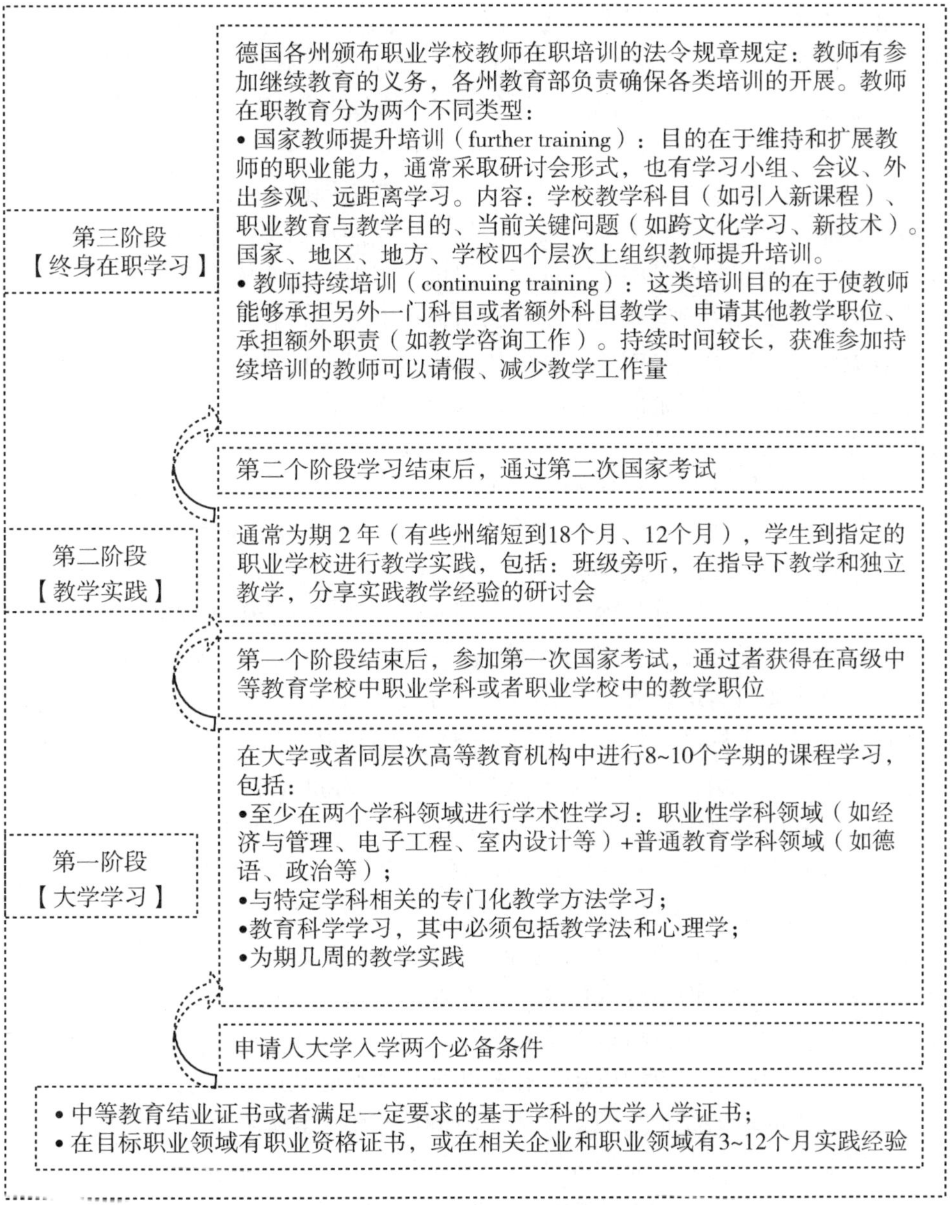

第三阶段【终身在职学习】

德国各州颁布职业学校教师在职培训的法令规章规定：教师有参加继续教育的义务，各州教育部负责确保各类培训的开展。教师在职教育分为两个不同类型：
- 国家教师提升培训（further training）：目的在于维持和扩展教师的职业能力，通常采取研讨会形式，也有学习小组、会议、外出参观、远距离学习。内容：学校教学科目（如引入新课程）、职业教育与教学目的、当前关键问题（如跨文化学习、新技术）。国家、地区、地方、学校四个层次上组织教师提升培训。
- 教师持续培训（continuing training）：这类培训目的在于使教师能够承担另外一门科目或者额外科目教学、申请其他教学职位、承担额外职责（如教学咨询工作）。持续时间较长，获准参加持续培训的教师可以请假、减少教学工作量

第二个阶段学习结束后，通过第二次国家考试

第二阶段【教学实践】

通常为期2年（有些州缩短到18个月、12个月），学生到指定的职业学校进行教学实践，包括：班级旁听，在指导下教学和独立教学，分享实践教学经验的研讨会

第一个阶段结束后，参加第一次国家考试，通过者获得在高级中等教育学校中职业学科或者职业学校中的教学职位

第一阶段【大学学习】

在大学或者同层次高等教育机构中进行8~10个学期的课程学习，包括：
- 至少在两个学科领域进行学术性学习：职业性学科领域（如经济与管理、电子工程、室内设计等）+普通教育学科领域（如德语、政治等）；
- 与特定学科相关的专门化教学方法学习；
- 教育科学学习，其中必须包括教学法和心理学；
- 为期几周的教学实践

申请人大学入学两个必备条件

- 中等教育结业证书或者满足一定要求的基于学科的大学入学证书；
- 在目标职业领域有职业资格证书，或在相关企业和职业领域有3~12个月实践经验

图1-3　德国TVEI教师终身教育体系

体对于职业教育和技能培训的责任感和参与动力。但是，对于付费能力不足的个体和家庭而言，以及对于资本市场上借贷体系不够完善的地区而言，付费原则的应用会有一定的限制。经费的分配方式与经费筹措一样重要。在许多国家的公共预算和拨款体系中，公共教育经费总是特设划拨给公立培训院校，而不

考虑培训绩效，造成公共经费的很大浪费。亚洲开发银行成员国的一些经验显示，财政机制可以成为提高职业技术教育与培训的效率和效益的强有力工具，以下几种方式都是行之有效的财政手段：①国家培训基金（training funds）被证明是非常成功的一种做法（见图1-4）。国家培训基金（training funds）是在常规的政府预算渠道之外、专门用于工作技能培训的一笔经费，培训基金的全部目的都在于向企业和个体提供所需的工作技能从而提高生产力、竞争力和收入水平。培训基金多是向企业征收，但也会来自于公共资助和其他渠道。国家培训基金正成为一种运用越来越多的培训资助方式，它提供了一个职业技术教育与培训经费筹措与分配的制度框架，成为世界上许多国家培训资助的一个核心途径，采取培训基金的拨款方式，政府可以向多个领域中的不同优先事项分配经费，并且通过资助一些竞争性的研究提案激发社会对职业技术教育与培训的兴趣，也可以向高度优先的经济领域灵活地再分配培训资源。②基于培训结果和产出的拨款或者绩效拨款在提供经费的使用效率上非常有效（performance-based funding）。近几年澳大利亚在职业技术教育与培训领域的改革就是采取绩效拨款的一个很好的例子。澳大利亚政府部门将绩效拨款视为提高培训机构绩效的一个重要工具，采取"购买者—提供者模式"（purchaser-provider model），公共部门与培训机构签署一个"绩效协议"，该协议规定了所需培训的质量和数量产出标准，培训结束后，公共部门与培训机构依照培训标准达成度进行财政结算，培训的质量或者数量低于预设标准就要申请许可（比如立即归还公共部门的培训经费）。基于绩效的拨款方式能够使培训机构承担更大的责任，并且有利于发展培训机构的培训能力。③向企业征收培训经费（training levies）也是应用非常普遍的资助培训的财政手段（见图1-5）。在市场中，受过培训的技能型人才容易流失和产生"搭便车"行为，导致一些企业不愿意在劳动力培训中注入经费。向企业征收培训经费是一个很好的解决方式。向企业征收培训税费可以扩大培训经费的税收基础，这种培训经费筹集方式在世界范围内得到广泛的应用。在公共预算紧缩的状况下，它提供了一个稳定的、有保障的培训经费来源，世界上有60个国家建立了企业培训税费征收系统，主要在拉丁美洲、非洲和欧洲。亚洲的马来西亚、斐济共和国也建立了这种机制，但是南亚和中亚没有发现建立了这种机制（Johanson，2009）。如果一个国家有强大的正规经济体系，也就是有一个坚实的税收基础，这种机制就有效，因此在中高收入国家中，企业征收培训税费的做法比较普遍。此外，标准拨款方式（normative financing）也是一种关注培训结果和产出的有效的经费分配方式；竞争性资助（competition for funds）在开发培训市场和降低培训单位成本上非常有效；培训券（training vouchers）也被证明是一个刺激培训需求的很有效的方式。例如，柬埔寨教育部门开发方案Ⅱ（Combodia Education Sector Development programⅡ）向公社发放培训券，公社将培训券发给当地居民，这些居民持培训券参加各类培训，如院校培训、学徒制培训、社区培训等，结果证明培训对于提高当地居民的收入水平非常有效。

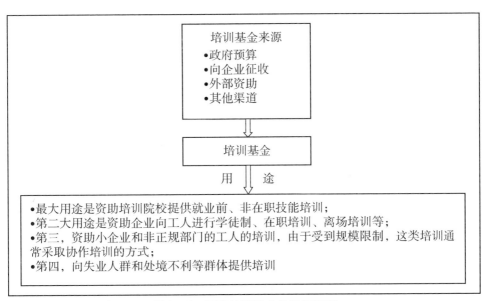

图1-4　国家培训基金的运行框架

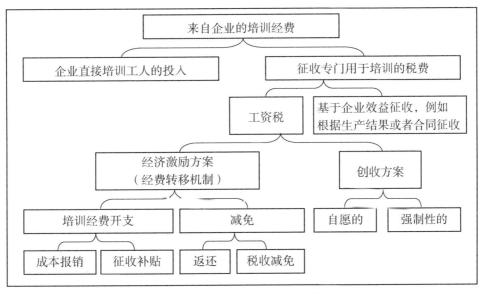

图1-5　企业培训经费征收的类型

(三) 中国职业技术教育与培训的政策与实践走向

1. 建立治理体系，政府角色从服务提供者转向政策制定与促进者

职业技术教育与培训比任何一个教育子系统与市场的联系都更为紧密，它可能是管理最为复杂、涉及面最广的教育子系统。中国的职业技术教育与培训体系具有明显的政府导向特征，这有助于职业技术教育体系与国家经济发展战略和产业格局相匹配，能集中有限资源发展优质的教育与培训体系，但一个具有行政色彩的管理体系极易导致培训的低效率和低效益。在一个不断变革的经济环境和劳动力市场中，要建立一个对市场反应灵活、需求导向的 TVET 体系，政府、企业与院校三角力量之间就要建立新型的治理关系，从过去政府主导的管理模式转向三方协作的治理关系，尤其是要发挥企业雇主在 TVET 体系中的关键性作用。在这种新型的治理模式中，政府的角色要从服务提供者转向政策制定和促进者，转变自身在经费投入、服务提供、院校管理等层面上的主导性角色，更多地关注制定政策、发布信息、质量保障、课程研发、资助不利群体等优先事项；院校机构直接面向市场提供服务，在人员、经费、课程等方面能够自主运作，需要开发培训市场和获取资源，并对培训产出负责；企业雇主作为最终用户和受益方，在提供培训经费、提出市场职业能力要求、评估培训效果、弥补公共培训资源不足、提供建议咨询等方面发挥实质性作用。

2. 建立国家职业资格框架，推进基于能力标准的职业技术教育体系

国家资格框架（National qualifications frameworks，NQFs）旨在对不同类型、不同级别的教育阶段的学习结果以及达到学习结果必须掌握的知识、技能和能力要求作出描述，划分不同的资格层级，从而建立一个各级各类教育之间的衔接体系。在职业技术教育与培训体系中，国家职业资格框架的建立有助于人们在不同种类和不同阶段的教育之间进行转化，有助于促进劳动力的市场流动和建立统一的就业市场。国家职业资格框架与国际职业标准相一致，更能促进劳动力的国际流动以及提高国际企业吸纳本国工人的比率。目前，全球有 120 个国家正在开发 NQFs，欧洲有 35 个国家正在开发 NQFs，爱尔兰、英国、法国在 2005 年就实施了 NQFs 制度，澳大利亚 1995 年引入 NQFs 并在 2011 年进行修订，亚洲开发银行许多成员国如孟加拉国、不丹、马来西亚、泰国等都在积极建立国家职业资格框架。我国已经建立了职业资格证书制度和学历文凭制度，但它们隶属不同的政府主管部门，两种制度之间缺乏沟通和互认，这直接限制了职教体系与普教体系、中高职教体系之间的衔接。在中国构建终身学习社会的进程中，需要突破不同教育体系各自为政的制度性障碍，探索建立统一的国家资格框架制度，以国家资格框架内不同级别的资格标准为依据，实施基于能力标准的职业技术教育与培训，最终构建不同类型、不同层级教育之间的衔接体系。但也应该看到，建立国家职业资格框架和实施基于能力标准的技能培训并不是一件容易的事情。DFID 的一份报告指出："没有证据显示中低收入国家中国家职业资格框架运作有效，一些已经建立 NQFs 的国家不仅成本高昂而且费时费力。职业技术教育与培训体系的培训能力很弱时，实施 NQFs 非常困难。"（DFID，2007）

3. 加强与就业市场联系，建立校企合作激励与保障机制

职业技术教育与培训的核心任务是培训青年人掌握劳动力市场所需要的技能，进而提升个体、企业和整个经济体系的生产力与收入水平。建立职业技术教育与培训和就业市场的密切联系，是培训获得成功的唯一最重要因素（ADB，2007）。TVET 体系与就业市场之间的密切联系发生在两类主体——企业雇主和培训院校之间的良性互动中，这需要有体制、组织、资源等各方面的保障，只有双方都具有足够的动力、恰当的渠道进行合作，才能建立一个"服务提供者—市场用户"之间的有效合作机制。我国职业院校长期处于政府的直接管理下，缺乏必要的绩效责任制压力；由于缺乏激励机制和保障制度，行业企业参与职业教育的积极性也不高，职业技术教育与培训体系一定程度上属于"供给模式"而非"需求导向"。在 TVET 未来的发展中，一方面要完善企业雇主参与培训指导、咨询和评估活动的激励机制，考虑到企业雇主在参与 TVET 时要付出时间成本、培训人力成本和设备消耗等物的成本，要建立相应的成本补偿机制和组织保障制度，比如税收优惠计划、在 TVET 院校中建立工业部门咨询委员会、签订培训院校—工业部门的正式合作协议、从当地工业部门聘请人员评估学生基于能力培训模块的绩效水平并支付报酬等；另一方面要建立培训院校管理方吸纳工业部门参与培训的动力机制和劳动力市场信息反馈机制，比如实施基于培训绩效的财政拨款方式、培训职业院校管理人员掌握与工业部门互动的相关技能、实施毕业生就业去向跟踪调查和相关行业劳动力市场分析等。

4. 推进职业院校管理变革，建立院校绩效责任制

职业技术教育与培训是与区域社会经济发展水平、经济规模和产业格局密切相关的一个领域，在一个高度变革的经济环境和劳动力市场中，基于院校的职业技术教育与培训必须从供给导向转向需求导向，才能实现院校的可持续发展。从职业技术教育与培训的责任体系看，一个对市场反应灵敏的 TVET 体系体现为政府的管理权力下放和分权化，院校获得一定程度的面向市场办学自主权，同时承担培训的绩效和质量责任。从政校关系看，政府权力下放和院校自主管理可以发生在不同的层次和范围上，需要确定哪些权力和责任可以下放到职业院校，哪些权力和责任需要保留在政府层面。例如，政策要致力于促进职业技术教育与培训政策制定、职业资格与能力标准研发、建立新的财政预算系统、各类培训机构和培训项目的注册与认证等事项；职业院校在聘请学校教师和实践导师、设计和更新课程与培训方案、财政管理（创收、支出和保留结余）等方面获得自主管理和经营权。为了提高院校的自主管理能力，政府需要组织对培训院校的管理方进行广泛的训练，比如如何制定需求导向的院校经营规划、资产管理系统、年度经营计划等。

5. 善用财政手段，建立多元混合的职业技术教育经费筹措与分配体系

国际经验显示：如果运用得当的话，财政手段是一个可以提高培训绩效的重要工具。有效的运用财政手段，不仅可以拓展职业教育经费的来源，弥补公共培训经费的不足，更能够提高培训经费的使用效率和效益。在我国的教育财政体制中，职业技术教育经费历来是政府公共预算的一部分，政府采取预算拨款的方式将其划拨给培训院校，政府投入为主的经费筹措方式和非竞争性拨款方式体现了政府举办教育的意愿和能力，但也容易造成公共培训经费的浪费和使用低效，培训院校缺乏绩效责任压力。在TVET财政改革中，一是建立培训经费多元筹措机制。一个国家或者地区要保证职业技术教育与培训的财政可持续性，除了政府公共预算之外，需要开辟其他经费来源渠道。政府在加大财政投入的同时要防止财政"大包大揽"，充分发挥市场机制的作用，积极引导社会资本的投入。按照收益原则和能力原则，企业雇主和学生（及其家庭）应该承担相应的教育与培训成本，尤其是要发挥企业雇主在TVET投入体系中的重要作用，比如国际上行之有效的国家培训基金、向企业征收培训税费等形式，政府的作用在于建立完善的学生借贷体系，保证学生不会因为经济能力而丧失教育机会，以及建立鼓励企业投入职业教育培训的制度框架。二是建立绩效导向的经费转移（支出）机制。在经费开支和转移中，国际上有四种常用的经费转移方式：国家培训基金、竞争性资助、基于绩效的拨款、标准拨款。这四种方式有不同的拨款程序，但绩效导向是职业技术教育经费分配的一个基本逻辑。职业教育经费分配制度要与强化绩效管理相结合，能够使经费使用与培训产出相结合。为了衡量培训绩效，就需要建立行业主导的职业资格与能力考试制度，督促职业院校实施基于资格标准和职业能力要求的教育与培训。

6. 促进不同类型、层级教育阶段的衔接，建立整合的教育体系

在一个终身学习的社会中，教育体系要能够满足任何个体在任何时间都能接受他所需要的教育内容和教育形式的需求，不同类型、不同层级的教育阶段的衔接是构建终身学习社会的教育制度保障。由于历史、文化、体制的原因，我国普教与职教之间、职教体系内部之间还存在很多断点，这直接影响到学生入读职业教育体系的意愿和社会对职教的接受程度。在建立一个整合的教育体系的改革过程中，首先，要从政府层面改变职业技术教育"政出多门"的局面，将隶属不同政府部门的职业技术教育与培训整合到一个政策和实践框架中，保证职业技术教育与培训的统一质量标准。如果职业技术教育与培训由不同的政府部门提供，如劳动部门、教育部门、农业部门、工业部门、交通部门或者商业部门，这极易造成公共资源的重复投入，也由于各自独立的预算体系使得 TVET 经费使用绩效测算非常困难。其次，谨慎处理中等教育阶段职业教育与普通教育的衔接。在中等教育的初级阶段，普通教育应该占主导地位，学校可以初步引入职业准备教育，或者将职业教学与学习材料整合到其他基础学科的教学中。在中等教育的高级阶段，应通过分流加大职业教育的比例，从教育成本—收益角度衡量，一个好的经验是建立更多的、专门的职业技术教育学校或者与企业合作实施培训（如德国的二元制），而不是在普通高级中学中加入职业教育的课程内容。最后，重构高等教育体系，加强职业教育与普通高等教育的衔接。澳大利亚、德国的经验显示，在第三教育阶段中，建立职业教育文凭制度与大学学位教育制度的衔接，对于提高职业教育的吸引力尤为关键。这种衔接的关键问题是要解决职业教育文凭证书中的能力模块/单元和高等教育学位资格的科目模块之间的关系的互认，因此，最好的方式是在两个或者多个院校层面以一种结构化的方式进行。同时，也应该看到，第三级教育中强化非学术型职业教育对于高等教育的定位、功能和结构上的可能挑战，以及引发的高等教育评价体系变革和不同群体间的高等教育机会公平性等问题。

二、广州市职业教育改革发展的历史与现状

（一）新中国成立以来广州市职业教育发展历程

1. 起步阶段（1949—1959年）

新中国成立初期，按照《中国人民政治协商会议共同纲领》中"有计划、有步骤地实行普及教育，加强中等教育和高等教育，注重技术教育"的规定，中央接管、整顿和改造了旧有的职业学校，合理地调整了学校布局和专业设置，为发展中国的职业技术教育奠定了基础。1949年12月举行的第一次全国教育工作会议明确指出："在今后若干年内，应该着重向中等技术学校发展，以培养大批中级建设干部。"[①]

---

① 金铁宽：《中华人民共和国大事记》，济南．山东教育出版社，1995年版。

1949 年，广州市人民政府接管的职业技术学校共 33 所，其中，1 所公立技术学校——市立职业学校（1951 年更名为广州财政技术学校），32 所私立技术学校。

1950 年，广州市政府出台了《关于职业技术学校的发展和改进意见》，意见指明了广州市职业技术学校的目的和发展方向，依据国家和广东省"五·五建设计划"，广州市职业技术学校重点培养三方面的干部：一是财经技术及合作社中级干部；二是进出口贸易技术管理中级干部；三是轻工业技术管理中级干部。意见提出了改良和提高技术学校的若干举措，指出要加强与企业部门的联系，开办短期训练班，请企业拟定课程，供给教材和师资等。同时，意见还对技术学校的课程、教材和学制等进行了规范，提出了"三三制高级职业教育"、"五年一贯制"等具体方案。到 1950 年，广州市新增 1 所公立技术学校，整改合并 10 所私立技术学校，共有职业技术学校 24 所，包括 2 所公立技术学校——广州财经技术学校（有三年制中级会计班 4 个班、财政金融班 2 个班、合作事业科 2 个班、企业管理科 2 个班、五年一贯制会计科 2 个班和三年制初级会计班 5 个班，学生共计 710 人）和广州天佑工业技术学校（1950 年 4 月由长江水利委员会接办，改为公立，1952 年学校名称改为武汉水利工程学校，有土建科、机械科、电机科各 3 个班，学生共计 297 人），22 所私立技术学校——新中华、新中国等 9 所会计学校，图强、国民等 5 所助产学校，博济、光华等 4 所护士学校，粤东和汉兴 2 所医士学校，以及东方电信学校和华南汽车工程学校（私立技术学校学生共计 4286 人）。

1951—1959 年，国家层面关于教育事业的各项规章制度陆续出台并不断改进，我国职业技术教育得到了快速发展。广州市通过召开中等技术学校教育会议、实施《关于调整、整顿以及适当发展本市技术学校计划草案》、制定《广州市农民业余教育实施办法》、《广州市职工业余补习学校实施暂行方法》等一系列举措，使广州的职业教育得到了快速发展。广州机械制造学校、广州市初级工人技术学校（现名广州市高级技工学校）、广东省制糖工人技术学校、广州石油机械安装工人技术学校、广州通用机器厂职工业余大学、广州业余工学院、广州建筑工程学校、广州纺织工业学校等一批中等专业学校和职工业余大学相继成立，涵盖了机械、轻工业、化工、纺织、建筑工程、农业、卫生、艺术等科目。经过调整、整顿与发展，至 1959 年，广州市技术学校还有 21 所。

这一时期的广州市职业教育主要经历了"接管、改造、发展"的历程，为新中国成立初期的广州经济社会发展培养了大批干部。这一时期的职业教育发展迅速，在广州市政府的大力推进下，公立技术学校得到了较快发展。私立技术学校为广州经济社会发展做出了较大贡献,特别是培养了大批会计、护士、医生等社会急需人才。

2. 调整阶段（1960—1977年）

1960年9月,国家对国民经济进行调整,对技工学校也进行了整顿。广州市21所技工学校经过整顿后,剩下15所。1961年,有关部门将东山区、越秀区、协同和机器厂、冶金局等开办的4所技工学校合并组成一所新的技工学校——广州市技工学校。1962年,广州市技工学校被撤销,1963年3月,该校复办。随后因"文化大革命"的影响,广州市技工学校于1967年停办。

1964年下半年,广州被定为"半工半读教育"试点城市,广州市技工学校的教学业务管理被移交给了广州市教育局"半工半读"教育处管理,同年12月,"半工半读"教育处升格为广州市第二教育局。1964年,广州市新办了25所半工半读学校。到1964年底,广州有半工（耕）半读职业学校、技术学校、农业中学、劳动大学共62所,学生8500多人。

20世纪60年代初期,广州市各区创办了一些区属业余大学、红专大学。为了适应地区经济和社会发展需要以及广大干部职工提高文化水平、掌握专业知识、提高学历层次的需要,1962年2月,广州市政府决定将海珠区、越秀区、荔湾区等区属业余大学的有关专业进行合并调整,创办广州业余大学（广州城市职业学院的前身之一）;同年8月,广州市财贸干部学校成立;10月,广州市工业交通干部学校成立。1964年又成立了广州市业余工业科技学院（广州工程技术职业学院的前身之一）。广州的高职教育发轫于此。

1970年2月,广州市革命委员会批转《一九七〇年教育工作跃进计划》,提出"市区办卫生、工业和师范学校各一所,郊区和从化、花县（花都区）自办工业、农林、卫生、师范学校各一所;工厂、农村公社、生产大队要办工人、农民业余学校"。

1973年,国务院批准技工学校复办招生,广州市复办和新设33所中专学校,主要解决回城知青的文化和职业技能培训问题。

1975年,广州市工农教育工作会议召开,全市开办了工农大学21所,其中全日制"七·二一"工人大学9所,工人业余大学6所,医院办的医科大学1所,市办的业余大学、马列主义业余大学、业余科技学院各1所,学员6500多人。1976年10月,广州市农村干部学校成立。

这一时期的广州市职业教育主要处于调整阶段,发展虽然受到了一定程度的影响,但这一时期的职业教育发展呈现了类型多样化、灵活性的特点,这与当时国家和广州市社会发展有着直接关联,培养了大批人才的同时,各种类型学校的出现,为广州市职业教育后期的发展奠定了一定的基础。

3. 成长时期（1978—1990年）

1978年，党的十一届三中全会把全党工作重点转移到社会主义经济建设上来。随后，党和政府出台了一系列有利于职业教育发展的政策和措施，职业教育步入了良性发展的轨道。1980年，国务院批转教育部、国家劳动局关于中等教育结构改革的报告时指出，要改革中等教育结构，发展职业教育。1982年，五届全国人大五次会议提出："要试办一批花钱少、见效快，可收学费，学生尽可能走读，毕业生择优录用的专科学校和短期职业大学。"

广州市着手调整职业教育结构，大力发展以初中后为重点的中等职业教育，逐步形成多形式、多层次、多渠道的中等职业教育体系。广州市有计划地把数十所普通中学改为职业高中，中专改招初中毕业生，培养中等专业人才，同时，鼓励部门、企业开办技工学校，实行"先培训，后就业"。

广州市贯彻执行国家劳动总局制定的《技工学校工作条例》、《技工学校教学计划》和《技术学校教学大纲》，对技工学校各项管理工作进行了调整、充实和提高。1979年，广州市技工学校共招生5078人，主要是为了尽快解决知识青年回城就业的问题。同年，广州市成立中等教育结构改革领导小组，对中专、技工学校实行定规模、定工种专业、定经费、定学制、定人员编制（简称"五定"），促进广州市技工学校走上了规范化建设的轨道。1980年，广州市共有技工学校34所，在校生7078人。1981年，由于大量上山下乡知识青年回城，有些工种人员饱和，致使企业不敢轻易接收技校毕业生，导致毕业分配不出去，影响了技工学校的发展。这一年，广州市属技工学校仅招收了149名学生。随后，广州市对全市技工学校进行了一次调整，把24所技工学校、41所分校、125个办学点，调整为24所技工学校、21所分校、27个办学点。1982年，广东省技工学校广州片教学研究室宣告成立，积极开展教学研究活动。1983年，广州市政府召开广州市教育工作会议，明确了技工学校同样是中等职业技术学校。1984年，广州市劳动局提出了《关于调整、改革我市技工学校的意见》，并针对当时全市21所技工学校，对照劳动人事部提出的技工学校办学条件进行调查，并对部分技工学校提出了整顿改造的要求。1989年，广州市技工学校复办。1985—1990年，是广州市技工学校发展较快、规模较大的一个时期，全市技工学校从45所增加到了54所，招生人数也从1897人增加到了4383人，1990年，在校学生达到了10178人。

1980年，广州市试办的两所职业中学——电子职业中学和财务会计、工艺美术职业中学开始招生。1981年，由中国民主建国会广州市委和市工商联主办的广州建联业余财经学校开始招生。到1982年底，广州市各类职工业余大学、技术学校共有400多所，职工在学率为30%，在学人数404000人。

1983年3月，广州市委、市政府召开农村教育工作座谈会，会议重点研究和部署农村中等教育结构改革工作，要求各区、县除保留一定数量的普通中学外，其余分期分批改为农业中学或职业学校。

1983年，广州市分别成立了广州职业大学（广州大学的前身之一）、广州市经济管理干部学院、广州市财贸管理干部学院、广州市农业管理干部学院（这三所干部管理学院2005年与广州业余大学合并组建成为广州城市职业学院）。1984年，广州市成立了广州市城建职工大学。

这一时期的广州市职业教育迎来了发展的新机遇，为改革开放初期的广州培养了大批各类技术人才，初步形成了多形式、多层次、多渠道的中等职业教育体系，为广州市职业教育的后续快速发展奠定了良好的基础。

4. 提升时期（1991—2004年）

这一时期，国家对职业教育的重视程度越来越高。1991年10月，国务院发出《关于大力发展职业教育的决定》，进一步调动了全社会重视和发展职业技术教育的积极性。随后，党和政府出台了一系列政策及规定，大力发展职业技术教育。1994年，在全国教育工作会议上，李岚清副总理指出："发展高等职业学校，主要走现有职业大学、成人高校和部分高等专科学校调整专业方向及培养目标，改建、合并和联合办学的路子。"1995年10月，教育部《关于推动职业大学改革与建设的意见》指出："职业大学是我国高等教育的一种办学形式，是高等职业教育的重要组成部分。"1996年，全国职业教育工作会议，李岚清副总理在报告中指出，发展高等职业教育，要充分利用现有教育资源和设施，主要通过对现有高等学校改革、改组、改制来实施。职业大学、部分独立设置的成人高校和高等专科学校，要按社会需要调整专业设置和培养目标，改革教学内容和办学方式，办出高等职业教育特色。把个别重点中等专业学校改制举办高等职业教育，名称逐步规范为"职业技术学院"。至此，高等职业教育的架构正式确立。1996年5月15日，《中华人民共和国职业教育法》正式颁布，同年9月1日开始实施。1999年1月，教育部、国家发展计划委员会联合发布《试行按新的管理模式和运行机制举办高等职业技术教育的实施意见》。1999年，《中共中央、国务院关于深化教育改革，全面推进素质教育的决定》强调指出："大力发展高等职业教育"、"积极发展普通教育和职业教育在内的高中阶段教育"。2002年8月24日发布了《国务院关于大力推进职业教育改革与发展的决定》，与之相配套，劳动和社会保障部、教育部和人事部制定了《关于进一步推动职业学校实施职业资格证书制度的意见》，教育部、国家经济贸易委员会及劳动和社会保障部制定了《关于进一步发挥行业、企业在职业教育和培训中的作用的意见》。2003年，劳动和社会保障部颁发了

《关于贯彻落实中共中央、国务院关于进一步加强人才工作决定，做好高技能人才培养和人才保障工作的意见》。2004年，由教育部、财政部等七部委联合发布了《关于进一步加强职业教育工作的若干意见》。

广州市根据经济社会文化发展需要，依据国家和省相关政策，采取了推进职业教育快速发展的若干措施。1991年10月，中共广州市委、广州市政府制定了《关于发展我市职业技术教育的决定》，提出今后10年要重点发展技工学校。广州市劳动局为此制定了《广州市技工教育十年规划和"八五"计划要点》。在整个"八五"期间（1991—1995年），广州市政府每年均拨付400万元基建费和60万元设备购置费给市属技工学校。广州市政府还注意发挥企业办学的积极性，不断完善"总校带分校"的办学体系。截至1991年5月，广州市全日制中等职业技术学校有111所，在校生5.3万人，成人高校22所，成人中专38所，各类教育培训中心（职业学校）182所，社会力量办校（班）300所，各县办了农业技术学校，所有镇和60%的村也办了农校。1995年，广州市制定《广州市技工教育改革发展意见》，明确将技工教育纳入广州市国民经济发展规划，保障了技工学校的财政经费划拨。1999年，广州市制定了《广州市"九五"至2010年技能人才开发规划》，为广州市确立了技能人才开发的中长期计划目标。从1999年起，一些行业办的技工学校合并重组，实行强强联合，开始了发展壮大的新里程。2003年，广州市陆续出台《广州市属技工学校毕业证书统一验印办法》、《广州市属技工学校教学管理工作规范》、《广州市属技工学校教师上岗资格认定办法》、《广州市属技工学校学籍管理办法》等规范性文件。"十五"期间，广州技工教育贯彻"做强、做大、做优"的方针，稳步推进全市技工学校"上规模、上档次、上等级"的工作。广州市技工教育得到了迅猛发展。30多所市属技工学校中，有7所国家级重点技校（6所同时加挂技师学院牌子）和2所省级重点技校。

1999年，广州市人民政府作出《广州市人民政府关于进一步改革和发展职业教育的决定》，对广州市职业教育改革与发展方针、目标、优化结构、改革教学内容和方法、保障体系等作出了明确规定。

广州市于1993年开始筹建全国首批职业技术学院之一——广州番禺职业技术学院。1994年，广州市乡镇企业管理干部学院成立。据2003年的统计数据，广州市通过体制机制改革与创新，依托市属公办高校，与企业、政府部门或社会团体合作，探索多种所有制并存的办学体制，发展了11所高等职业机构（含教学点）。

这一时期的广州市职业教育贯彻"做强、做大、做优"的方针，为广州经济社会发展培养大批技术型人才。国家关于大力发展职业教育的决策为广州市职业教育的大发展提供了良好的契机，广州市政府加大了对职业教育的财政投入和政策扶持力度，广州市职业教育发展得到了较快发展，为广州经济社会发展培养了大批优秀人才。

5. 跨越时期（2005 年至今）

广州市准确把握我国大力发展职业教育的趋势，敢为人先，高起点、高标准、大格局地谋划职业教育发展。2004 年，广州市委、市政府出台了新一轮的市属高校布局结构调整方案，正式决定组建新的职业院校。2004 年 6 月，广州市政府第十二届 23 次常务会议通过了上报省政府的《广州市高等教育布局结构调整方案》。《关于组建广州城市职业学院的请示》明确提出："撤销广州业余大学、广州市经济管理干部学院、广州市财贸管理干部学院、广州市乡镇企业管理干部学院建制，合并组建广州城市职业学院。"新组建的广州城市职业学院是一所专科层次的高职院校，以高等职业教育为主体，积极开展社区教育和继续教育。2005 年，广州市政府出台《关于广州市中等职业教育调整与改革实施意见》，标志着广州市中等职业教育调整与改革工作迈上新的里程。2006 年，广州市技工院校总招生人数近 3 万人。2007 年，广州市技校招生人数首次突破 3 万人，在校生人数由 2001 年的 3.5 万人增加至 9.3 万人。2009 年，全市技校在校生总人数突破 10 万人。2008 年 1 月 9 日，广州市劳动和社会保障局中等职业学校调整改革总结大会暨调整后新校授牌仪式在广州市委礼堂举行，这是广州市技工教育发展的又一次重要会议，吹响了广州市技工教育的新一轮改革发展的号角。到 2010 年，广州市已有各类公办和民办技工院校 29 所，其中，共有 7 所技师学院、3 所省级重点技工学校。技工学校也从过去以培养中级工为主，逐步过渡到了以培养高级工及以上的高技能人才为主。

2007 年 8 月，为推动新时期职业教育的改革与发展，广州市委、市政府颁发了《广州市职业技术教育发展总体规划（2006—2020 年）》，对广州市未来 15 年职业教育改革与发展进行了全面规划和部署。2008 年，广州市颁发了《广州市关于实施我市高等职业教育内涵建设工程的若干意见》，为进一步推进市属高职院校内涵建设指明了方向。2013 年，广州市人民政府办公厅出台了《广州市人民政府办公厅关于促进我市职业教育校企合作工作的意见》，为职业院校校企合作的深入开展提供了政策支持。

2011 年召开了广州市中等职业学校教学改革创新工作会议，出台了《广州市中等职业学校教学改革创新行动计划（2011—2015 年）》、《关于进一步规范全市中等职业学校专业管理的意见》、《广州市中等职业学校学生职业技能竞赛管理办法》、《关于在全市中职学校全面推进工学结合课程改革实验的意见》，总结提炼出"以学生为中心，以培养综合职业能力为目标，体现行动导向教学原则"中等职业教育工学结合课程的"广州模式"。2013年，印发《"广州市深化中职教育教学改革创新，实施质量提升工程"实施方案（2013—2015年）》，不断深化服务学生发展，推动学生升学就业的教育教学改革和内涵提升工作。2012年5月，市人力资源和社会保障局印发《广州市技工院校产业系建设指导意见》，技工院校根据广州市产业结构发展，大力推进"273工程"（实施"调结构、抓质量、促发展"和"走出去、引进来"两大战略，重构教学、管理、实训、信息、保障、安全和招生就业七大平台，着力打造高技能人才培养、中小型企业研发和创业培训孵化三大基地），建设产业系30个，覆盖学生达47981人，走高端引领、内涵发展、品牌建设和改革创新的可持续发展之路。

首先，从2010年开始，广州市8所中职学校与4所高职院校对口培养8个专业近400名"中高职三二分段"学生；到2013年，已有20所中职学校和17所高职院校在42个专业合作招收2880名联合培养学生。其次，自2011年起，4所高职院校开展面向普通高中毕业生的自主招生改革，面向中职学校对口专业应届毕业生和中职相关专业毕业、有两年以上实践经验的社会人员开展中高职衔接自主招生模式探索，共计自主招生近3000名。最后，探索开展本科及以上层次高职教育改革试点。2013年，广州城市职业学院与韶关学院合作，在食品专业试点招生，开展本科层次高职教育改革试点，广州番禺职业技术学院与英国德蒙福特大学达成协议，拟合作开展本科、硕士乃至博士层次的职业教育。

至2015年3月，教育系统主管54所中等职业学校，其中有2所国家示范校，3所全国中等职业教育发展改革示范校建设项目学校，8所省示范性中职学校，国家级、省级重点中职学校分别有22所和6所。开设专业覆盖17个专业大类共计110个专业，基本涵盖广州十大重点发展产业，全日制在校生12.9万人。人社系统主管技工院校28所，5所"国家中等职业教育改革发展示范学校"，国家级、省级重点技工学校分别有1所和3所，在校生总计12.5万人。

这一时期广州的职业教育发展迎来了更多的发展机遇，结合国家骨干校、示范校、重点校和省示范校建设，广州市职业教育得到了跨越发展。

新中国成立60多年来，广州市职业教育随着国家和广州经济社会发展的变迁，不断调整、发展和壮大，为广州经济社会发展培养了大批优秀人才。总体而言，广州市政府对职业教育非常重视，不断加大政府财政投入和政策扶持力度，调整优化职业教育结构，为广州经济社会发展做出了重大贡献。广州自改革开放以来，经济社会的快速发展或许就是最好的验证。

（二）广州市职业教育发展现状

1. 高等职业教育发展现状

广州市现有9所高等职业学院，均为公办性质，其中有6所独立办学，有3所分别挂靠在广州大学、广州医科大学办学；拥有国家级示范性高职院校1所，国家骨干高职院校1所，广东省示范性高职院校建设单位2个（详见附表1）。

（1）办学规模。

广州市属高等职业教育办学规模近五年基本保持在5.5万人左右。2014年，广州市属高等职业学院实际招生19108人，在校生56237人，实际毕业学生18544人（见表1-3）。独立办学的6所院校中，除了广州体育职业技术学院为专业性院校，办学规模在2000人以下，其他5所院校的在校生规模都在5000人以上，广州番禺职业技术学院的在校生规模超过了1万人（见表1-4）。

表1-3 近五年广州市属高等职业教育办学规模情况表

年度	实际毕业生数（人）	实际招生数（人）	在校学生数（人）
2014	18544	19108	56237
2013	17075	18658	56757
2012	18350	19608	56254
2011	15989	19484	55783
2010	15794	18207	53107

注：1. 数据来源：《广州市教育统计手册》（2010—2014学年度）。

2. 广州大学、广州医科大学本部不招专科层次学生，因此《广州市教育统计手册》中在两校名下列出的专科层次学生数即为三所挂靠学校的数据。

表1-4 广州市6所独立办学高等职业学院2014学年度办学规模情况表

学院	实际毕业生数（人）	实际招生数（人）	在校学生数（人）
广州番禺职业技术学院	3466	4001	11095
广州体育职业技术学院	519	657	1847
广州工程技术职业学院	3020	2423	7427
广州城市职业学院	3211	3262	9190
广州铁路职业技术学院	2181	2775	8074
广州科技贸易职业学院	2203	2503	7199

注：数据来源：《广州市教育统计手册》（2014学年度）。

（2）办学条件。

广州市属高等职业学院在高资历教师、仪器设备、图书资料等方面条件良好，但也存在师资紧张、用地紧张等问题。参照《普通高等学校基本办学条件指标（试行）》[①] 考察6所独立办学的院校，在五个基本办学条件指标中，"具有研究生学位占专任教师的比例"、"生均教学科研仪器设备值"两个指标是所有学院都达到了合格要求；"生均图书"指标只有1所学院未达合格要求；"生师比"、"生均教学行政用房"两个指标有3所学院未达合格要求。

在7个监测办学条件指标中，选取"具有高级职务教师占专任教师的比例"、"生均占地面积"、"生均宿舍面积"三个指标进行观测，其中，"具有高级职务教师占专任教师的比例"这个指标所有学院都达到了合格要求，"生均占地面积"、"生均宿舍面积"两个指标则有4所学院未达合格要求（见表1-5）。

表1-5 广州市属高等职业学院办学条件指标统计表

序号	学院	生师比	具有研究生学历教师占专任教师的比例（%）	生均教学行政用房（m²/生）	生均教学科研仪器设备值（元/生）	生均图书（册/生）	具有高级职务教师占专任教师的比例（%）	生均占地面积（m²/生）	生均宿舍面积（m²/生）
合格学校数（所）		3	6	3	6	5	6	2	2
1	广州铁路职业技术学院	19.18	30.14	16.2	21945	64	25.35	21.32	5.48
2	广州城市职业学院	14.66	44.08	11.38	11025	82	31.79	22.02	5.80
3	广州番禺职业技术学院	16.95	51.42	16.08	16832	95	26.28	124.20	9.40
4	广州工程技术职业学院	18.25	19.07	13.49	9789	82	20.98	32.01	6.44

---

① 教发〔2004〕2号。

续表1-5

序号	学院	生师比	具有研究生学历教师占专任教师的比例（%）	生均教学行政用房（m²/生）	生均教学科研仪器设备值（元/生）	生均图书（册/生）	具有高级职务教师占专任教师的比例（%）	生均占地面积（m²/生）	生均宿舍面积（m²/生）
5	广州科技贸易职业学院	19.56	34.45	9.83	4771	63	25	17.73	4.72
6	广州体育职业技术学院	8.28	33.33	49.96	7748	87	27.88	93.51	21.09

注：1.《普通高等学校基本办学条件指标（试行）》（教发〔2004〕2号）规定，高职（专科）基本办学条件合格指标为：生师比，体育、艺术学校不超过13，医学学校不超过16，其他学校不超过18；具有研究生学位教师占专任教师的比例不低于15%；生均教学行政用房方面，语言、财经、政法学校不低于9m²/生，综合、师范、民族学校不低于14m²/生，工科、农、林、医学学校不低于16m²/生，艺术学校不低于18m²/生，体育学校不低于22m²/生；教学科研仪器设备值方面，语言、财经、政法、体育、艺术学校不低于3000元/生，其他学校不低于4000元/生；拥有图书方面，体育学校不低于50册/生，工科、农、林、医学、艺术学校不低于60册/生，其他学校不低于80册/生。

监测办学条件合格指标（只选取其中3项）：具有高级职务教师占专任教师的比例不低于20%；生均占地面积，体育、艺术学校不低于88m²/生，工、农、林、医学学校不低于59m²/生，其他学校不低于54m²/生；生均宿舍面积不低于6.5m²/生。

2.计算生师比需要的校外兼职教师数由学院报送，其他数据则根据《广州市教育统计手册（2014学年度）》相关数据计算得到。

3.本表统计的"具有研究生学历教师占专任教师的比例"与《普通高等学校基本办学条件指标（试行）》中"具有研究生学位教师占专任教师的比例"是两个不同的概念，其比值是不相等的。但考虑到具有研究生学历而拿不到学位的是少数（博士研究生即使没有拿到博士学位但肯定具有硕士学位），在学校中还有一些教师没有研究生学历却拿到了研究生学位，两相抵消，在此将两个比值视同相等。

（3）专业布局。

广州市9所高等职业学院开设的专业涵盖了17个专业大类，布局主要集中在土木建筑与水利、装备制造、交通运输、电子信息、财经商贸、旅游、文化艺术、医药卫生、教育与体育9个专业大类，没有布局的是能源动力、材料2个专业大类（见表1-6）。从专业类的角度分析，综合开设学校数、专业数排在前三位的是艺术设计类、计算机类和语言类专业（见表1-7）。每所学校都形成了重点发展的专业群①。其中，广州番禺职业技术学院已形成5个专业群，综合发展趋势明显；广州体育职业技术学院、广州医科大学卫生职业技术学院、广州大学纺织服装学院、广州大学市政技术学院重点发展1个专业群，广州铁路职业技术学院以交通运输专业群为重点，并围绕交通运输专业群建设了装备制造、电子信息2个专业群，办学特色突显（见表1-8）。

广州市属高等职业教育专业布局存在明显的结构问题，主要表现在两个方面：一是与广州经济社会发展需求不相适应。广州正在推进产业转型与升级，确定了汽车、精细化工、重大装备、新一代信息技术、生物与健康、新材料、新能源与节能环保、商贸会展、金融保险、现代物流十大重点产业，以及工业机器人、移动互联网、跨境电子商务、数字会展、汽车服务、新材料、新媒体、3D打印、海洋生物医药等30个新业态，急需大批高技能人才。目前广州市属高等职业学院开设的与这些重点产业、新业态相关的只有财经商贸、电子信息类专业具备了一定的数量和较强的专业实力（表1-6、表1-9），经过优化、调整、建设，可以较快为相关重点产业、新业态发展提供高素质技能人才。其他与重点产业和新业态发展有关的专业或者布局零散，或者实力不强，也很难在短时间内衍生出相关的新专业，需要较长的建设周期才有可能形成人才供给能力。二是专业分散、重复设置现象比较突出。如电子信息、财经商贸、文化艺术三个专业大类分别在4所学院形成了专业群发展态势（见表1-8），重复建设情况突出；除了表1-8所列8个专业大类在一所或多所学院形成专业群发展之外，其他专业大类则处于零散发展状态（详见附表3）；市属高职学院共开设119个专业，同时在3个及以上学院布点的专业有26个，占比近22%（见表1-10）。

表1-6 广州市属高等职业教育专业布局情况统计表

专业大类序号	专业大类	专业类	专业目录设置专业数	已布点专业数总计	在该专业类布点的学院数
01	农林牧渔大类	农业类	19		
		林业类	13	1	1
		畜牧业类	14		
		渔业类	5		

---

① 一所学校在一个专业大类中开设了5个以上的专业，则视为形成了专业群。

续表1-6

专业大类序号	专业大类	专业类	专业目录设置专业数	已布点专业数总计	在该专业类布点的学院数
02	资源环境与安全大类	资源勘查类	6	1	1
		地质类	8		
		测绘地理信息类	12	1	1
		石油与天然气类	6		
		煤炭类	10		
		金属与非金属矿类	3		
		气象类	3		
		环境保护类	11	2	2
		安全类	6		
03	能源动力大类	电力技术类	12		
		热能与发电工程类	7		
		新能源发电工程类	8		
04	土木建筑与水利大类	建筑设计类	7	1	1
		城乡建设与管理类	3		
		土建施工类	4	1	4
		建筑设备类	6	3	2
		建设工程管理类	5	2	2
		市政工程类	4	2	3
		房地产类	3	1	3
		水文水资源类	3		
		水利工程与管理类	7		
		水利水电设备类	4		
		水土保持与水环境类	2		
05	装备制造大类	机械设计制造类	20	5	5
		机电设备类	8	1	1
		自动化类	9	3	6
		铁道装备类	3		
		船舶与海洋工程装备类	11		
		航空装备类	4		
		汽车制造类	8	1	2

续表 1-6

专业大类序号	专业大类	专业类	专业目录设置专业数	已布点专业数总计	在该专业类布点的学院数
06	材料大类	钢铁材料类	5		
		有色金属材料类	4		
		非金属材料类	8		
		建筑材料类	6		
07	生物与化工大类	生物技术类	5	1	1
		化工技术类	12	2	1
08	轻工纺织大类	轻化工类	11		
		包装类	4		
		印刷类	5		
		纺织服装类	12	3	2
09	食品与药品大类	食品加工类	7	3	1
		粮食加工类	3		
		药品制造类	4		
		食品药品管理类	4		
10	交通运输大类	道路运输类	12	2	6
		铁道运输类	14	4	1
		城市轨道交通类	6	3	2
		水上运输类	11	1	1
		航空运输类	19		
		管道运输类	2		
		邮政类	2		
11	电子信息大类	计算机类	14	8	7
		电子信息类	19	4	5
		通信类	6		
12	医药卫生大类	药学类	5	1	1
		康复治疗类	4	1	1
		护理类	2	2	1
		医学技术类	8	2	1
		临床医学类	10	3	1
		公共卫生与卫生管理类	4		
		人口与计划生育类	2		
		健康管理与促进类	7		

续表1-6

专业大类序号	专业大类	专业类	专业目录设置专业数	已布点专业数总计	在该专业类布点的学院数
13	财经商贸大类	工商管理类	6	2	2
		财政税务类	4		
		物流类	6	1	6
		电子商务类	3	1	2
		市场营销类	3	1	7
		经济贸易类	9	5	6
		金融类	9	4	3
		财务会计类	4	4	7
		统计类	2		
14	旅游大类	旅游类	6	3	4
		会展类	1	1	2
		餐饮类	5	1	1
15	文化艺术大类	艺术设计类	24	12	6
		表演艺术类	18	1	1
		民族文化类	7		
		文化服务类	5		
16	新闻传播大类	新闻出版类	9	1	1
		广播影视类	15	1	1
17	教育与体育大类	语言类	16	5	7
		体育类	8	5	1
		教育类	22		
18	公安与司法大类	法律实务类	6	1	1
		公安管理类	12		
		公安指挥类	7		
		公安技术类	2		
		侦查类	4		
		法律执行类	3		
		司法技术类	10		

续表1-6

专业大类序号	专业大类	专业类	专业目录设置专业数	已布点专业数总计	在该专业类布点的学院数
19	公共管理与服务大类	公共管理类	9	2	4
		公共事业类	6	2	4
		文秘类	2	1	3
		公共服务类	7		

注：1. 专业大类、专业类、专业目录设置专业数均以教育部2014年12月发布的《高等职业学校专业目录（修订二稿）》征求意见稿为准。

2. "已布点专业数总计"的计算方法是：一个专业不管有多少个学校做了布局，都只计为1。"在该专业类布点的学校数"的计算方法是：只要在该专业类布点一个专业，就计为1；不管在该专业类布点了多少个专业，都计为1。

3. 详细情况请参阅附表3。

表1-7 综合开设学校数、专业数排在前三位的专业类

专业大类序号	专业大类	专业类	广州市属高等职业学院开设的专业数								
			广州番禺职业技术学院	广州城市职业学院	广州铁路职业技术学院	广州体育职业技术学院	广州工程技术职业学院	广州科技贸易职业技术学院	广州大学市政技术学院	广州大学纺织服装学院	广州医科大学卫生职业技术学院
11	电子信息大类	计算机类	4	4	4		3	3	2	1	
15	文化艺术大类	艺术设计类	8	3			5	4	2	5	
17	教育与体育大类	语言类	3	2	3		1	2	1	1	

注：详细情况请参阅附表3。

表 1-8 广州市属高等职业学院专业群分布情况一览表

序号	专业群	广州番禺职业技术学院	广州城市职业学院	广州铁路职业技术学院	广州体育职业技术学院	广州工程技术职业学院	广州科技贸易职业学院	广州大学市政技术学院	广州大学纺织服装学院	广州医科大学卫生职业技术学院
1	土木建筑专业群	√						√		
2	装备制造专业群	√		√						
3	交通运输专业群			√						
4	电子信息专业群	√	√	√		√				
5	医药卫生专业群									√
6	财经商贸专业群	√	√			√	√			
7	文化艺术专业群	√				√	√		√	
8	体育专业群				√					

注：详细情况请参阅附表3。

表 1-9 广州市财经商贸、电子信息大类市级以上重点专业/示范专业一览表

序号	专业大类	专业	专业所属学校	备注
1	电子信息大类	应用电子技术	广州铁路职业技术学院	中央财政支持重点专业
2		计算机网络技术	广州铁路职业技术学院	广州市重点专业
3		计算机应用技术	广州铁路职业技术学院	广东省重点培育专业建设
4			广州番禺职业技术学院	广州市高等职业教育重点专业
5		软件技术	广州番禺职业技术学院	广东省重点专业建设
6		物联网应用技术	广州城市职业学院	广东省重点专业建设
7		电子信息工程技术	广州科技贸易职业学院	中央财政支持重点专业

续表 1-9

序号	专业大类	专业	专业所属学校	备注
8	财经商贸大类	国际金融	广州番禺职业技术学院	广东省重点专业建设
9		工商企业管理	广州番禺职业技术学院	广东省重点培育专业/广东省示范性高职院校建设项目重点建设专业
10		连锁经营管理	广州番禺职业技术学院	广州市高等职业教育重点专业
11		物流管理	广州番禺职业技术学院	广东省示范性高职院校建设项目重点建设专业/广州市高等职业教育重点专业
12			广州科技贸易职业学院	广东省高职教育重点专业建设
13			广州城市职业学院	广州市高等职业教育重点专业
14		市场营销	广州铁路职业技术学院	广州市高等职业教育重点专业
15			广州城市职业学院	中央财政支持重点专业
16		财务管理	广州科技贸易职业学院	广东省高职教育重点专业建设/广州市高等职业教育重点专业
17		会计	广州工程技术职业学院	广东省高职教育重点专业建设/广州市高等职业教育重点专业
18			广州城市职业学院	广东省示范性高职院校建设项目重点建设专业
19		国际贸易实务	广州城市职业学院	广州市示范性重点专业
20		国际经济与贸易	广州科技贸易职业学院	广东省高职教育重点专业建设
21		会展策划与管理	广州科技贸易职业学院	中央财政支持重点专业

注：资料来源：广州市教育局。

表 1-10 在 3 个及以上市属高职学院布点的专业

序号	专业大类	专业类	专业	布点学院数
1	土木建筑与水利大类	土建施工类	建筑工程技术	4
2		市政工程类	市政工程技术	3
3		房地产类	房地产经营与估价	3
4	装备制造大类	机械设计制造类	数控技术	3
5			模具设计与制造	4
6		自动化类	电气自动化技术	3
7			机电一体化技术	5
8	交通运输大类	道路运输类	汽车检测与维修技术	5
9	电子信息大类	计算机类	计算机应用技术	7
10			计算机网络技术	6
11		电子信息类	应用电子技术	4
12	财经商贸大类	物流类	物流管理	6
13		市场营销类	市场营销	7
14		财务会计类	会计电算化	3
15			会计	4
16	旅游大类	旅游类	酒店管理	3
17	文化艺术大类	艺术设计类	装潢艺术设计	3
18			艺术设计	5
19			产品造型设计	3
20			环境艺术设计	4
21			服装设计	3
22	教育与体育大类	语言类	商务英语	6
23			应用英语	3
24	公共管理与服务大类	公共管理类	人力资源管理	3
25		公共事业类	社会工作	4
26		文秘类	文秘	3

注：1. 专业大类、专业类的划分参照教育部 2014 年 12 月发布的《高等职业学校专业目录（修订二稿）》征求意见稿确定；专业名称则是学校原有的专业名称。

2. 详细情况请参阅附表 3。

2. 中等职业教育发展现状

广州市现有市、区属中等职业学校 56 所①，其中公办 42 所，民办 14 所，国家级重点学校 22 所，全国中职教育发展改革示范校 3 所，全国中职教育发展改革示范建设项目学校 2 所，省级重点学校 6 所，广东省示范性中职学校 10 所；技工学校共有 28 所②，其中公办 8 所，国企办 1 所，民办 19 所，全国一流技师学院创建院校 1 所，国家中职教育改革发展示范学校 5 所，国家级重点学校 8 所，省级重点学校 3 所，省一类学校 6 所（详见附表 1）。

（1）办学规模。

广州市近 5 年中等职业教育总体规模保持在 24 万人左右，中等职业学校招生规模、在校生规模处于缓慢下降状态，技工学校的招生规模和在校生规模则处于缓慢增长状态（见表 1-11）。2014 年，广州市中等职业教育总体办学规模为 238559 人。其中，市、区属中等职业学校在校生 127831 人，校均规模 2283 人；市、区属技工学校在校生 110728 人，校均规模 3955 人；虽然中等职业学校和技工学校总体办学规模基本相当，但校均规模差距甚大。不管是中等职业学校还是技工学校，发展不均衡状况都比较突出。以国家级重点中等职业学校为例，办学规模最大的广州市财经职业学校三年年均在校生数为 7315 人，非专科性学校中规模最小的广州市电子信息学校不到 2000 人（见表 1-12），甚至达不到《国家级重点中等职业学校评估指标体系》规定的规模要求③。再以公办技工学校为例，8 所公办技工学校中有 6 所办学规模都在 1 万人以上，广州市工贸技师学院更达到 15000 人以上，远高于《技师学院设置标准（试行）》④规定的"技师学院培养规模应达到 5000 人以上"的要求，但也有 1 所技工学校办学规模达不到《技工学校设置标准（试行）》⑤规定的"技工学校设立 3 年内培养规模应达到 1600 人"的要求（见表 1-13）。

民办中等职业教育处于持续萎缩状态，办学规模普遍偏小。2014 年有 14 所民办中等职业学校，但招生数只有 4164 人，平均每校招生 378 人⑥；在校生

---

① 2014 年实际招生学校为 53 所，3 所学校暂停招生。
② 2014 年实际招生学校为 22 所，6 所学校暂停招生。
③ 《国家级重点中等职业学校评估指标体系》规定"学历教育在校生数三年年平均低于 2000 人为不合格；综合性艺术学校学历教育在校生数三年年平均低于 700 人、单科艺术学校低于 400 人、体育类学校低于 360 人为不合格"［教育部职业教育与成人教育司编（2006 年 5 月）］。
④ 人社部发〔2012〕8 号。
⑤ 人社部发〔2012〕8 号。
⑥ 2014 年实际招生学校数为 11 所，此为 11 所学校的平均数。

9064人,平均每校只有647人①。2014年有19所民办技工学校,在校生32434人,校均规模1707人(见表1-11);但每个学校的发展情况差异很大,广州白云工商高级技工学校一所学校的在校生规模就达到12805人,与此同时有6所民办技工学校已暂停招生。

表1-11 近五年广州市中等职业学校、技工学校办学规模一览表

年度	市、区属中等职业学校				市、区属技工学校		
	招生数（人）		在校学生数（人）		招生数（人）	在校学生数（人）	
	计	其中：民办	计	其中：民办		计	其中：民办
2014	44951	4164	127831	9064	34234	110728	32434
2013	44899	2553	129278	7635	44434	122216	30125
2012	44553	2535	131119	8045	43211	133163	30615
2011	47223	3052	137333	10095	44821	111351	32790
2010	47042	3708	136657	11352	38533	107000	21276

注：技工学校民办在校生数由广州市人力资源和社会保障局提供,其他数据均来自《广州市教育统计手册》(2010—2014学年度)。

表1-12 广州市国家级重点中等职业学校办学规模一览表

序号	学校	等级	在校学生数（人）			
			2012年	2013年	2014年	三年年平均
1	广州市市政职业学校	国重	3842	3778	3780	3800
2	广州市纺织服装职业学校	国重	3859	3925	3427	3737
3	广州市交通运输职业学校	国重	6303	6286	6310	6300
4	广州市信息工程职业学校	国重	5616	5268	4757	5214
5	广州市土地房产管理职业学校	国重	5124	5132	4738	4998
6	广州市轻工职业学校	国重	4013	4328	4568	4303
7	广州市建筑工程职业学校	国重	4977	5086	5242	5102
8	广州市医药职业学校	国重	4640	5809	6479	5643
9	广州医科大学卫生职业技术学院（中职部）	国重	5491	5321	5032	5281

① 此为14所学校的平均数。

续表 1-12

序号	学校	等级	在校学生数（人）			
			2012 年	2013 年	2014 年	三年年平均
10	广州市财经职业学校	国重	7729	7437	6779	7315
11	广州市商贸职业学校	国重	4509	4481	4042	4344
12	广州市司法职业学校	国重	3247	3022	2529	2933
13	广州市艺术学校（单科艺术学校）	国重	1343	1349	1408	1367
14	广州市番禺区职业技术学校	国重	8456	6192	5596	6748
15	广州市花都区理工职业技术学校	国重	3301	3938	3951	3730
16	广州市电子信息学校	国重	1634	1831	1928	1798
17	广州市旅游商贸职业学校	国重	5059	4418	4306	4594
18	广州市天河职业高级中学	国重	2120	2073	2171	2121
19	广州市黄埔职业技术学校	国重	2316	2478	2532	2442
20	广州市番禺区新造职业技术学校	国重	2003	1944	2275	2074
21	广州市花都区职业技术学校	国重	2252	2377	2611	2413
22	增城市职业技术学校	国重	4997	4803	4866	4889

注："在校学生数"来源：《广州市教育统计手册》（2012，2013，2014 学年度）。

表 1-13　广州市公办技工学校办学规模一览表

序号	学校	实际在校生总数（人）
1	广州市高级技工学校（广州市技师学院）	11255
2	广州市工贸技师学院	15642
3	广州市轻工高级技工学校（广州市轻工技师学院）	10966
4	广州市机电高级技工学校（广州市机电技师学院）	10243
5	广州市公用事业高级技工学校（广州市公用事业技师学院）	11165
6	广州市交通高级技工学校（广州市交通技师学院）	10098
7	从化市技工学校	5825
8	广州市花都区技工学校	1355

注：数据来源：广州市人力资源和社会保障局。

（2）办学条件。

广州市中等职业学校和技工学校都存在办学条件不足的问题，尤以师资和办学用地问题最为突出。以国家级重点学校为例，参照《国家级重点中等职业学校评估指标体系》[1]，选取学校占地面积、校舍建筑面积、图书馆藏书、专任教师4个指标进行观测，其中专任教师指标达到合格的学校仅有8所；虽然学校占地面积、校舍建筑面积、图书馆藏书三个指标不合格的学校只有3～4所，但达到优良标准的学校也只刚过半数（见表1-14）。参照《技师学院设置标准（试行）》和《技工学校设置标准（试行）》[2]，选取校园占地面积、校舍建筑面积、实训场地面积、生师比、双师型教师占专任教师的比例、兼职教师占专任教师的比例6个指标进行观测，在广州市6所公办技师学院、2所公办技工学校和1所国企办技工学校中，校园占地面积达标的技师学院有3所、技工学校1所，校舍建筑面积达标的技师学院有5所、技工学校1所，实训场地面积达标的技师学院有2所、技工学校1所，生师比指标没有学校达标，双师型教师占专任教师比例全部学校达标，兼职教师占专任教师比例只有1所技师学院未达标（见表1-15）。

表1-14 广州市国家级重点中等职业学校办学条件一览表

序号	学校	等级	专任教师（人）		学校占地面积（m²）	校舍建筑面积（m²）	图书馆藏书（册）
			计	生师比			
合格学校数（所）			8		19	19	18
其中：优良学校数（所）			2		13	13	13
1	广州市市政职业学校	国重	219	17	167135	114897	458732
2	广州市纺织服装职业学校	国重	148	23	71124	64457	100467
3	广州市交通运输职业学校	国重	204	31	49020	64039	135478
4	广州市信息工程职业学校	国重	166	29	110971	97439	148962
5	广州市土地房产管理职业学校	国重	125	38	50323	52198	173000
6	广州市轻工职业学校	国重	126	36	96470	56511	71393
7	广州市建筑工程职业学校	国重	103	51	61073	14258	133810
8	广州市医药职业学校	国重	120	54	31827	36668	104475

---

[1] 教育部职业教育与成人教育司编（2006年5月）。

[2] 人社部发〔2012〕8号。

续表 1-14

序号	学校	等级	专任教师（人）		学校占地面积（m²）	校舍建筑面积（m²）	图书馆藏书（册）
			计	生师比			
合格学校数（所）			8		19	19	18
其中：优良学校数（所）			2		13	13	13
9	广州医科大学卫生职业技术学院（中职部）	国重	191	26	154367	100683	183063
10	广州市财经职业学校	国重	224	30	165801	87040	309602
11	广州市商贸职业学校	国重	131	31	58590	73123	195389
12	广州市司法职业学校	国重	83	30	95077	49945	139150
13	广州市艺术学校（单科艺术学校）	国重	94	15	44484	33955	51838
14	广州市番禺区职业技术学校	国重	207	27	69128	71235	121000
15	广州市花都区理工职业技术学校	国重	140	28	175222	36916	60150
16	广州市电子信息学校	国重	105	18	20767	17069	57590
17	广州市旅游商贸职业学校	国重	263	16	96577	94007	200240
18	广州市天河职业高级中学	国重	176	12	98949	58389	30765
19	广州市黄埔职业技术学校	国重	155	16	47395	32104	51960
20	广州市番禺区新造职业技术学校	国重	98	23	142931	29655	53545
21	广州市花都区职业技术学校	国重	146	18	39617	37681	99055
22	增城市职业技术学校	国重	242	20	199800	66597	64486

注：1.《国家级重点中等职业学校评估指标体系》（教育部职业教育与成人教育司编，2006年5月）规定：专任教师80人（艺：70人；体：50人），"生师比"在15:1～17:1或在21:1～23:1之间（艺：6:1，或10:1左右；体：6:1或10:1左右）为合格；专任教师120人（艺：95人；体：75人），"生师比"在18:1～20:1（艺：7:1～9:1；体：7:1～9:1）为优良；"学校占地面积"达到40000m²（农：67000m²；艺：20000m²；体：33000m²）为合格，67000m²（农：93000m²；艺：47000m²；体：60000m²）为优良；"校舍建筑面积"达到30000m²（农：25000m²；艺：20000m²；体：20000m²）为合格，50000m²（农：45000m²；艺：40000m²；体：40000m²）为优良；"图书馆藏书"达到6万册（农、艺、体：达4万册）为合格，10万册（农、艺、体：达6万册）为优良。

2. 生师比计算公式：在校学生数/专任教师数。其他数据来自《广州市教育统计手册》（2014学年度）。

表1-15 广州市公办、国企办技工学校办学条件一览表

序号	学校名称	实际在校生总数（人）	校舍面积（万m²）			专任教师				校外兼职教师	
			校园占地面积	校舍建筑面积	实训场地面积	总数（人）	生师比	双师型教师数（人）	双师型教师占专任教师的比例（%）	总数（人）	兼职教师占专任教师的比例（%）
	达标学校数（所）		4	6	3		0		9		8
1	广州市高级技工学校（广州市技师学院）	11255	15.70	13.55	5.47	360	29	201	56	44	12
2	广州市工贸技师学院	15642	50.87	20.70	11.02	394	34	201	51	126	32
3	广州市轻工高级技工学校（广州市轻工技师学院）	10966	11.30	10.58	1.88	291	35	166	57	44	15
4	广州市机电高级技工学校（广州市机电技师学院）	10243	9.49	8.73	2.48	206	43	161	78	70	34
5	广州市公用事业高级技工学校（广州市公用事业技师学院）	11165	7.69	6.82	2.11	278	36	83	30	71	26

续表 1-15

序号	学校名称	实际在校生总数（人）	校舍面积（万 m²）			专任教师				校外兼职教师	
			校园占地面积	校舍建筑面积	实训场地面积	总数（人）	生师比	双师型教师数（人）	双师型教师占专任教师的比例（%）	总数（人）	兼职教师占专任教师的比例（%）
	达标学校数（所）		4	6	3		0		9		8
6	广州市交通高级技工学校（广州市交通技师学院）	10098	7.06	8.03	2.03	265	34	221	83	56	21
7	从化市技工学校	5825	8.40	5.61	1.52	213	25	69	32	40	19
8	广州港技工学校	2636	2.67	1.66	0.00	35	72	20	57	3	9
9	广州市花都区技工学校	1355	0.58	0.94	0.22	53	26	35	66		

注：1.《技工学校设置标准（试行）》（人社部发〔2012〕8 号）规定：技工学校校园占地面积不少于 3 万平方米；校舍建筑面积不少于 1.8 万平方米，生均校舍建筑面积不少于 20 平方米。其中，实习、实验场所建筑面积不少于 0.5 万平方米。学制教育师生比应不低于 1∶20。兼职教师人数不得超过教师总数的 1/3。具备中级技能以上职业资格的教师应不低于 30％。

《高级技工学校设置标准（试行）》（人社部发〔2012〕8 号）规定：高级技工学校校园占地面积不少于 6.6 万平方米，校舍建筑面积不少于 5 万平方米。其中，实习、实验场所建筑面积不少于 1.5 万平方米。学制教育师生比不低于 1∶20。兼职教师人数不得超过教师总数的 1/3。具有企业实践经验的教师应占教师队伍总数的 20％以上。

《技师学院设置标准（试行）》（人社部发〔2012〕8 号）规定：技师学院校园占地面积不少于 10 万平方米，校舍建筑面积不少于 8 万平方米。其中，实习、实验场所建筑面积不少于 2.5 万平方米。学制教育师生比不低于 1∶18。兼职教师人数不得超过教师总数的 1/3。具有企业实践经验的教师应占教师队伍总数的 25% 以上。

2. 生师比 = 实际在校生总数/(专任教师总数 + 校外兼职教师数×0.5)。

3. 三个比例的计算数据以及其他表内数据均由广州市人力资源和社会保障局提供。

（3）专业布局。

广州市中等职业教育专业布局主要集中在财经商贸、文化艺术、交通运输、电子信息、加工制造、土木建筑、医药卫生、管理与服务等领域；农业、环境、能源、化工等专业则极少布局；公办中等职业学校和技工学校的专业布局方向基本一致（见表 1-16）。市属中等职业学校的专业布局更趋专业化，每所学校基本都是围绕某个专业类布局；区属公办中等职业学校和市属公办技工学校的专业布局趋向综合化，每所学校的专业布局没有比较明显的专业化特征，学校与学校之间的专业布局差异也不明显（详见附表 7、附表 8）。

广州市中等职业教育同样存在专业结构不合理问题，主要表现在两个方面：一是不能满足广州的民生需求。比如，随着经济社会发展和人民生活水平的提高，医疗、教育等民生需求持续增长，广州幼儿教育师资短缺、养老服务人才短缺现象非常严重，但广州的职业学校在这些方面或是布局的专业层次不高，无法培养合格人才，或是极少专业布局，无法满足社会需求。二是专业同质化，重复设置现象比较突出。如在市、区属公办中等职业学校中，同时在 10 所以上学校布局的专业有 8 个（见表 1-17）；在市属公办技工学校中同时有 4 个以上学校布点的专业达到 16 个（见表 1-18）。

表 1-16 广州市公办中等职业学校、技工学校专业布局情况一览表

市、区属公办中等职业学校专业布局				市属公办技工学校专业布局			
专业类序号	专业类	专业目录设置专业数	已布点专业数总计	专业类序号	专业类	专业目录设置专业数	已布点专业数总计
01	农林牧渔类	32	4	01	机械类	26	8
02	资源环境类	23	1	02	电工电子类	13	5
03	能源与新能源类	19	0	03	信息类	12	10
04	土木水利类	18	9	04	交通类	34	11
05	加工制造类	34	11	05	服务类	18	6
06	石油化工类	13	1	06	财经商贸类	9	6
07	轻纺食品类	15	4	07	农业类	25	2

续表 1-16

市、区属公办中等职业学校专业布局				市属公办技工学校专业布局			
专业类序号	专业类	专业目录设置专业数	已布点专业数总计	专业类序号	专业类	专业目录设置专业数	已布点专业数总计
08	交通运输类	30	13	08	能源类	23	0
09	信息技术类	18	12	09	化工类	10	1
10	医药卫生类	28	14	10	冶金类	3	0
11	休闲保健类	4	2	11	建筑类	12	2
12	财经商贸类	21	14	12	轻工类	17	3
13	旅游服务类	9	5	13	医药类	7	0
14	文化艺术类	35	13	14	文化艺术类	16	6
15	体育与健身	3	0	15	其他	2	1
16	教育类	1	1				
17	司法服务类	3	3				
18	公共管理与服务类	15	8				
19	其他		0				

注：1. 本研究参照的中等职业学校专业目录为中华人民共和国教育部 2010 年修订的《中等职业学校专业目录》；技工学校专业目录为中华人民共和国人力资源和社会保障部于 2013 年修订的《全国技工院校专业目录》（下同）。

2. 已布点专业数中，包含原来专业目录或广东省技工院校补充专业目录所设的专业。

3. "已布点专业数总计"的计算方法是：一个专业不管有多少个学校做了布局，都只计 1 个。

4. 市、区属公办中等职业学校专业布局未包括广州康复实验学校、广州市番禺区培智学校、广州市越秀区启智学校的数据。

5. 详见附表 7、附表 8。

表 1-17　广州市公办中等职业学校中同时有 10 个以上学校布点的专业

序号	专业类	专业	布点学校数
1	财经商贸类	会计	21
2		电子商务	21
3		商务英语	17
4		物流服务与管理	12

续表1-17

序号	专业类	专业	布点学校数
5	信息技术类	计算机网络技术	12
6		计算机应用	11
7	教育类	学前教育	11
8	加工制造类	机电技术应用	11

注：1. 未包括广州康复实验学校、广州市番禺区培智学校、广州市越秀区启智学校的数据。

2. 详见附表7。

表1-18 广州市属公办技工学校中同时有4个以上学校布点的专业

序号	专业类	专业	布点学校数
1	机械类	数控加工（数控车工）	4
2		数控加工（加工中心操作工）	4
3		模具设计与制造	4
4		制冷设备运用与维修	5
5	电工电子类	机电一体化	6
6	信息类	计算机网络应用	6
7		计算机动画制作	6
8		计算机广告制作	5
9	交通类	汽车维修	5
10		汽车电器维修	4
11		汽车检测与维修	4
12		汽车营销	5
13		现代物流	5
14		城市轨道交通运输与管理	5
15	财经商贸类	电子商务	6
16		会计	6

注：详见附表8。

三、广州市职业教育改革发展的主要措施

广州市委、市政府一直高度重视职业教育发展。自2007年广州市委、市政府召开全市职业教育工作会议以来,广州市围绕贯彻落实《国务院关于加快发展现代职业教育的决定》、《广州市职业技术教育发展总体规划(2006—2020年)》和《中共广州市委广州市人民政府关于贯彻落实〈中共广东省委、广东省人民政府关于大力发展职业技术教育的决定〉的实施意见》等文件精神,改革职业教育体制机制,夯实职业教育发展基础,注重内涵发展和质量提升,职业教育的改革和发展取得重大进展。近几年来,广州市职业教育改革发展的主要措施包括以下几个方面。

(一)改革体制机制

2010年,广州市获批"开展地方政府促进高等职业教育发展综合改革试点"项目,以此为契机,广州市积极推进职业教育体制机制改革。主要举措包括探索股份制办学、构建职业教育集团(联盟)、打造校企协同育人平台、共建专业特色学院、推进资源共享、探索现代学徒制、构建终身职业教育体系等。以下就其中几项主要举措进行介绍。

1. 成立职业教育集团(联盟),探索集团化办学新机制

集团化办学是职业教育办学模式的重要方向,它有助于优化职业教育资源配置、建立校企合作的良性机制、推进工学结合、提高职业教育人才培养质量。《国家中长期教育改革和发展规划纲要(2010—2020年)》提出"支持一批示范性职业教育集团学校建设,促进优质资源开放共享"。在国家政策指导下,广州市积极探索职业教育集团化办学,先后组建了六大职业教育集团和若干职业教育发展联盟,形成了教育与产业、学校和企业之间资源共享的新格局。六大职教集团包括:由广州铁路职业技术学院主导建立的广州工业交通职业教育集团、由广州旅游商务职业学校牵头组建的广州旅游商务职业教育集团、由广州财经职业学校主导建立的广州财经职业教育集团、由广州科技贸易职业学院主导建立的广州物流职业教育集团、由广州商贸职业学校主导建立的广州商贸职业教育集团、由广州交通运输职业学校主导建立的广州交通运输职业教育集团。职业教育发展联盟主要包括:由广州番禺职业技术学院主导建立的职业教育协同发展联盟、由广州工程技术职业学院主导建立的石油化工职业教育联盟、由广州体育职业技术学院主导建立的广州体育职业教育联盟、由广州市机电技师学院主导建立的广州机电校企合一职业培训联盟等。

2. 政校行企联合成立共建专业特色学院，探索多主体办学机制

为促进职业教育特色化发展，广州市2013年启动特色专业学院建设工程，通过政府、学校、行业、企业多方联合，积极加强专业特色学院建设，探索出五种专业特色学院构建模式：一是由某个专业（群）与单一合作主体（政府、企业或其他组织）合作的"1+1模式"，如广州城市职业学院与碧桂园集团合作成立的碧桂园凤凰酒店管理学院；二是由某个专业（群）与多个主体合作的"1+N模式"，如由广州铁路职业技术学院与广铁集团车辆段、火车站、广州地铁培训学院、清华紫光测控公司等合作组建的现代运输学院；三是由学校多个专业与单个企业合作的"N+1模式"，如广州番禺职业技术学院与海鸥卫浴股份有限公司合作组建的海鸥学院；四是由某个专业（群）与某一行业合作的"1+H模式"，如广州番禺职业技术学院与番禺珠宝厂商会合作共建的珠宝学院；五是由某个专业（群）与国外企业或院校合作建立国际学院的"1+W模式"，如广州工程职业技术学院与瑞典斯堪尼亚（中国）有限公司合作建立的斯堪尼亚合作学校。学校和政府、企业、行业联合成立专业特色学院，是一种多主体办学的新模式，开创了"合作办学、合作育人、合作就业、合作发展"的新局面。

3. 设计广州教育城资源共享机制，推进校际资源共享

根据广州教育城"做强做优、分类整合、资源分享、中高衔接、预留空间"的建设原则和"共生、共享、共融"的设计理念，广州市积极调动政府、学校、社会各方资源，构建"分散共享为基础、组团共享为支柱、城际共享为纽带"的教育城资源共享模式。2012年12月，广州市政府印发《广州教育城建设工作方案》，提出"入驻的中高职院校以教育城为纽带，形成数校一地的发展态势，实现资源共享、开放办学、高效运作、效益最大化"的建设思路。此后，广州市确定了入驻教育城的院校以组团方式进行布局，在教育城内布局全城共享带和组团共享带，实现资源的有效共享和充分利用，探索独具广州市职业教育特色的共享管理模式。

（二）优化空间布局

1. 建设广州教育城，解决市属院校办学资源不足问题

为改善广州市属职业院校办学用地不足、资源分散等问题，深度推进广州新型城市化发展战略，广州市政府决定适度超前规划建设广州教育城，围绕把广州教育城建设成为立足华南、辐射港澳、影响东南亚，集职业技术教育、培训、实训、研发、职业指导、创业孵化于一体的国际一流教育服务聚集区的目标，高起点规划，高标准建设，高效能管理，高品质服务，力求把广州教育城打造成体现国家中心城市水平、符合新型城市化发展要求的教育高地。广州教育城分两期建设，一期进驻2所高职院校、9所中职学校（含合并及并入高职的中职学校）、4所技工院校和市高技能人才公共实训鉴定基地。通过建设广州教育城，加强人才储备，优化人才队伍结构，整合优质教育资源，从根本上解决广州市职业教育用地紧张、场地分散、发展空间受限等问题，同时有效置换城市空间和提升城市功能。

2. 着眼全市，优化职业教育布局

根据广州市"123"城市功能布局和《广州市国民经济和社会发展第十二个五年规划纲要》提出的"中心城区大力发展现代服务业，外围城区加快发展先进制造业和战略性新兴产业"现代产业新格局，加大职业教育整合优化力度，形成以广州教育城为核心，以白云区钟落潭高校集聚区、花都区职教园区、从化市职教园区为支撑的职业教育布局架构，构建布局合理、结构优化、资源集中、功能强大的广州地区职业教育体系。

3. 发挥地缘优势，辐射带动区域职业教育发展

结合广东省南方重要职业教育基地建设目标，以广州教育城为核心，建设集约化高水平职业教育基地，加大广州对区域职业教育的辐射力度。发挥广州市作为国家中心城市和省会城市的优势，以及我市职业教育的集聚能量，连通珠江三角洲、带动粤东西北、服务华南、辐射影响泛珠江三角洲地区的职业教育。

（三）优化专业结构

近年来，广州市职业教育改革面向广州市优势主导产业和战略性新兴产业，针对汽车、精细化工、重大装备、新一代信息技术、生物与健康、新材料、新能源与节能环保、商贸会展、金融保险、现代物流十大重点产业领域，以教育城建设为契机，对中高职院校专业结构调整，形成专业集群优势和发展特色。

广州市紧抓教育城建设契机，围绕广州重点支柱产业和战略新兴产业发展对技术技能人才的需求，通过"合并组建"、"整合提升"、"调整优化"等方式，合理布局和整合职业院校，2014年开始研究制定《广州市职业院校专业布局调整和优化的实施意见》，力求引导和调控全市职业院校专业设置和布点。

广州市职业教育专业结构调整的总体目标是：根据广州城市功能定位、产业结构调整、经济增长方式转变和科技进步的特点，紧密结合重点产业、新兴产业和特色产业的发展需要，通过5～10年时间，建立布局合理、产教深度融合、中高职衔接、结构合理、特色鲜明、品牌纷呈的专业体系，逐步形成定位准确、错位竞争、优势互补、各有所长、有序发展的专业建设新格局。

广州市职业教育专业结构优化调整的具体措施包括：（1）实施专业集群

化发展战略。中职、高职相同或相近专业组成专业集群，协同发展，促进专业集群与行业、企业对接，组成职教集团，产教深度融合，提高职业教育办学质量，提升对产业发展的支撑力。重点发展交通运输、工业制造与信息化、城市建设工程、旅游餐饮、财经管理、健康与医药卫生、文艺教育、体育等专业集群。（2）实施院校专业化发展战略。全市统筹布局，每所市属中高职院校集中精力在某个专业领域重点发展，建成相关专业集群的"领头羊"，以解决专业分散、重复设置，院校优势不明显、特色不突出等问题，提高教育资源使用效率，提升职业院校办学质量。各区（县级市）中职学校和民办学校可按产业簇群来设置专业，也可根据当地产业发展的要求，设置相对综合和集中的专业门类，但专业类别不宜过多。（3）实施专业特色化发展战略。鼓励通过校企合作、国际合作等方式打造专业特色。市属中高职院校在开展校企联合招生、联合培养的现代学徒制试点；推进专业设置、专业课程内容与职业标准相衔接；引进国（境）外高水平专家和优质教育资源，与国外职业院校合作办学、教师互派、学生互换；制定职业教育国际标准，开发与国际先进标准对接的专业标准和课程体系；构建与中国企业和产品"走出去"相配套的职业教育发展模式，注重培养符合中国企业海外生产经营需求的本土化人才等方面要发挥示范带头作用，形成专业特色。（4）建立动态的专业发展机制。根据国家和广东省专业设置相关政策，围绕广州市经济社会发展需要，建立包含专业开发、专业扶持和专业退出等内容的动态专业发展机制。

（四）着力提高质量

广州市通过推进中高职衔接、深化人才培养模式改革和创新校企合作机制，加强职业教育内涵建设，提升职业教育质量。

1. 实现中高职衔接，搭建职业教育人才培养立交桥

广州市积极创新中高职衔接机制，推进中等和高等职业教育培养目标、专业设置、教学过程等方面的衔接，构建中高职衔接的"立交桥"，为学生接受不同层次高等职业教育提供多种机会。主要措施包括：开展招生培养模式改革，研制中高职衔接专业教学标准和课程标准。逐年扩大广州中高职院校三二分段对口招生规模；建立健全职业教育课程衔接体系和五年一贯制、"3+2"等中高职衔接人才培养模式，加强同一集群内部中高职专业的对应性和一致性，实现中职和高职的专业对口与衔接；适度提高专科高等职业院校招收中等职业学校毕业生的比例、本科高等学校招收职业院校毕业生的比例，逐步扩大高等职业院校招收有实践经历人员的比例。实施职业教育提级工程，提升技术技能人才的培养层次，例如，广州城市职业学院与韶关学院合作，在食品专业试点招生开展本科层次高职教育改革试点，广州番禺职业技术学院与英国德蒙福特大学达成协议，拟合作开展本科、硕士乃至博士层次的职业教育，广州市正积极筹建广州幼儿师范专科学校和广州卫生职业技术学院。

2. 深化教育教学和人才培养模式改革，提升职业教育质量

广州市职业教育始终以提升质量为根本，将深化和创新人才培养模式改革作为提升高等教育质量的主要途径。第一，始终坚持立德树人，树立面向全体、系统培养、人人成才、终身学习的人才培养理念，全面实施素质教育，科学合理设置课程，将职业道德、人文素养教育贯穿人才培养全过程。第二，积极推进高职院校分类招生，加大力度实施中高职衔接三二分段、五年一贯制及职业院校对口自主招生，探索更切合广州实际的招生培养模式改革，为技术技能人才成长成才提供多样化选择。第三，加大实习实训在教学中的比重，创新顶岗实习形式，探索实施以育人为目标的实习实训考核评价；建立推动企业接收学生顶岗实习的相关政策，提高企业参与职业人才培养的积极性。第四，推进校企联合招生、联合培养的现代学徒制试点，以创新人才培养模式，改革招生制度、教学管理和运行制度为突破口，建立校企分工合作、协同育人、共同发展的长效机制，构建现代学徒制培养体系，全面提升技术技能人才的培养能力和培养水平。

3. 搭建平台，多元互动，创新校企合作机制

2013年，广州市人民政府办公厅颁布实施《关于促进我市职业教育校企合作工作的意见》，进一步完善"政校行企"共建机制。广州市职业院校推动教产对接、校企合作工作主要体现在以下几个方面：一是建立职业教育集团，探索集团化办学模式。二是制定《广州市高等职业教育特色专业学院建设实施方案》，重点建设20个紧贴广州支柱产业发展需求的特色专业学院。三是政府与企业共建职业院校，广州市政府与广州铁路（集团）公司签署协议，共建广州铁路职业技术学院。四是政府与企业合作共建工学合作园区。广州市教育局、花都区政府和广州铁路职业技术学院共建花都工学结合示范园。五是校企合作建立合作学院。多所中高职院校与企业合作举办双主体、人才共育、责任共担、成果共享的合作学院。六是2014年组建广州市中等职业教育专业委员会，下设15个专业大类专业指导委员会。七是推进技工院校产业系建设，对接了广州市战略性主导产业"9+6"中的13个产业，形成了多种合作模式。八是开展"八个共同"，校企共同制定招工招生计划、制定培养计划、参与专业建设、开发课程体系、组建教师队伍、实施教育教学、搭建管理队伍、开展考核评价，广泛开展"招工即招生、招生即招工"、"校企双制培养预备技师"等合作，实现了技能人才与就业的"无缝接轨"。

第二部分 广州市职业教育发展专题报告

专题一 广州市职业教育体制机制改革报告

一、广州市职业教育体制机制改革的背景与意义

21世纪以来,职业教育改革成为一股全国性浪潮,唯有全面深化改革,才能适应经济社会发展新常态、适应职业教育可持续发展新常态、适应职业教育培养质量提升新常态。2010年以来,为贯彻落实《国家中长期教育改革和发展规划纲要(2010—2020年)》的要求,广州市在前期教育教学改革的基础上,进一步解放思想,针对职业教育发展面临的深层次矛盾和问题,开展以体制机制为重点的新一轮职业教育综合改革。

(一)经济社会发展新常态要求全面深化职业教育体制机制改革

2010年,广州市GDP总量首次突破1万亿元,达到10604.48亿元,这标志着广州市经济社会发展迈上了一个新台阶。在新的历史起点上,广州市要进一步提高经济社会发展质量,促进经济社会快速、健康、持续发展,则必须实现由劳动密集型、资源消耗型发展方式向技术密集型、环境友好型发展方式转变,而职业教育是转型发展能否成功的重要因素。经济增长方式转型、产业结构调整都离不开职业教育;实现由"中国制造"走向"优质制造"、"精品制造",实现价值链与产业链的升级,需要职业教育提供智力支持;建立现代产业体系,迫切需要构建与之适应的现代职业教育体系;同时,职业教育也是保障与改善民生、促进就业、提升人力资本素质的重要举措。因此,近年来,广州市委、市政府非常重视职业教育的发展,职业教育办学规模实现了快速发展。截至2014年,全市中等职业学校共56所,在校生12.78万人;技工学校28所,在校生11.07万人。虽然办学规模实现了快速发展,但在办学质量上,与广州市经济社会发展新常态的要求、与广州市经济社会发展方式转型升级的要求仍不适应。因此,为更好地适应经济社会发展新常态,广州市以体制机制

改革为突破口,全面深化职业教育改革,打通制约职业教育发展的"中梗阻",不断释放职业教育发展的活力和创造力。

(二) 职业教育自身发展新常态要求全面深化职业教育体制机制改革

近年来,广州市职业教育获得了长足发展,但职业教育社会吸引力不足、行业企业参与职业教育的积极性不高等问题依然比较突出,保持高中阶段普职比大体相当的任务比较严峻。实现职业教育健康持续发展的新常态,依然是广州市教育发展中面临的一个重要课题。另外,2010年出台的《国家中长期教育改革和发展规划纲要(2010—2020年)》明确提出,到2020年,基本实现教育现代化,并形成适应发展方式转变和经济结构调整要求、体现终身教育理念、中等和高等职业教育协调发展的现代职业教育体系。适应职业教育发展新常态,构建"现代职业教育体系",实现职业教育现代化,必须突破体制机制瓶颈。因此,广州市以体制机制改革为主要内容,全面深化职业教育领域综合改革,加快推进职业教育现代化。

(三) 职业教育培养质量提升新常态要求全面深化职业教育体制机制改革

广州市经济社会的快速发展对职业教育提出了新挑战。产业转型升级、经济增长方式的转变要求职业教育培养的人才向中高端发展,要求职业教育培养的技术技能人才具备更高超的技艺、更全面的素质。另外,随着人民物质生活水平的不断提高,其对教育的要求越来越高,不只是满足于通过接受职业教育获得一份工作,而且要求获得一份体面的工作,并为自身的职业生涯发展奠定基础。发达国家的经验表明,职业教育越来越由 STW (School to Work,即由学校到工作) 走向 STC (School to Career,即由学校到职业生涯)。因此,从经济社会发展需求和人民接受教育的需求两个角度来看,职业教育必须进一步提升人才培养质量,并构建确保质量持续提升的质量保障体系。只有实现质量持续改进的新常态才能提高职业教育吸引力,才能满足经济社会发展和人的发展新要求,才能办出让人民满意的教育。根据新制度经济学原理,制度是经济发展的重要因素,有效的制度能促进经济发展,而低效或无效的制度则会阻滞经济发展。制度与土地、信息、人力资本一样,均具有稀缺性。"我们无论如何强化制度创新的进程,相对于人类对制度的需求而言,制度供给总是相对不足。"① 对于教育而言,也是如此。好的制度能有效促进教育的发展,有效激发学校的办学活力和创造性,持续提升人才培养质量,无效或低效的制度则会阻滞教育的发展,影响教育质量。因此,在当前形势下,要适应职业教育培养质量提升的新常态,满足经济社会发展和人的发展新要求,则必须进行制度创新,突破体制机制障碍,由职业教育管理走向职业教育现代治理,推动职业教育治理结构、治理体系和治理能力建设。

(四) 国家教育体制改革试点项目推动职业教育体制机制改革与创新

为进一步深化教育体制改革,根据《国家中长期教育改革和发展规划纲要(2010—2020年)》的部署,国务院办公厅下发了《关于开展国家教育体制改革试点的通知》(国办发〔2010〕48号),决定在部分地区和学校开展国家教育体制改革试点。改革职业教育办学模式,构建现代职业教育体系,是国家教育体制改革试点的一项重要内容。广州市以此为契机,主动申请并被教育部确立为"开展地方政府促进高等职业教育发展综合改革试点"城市之一。以国家教育体制改革试点项目为抓手,广州市以体制机制改革为重点,全面深化高职教育改革,破解高职教育发展面临的诸多难题,加快建设我国南方重要的职业教育高地,使高职教育能主动适应广州市作为国家中心城市、区域文化教育中心的客观需要。

二、广州市职业教育体制机制改革的探索与实践

"政校企行深度合作,产学研用协同育人"是广州市职业教育体制机制改革的主要方向,并作为职业教育的主要制度,以地方法规的形式予以落实。如2013年,广州市人民政府办公厅专门出台了《关于促进我市职业教育校企合作工作的意见》(穗府办〔2013〕2号),为校企深度合作提供政策保障。"政校行企深度合作,产学研用协同育人"的职业教育制度将学校的教育教学资源与政府、行业、企业、社区的教育资源有效整合,有效推动理论教学与实践教学结合、学习过程与工作过程结合、学生身份与员工身份结合、职业教育与社区教育结合,实现政校行企"人才共育、过程共管、成果共享、责任共担",为职业教育释放空间和活力,为技术技能人才培养提供体制机制保障。具体而言,为落实"政校企行深度合作,产学研用协同育人"的职业教育制

---

① 卢现祥:《西方新制度经济学》,北京. 中国发展出版社2003年版,第48-49页。

度，广州市大胆创新，突破诸多制约职业教育发展的体制机制障碍，在职业教育集约化发展、政校行企协同、社会服务机制、现代职业教育体系建设、股份制办学等方面取得了显著成效。

（一）政府与民办教育机构合资，探索股份制办学

为优化教育资源配置、提高教育资源的使用效率、缓解教育经费不足的矛盾，广州市积极进行职业教育资源整合，鼓励多主体办学，探索股份制改革，发挥各办学主体的积极性，激发办学活力。早在1999年，《广州市人民政府关于进一步改革和发展职业教育的决定》（穗府〔1999〕26号）就提出，职业教育坚持产业化、社会化、联合化发展方向，要促进投资办学的联合，在有利于推进职业教育的前提下，实施跨所有制、跨地区、跨部门的投资联合，最大限度地调动社会各界兴办职业教育的积极性，力促职业教育在投资体制改革上取得突破。2007年出台的《广州市职业技术教育发展总体规划（2006—2020年）》（穗府〔2007〕33号）再次强调："创新以公有制为主导、产权明晰、多种所有制并存的办学体制。"

2008年，为满足广州开发区①对技术技能人才的迫切需求，由广州市开发区管委会、萝岗区政府和广州康大工业科技产业有限公司共同投资创立广州康弘创投有限公司，并由该公司投资兴建广州开发区技工学校。该校实行股份制办学，其中，广州开发区投资2.8亿元，占学校49%的股份，广州康大工业科技产业有限公司以土地和校舍入股，占学校51%的股份。学校实行董事会领导下的校长负责制，共有5名董事，其中2名董事由广州市萝岗区国资委的人员担任，另外3名董事来自广州康大工业科技产业有限公司。

股份制办学有效地提高了教育资源的使用效率，激发了办学活力，实现了民办教育资源与公办教育资源的有效整合。广州开发区技工学校设在华师康大教育园内，与广州康大工业科技产业有限公司举办的广州商学院（本科）、广州康大职业技术学院（高职）、华澳国际会计学院（本科及出国留学）组成教育联盟，形成资源共享、优势互补、共同促进的办学格局。学校由广州康大工

---

① 广州开发区是广州经济技术开发区、广州高新技术产业开发区、广州出口加工区、广州保税区的统称。其中，广州经济技术开发区成立于1984年，是全国首批国家级经济技术开发区。广州开发区综合实力始终在全国开发区中排名前三，拥有规模以上企业1580家，上市企业31家，有3100余家外资企业和80家跨国企业研发机构，有世界500强企业投资项目120个，集聚了32名两院院士、50名"千人计划"人才，以及各类创新创业人才3000余名。参见：广州市开发区官网，http://www.getdd.gov.cn/zjyq/qygk/201507/t20150720_476703.html，2015–7–20。

业科技产业有限公司聘请的专业人员进行管理,其中有些管理人员来自公司举办的其他学校,从而能极大整合各类办学资源,实现中职、高职、本科的有效衔接。如该校校长同时担任广州康大职业技术学院的副院长。

(二)构建职业教育集团(联盟),打造职业教育利益共同体[①]

集团化办学是职业教育办学模式转型的重要方向,是合作教育这一国际趋势在中国职业教育中的具体体现;集团化是优化职业教育资源配置的重要方式,有助于各类教育资源的有机整合,提高资源的使用效益;集团化办学是解决特定环境下职业教育发展的可行路径,有助于建立校企合作的良性机制、推动工学结合、提高职业教育人才培养质量。[②] 因此,集团化办学成为近10年来我国职业教育领域改革探索的一项重要内容,是我国职业教育在"探索以公有制为主导、产权明晰、多种所有制并存的办学体制"的实践中逐渐产生和明确的一种新型办学模式。2004年《教育部等七部门关于进一步加强职业教育工作的若干意见》(教职成〔2004〕12号文件)首次提出"要充分发挥骨干职业院校的带动作用,探索以骨干职业院校为龙头,带动其他职业学校和培训机构参加的规模化、集团化、连锁化发展模式"。2005年在全国职业教育工作会议中温家宝指出:"发展职业教育,要面向市场,发挥政府主导作用,同时要充分发挥企业、行业和社会力量举办职业教育的积极性。要进一步整合职业教育资源,优化职业教育布局,加强规划和协调管理。"同年颁布的《国务院关于大力发展职业教育的决定》(国发〔2005〕35号)中提出,"要推动公办职业学校资源整合和重组,走规模化、集团化、连锁化办学路子"。自此,职业教育集团化发展提上了政府的政策议程。[③] 2010年出台的《国家中长期教育改革和发展规划纲要(2010—2020年)》再次强调:"支持一批示范性职业教育集团学校建设,促进优质资源开放共享。"

因此,为贯彻落实国家有关文件精神,顺应广州市经济社会发展的新常态和职业教育自身发展新常态要求,截至2014年,广州市先后组建了6个职业教育集团,即由广州铁路职业技术学院牵头组建的广州工业交通职业教育集团、由广州旅游商务职业学校牵头组建的广州旅游商务职业教育集团、由广州

---

① 杏吉德:《广州模式:高职院校体制机制改革与创新》,广州.暨南大学出版社2015年版,第84-90页。
② 余秀琴:《中国经济转型期职业教育集团化发展》,天津大学博士论文,2009年。
③ 余秀琴:《中国经济转型期职业教育集团化发展》,天津大学博士论文,2009年。

财经职业学校牵头组建的广州财经职业教育集团、由广州科技贸易职业学院牵头组建的广州物流职业教育集团、由广州商贸职业学校牵头组建的广州商贸职业教育集团以及由广州交通运输职业学校牵头组建的广州交通运输职业教育集团。另外,还组建了若干个职业教育发展联盟,如广州番禺职业技术学院牵头,联合该校对口支援的12所高职院校组建职业教育协同发展联盟;由广州工程技术职业学院牵头组建石油化工职业教育联盟;由广州体育职业技术学院牵头组建广州体育职业教育联盟;广州市机电技师学院组建了广州机电校企合一职业培训联盟、精密制造产学研创新联盟和先进制造工业技术培训联盟。

职教集团(联盟)的组建,使校企合作、校校合作的方式由个别学校与个别企业间、个别学校与个别学校间的双边合作,变成多个企业、多个学校多边、多向、集团式合作,大大降低了合作的交易成本,有效实现了实验实训条件、师资方面的共享与互补,避免了重复建设。各成员单位相互作用、相互依存、相互融合,共同推动集团化办学的发展,形成单个成员的"小"与"专"和整个集团的"大"与"全"的综合优势,实现了政府工作目标链、行业产业链、学校教学链和企业利益链的有效对接,架通了政府、学校、行业、企业间的对接渠道,实现了人才和产业信息在集团内无缝连通,形成了教育和产业、学校和企业之间资源共享的工作格局。

以下以广州旅游商务职业教育集团、广州工业交通职业教育集团、石油化工职业教育联盟为例,分析广州市职业教育集团化办学的具体情况。

广州旅游商务职业教育集团

该集团成立于2012年,按照"政府牵头,市场导向,龙头带动,校企互动,校企联姻"的理念,在广州市教育局、广州市旅游局领导下,由广州市旅游商务职业学校牵头,联合旅游商务相关行业集团、行业协会、旅游企业、文化企业、高职院校、国际合作旅游院校、中职学校组建,首批签约单位达144家。其中,企业124个,行业协会8个,中、高等职业学校12所。2013年,签约单位增至173家。该集团成立两年多以来,不断完善组织机构和规章制度,深化成员单位间的合作,取得了显著成效。具体做法包括:

(1)通过制定集团章程,明确集团功能定位、组织架构及运行机制。

(2)以集团为依托,打造三平台(人才培养平台、资源共享平台、标准共建平台)、三基地(师生实习实训基地、培训研发基地、就业创业基地)。

(3) 整合集团资源,推动学校内涵建设,提升学校服务能力。如广州市旅游商务职业学校在集团内行业、企业专家的支持下,开发精品课程20门、行业企业专家参与编写教材17本、聘请行业企业兼职教师70余名,同时发挥人才优势,为白天鹅宾馆、长城宾馆、广州市公安、中交广州航道局、海员宾馆等单位开展职业技能培训或技能鉴定。

(4) 出台《广州旅游商务职业教育集团关于校企合作的若干意见》,指导促进集团内行业企业与院校间的合作。

(5) 由集团秘书处牵头,成立了8个专业指导委员会,校企合作共促专业建设。

广州工业交通职业教育集团

该集团成立于2013年,由广州铁路职业技术学院牵头,联合市属工业交通职业学校、广铁集团等135家职业院校、行业协会、企业组建。该集团的主要做法包括:

(1) 建立集团章程,规范内部治理。章程作为集团治理的根本大法,明确了"平等、合作、诚信、共赢"的集团组建原则、集团的工作任务、集团成员的责、权、利等内容。维持集团成员单位原有隶属关系、拨款渠道、人事关系,以契约为主要联结纽带,以集团章程的形式联结在一起。其中,政府是集团化办学的主导,承担着政策制定、工作推进、效果监督、办学方向把控的任务;行业组织是集团化办学的指导,主要在发展规划、资源建设、评价监督等方面指导集团化办学;企业与职业院校是集团化办学的两大主体,以职教集团为纽带将企业与职业院校联结到一起,实现供需结合、供需协调、供需合作。

(2) 搭建内部架构,实施理事会制。职教集团实施理事会制,设置理事会、常务理事会、秘书处、4个专门委员会作为职教集团的基本组织架构。常务理事由市教育局、广铁集团、广州地铁、学校等单位领导组成,在理事会下设专业与实训基地建设、产学研合作与培训、招生与就业工作、师资队伍建设4个专门委员会,统筹协调具体合作项目。依据集团章程,理事会为最高决策机构,行使最高权力,研究部署集团全局工作,审议集团重要议案,审议理事会年度工作报告;常务理事会为日常决策机构;秘书处为协调机构（秘书处设在校企合作办公室），处理日常工作事务，发挥组织、联络、沟通方面的功能与作用。4个专门委员会为执行机构，具体负责集团内一些专业性工作的筹划、组织与管理工作。完整的组织架构，为职教集团的正常运行提供了组织保障。

（3）明确工作机制，保障集团运行。职教集团建立了理事会会议制度、集团信息沟通制度、双向信息员制度等等。理事会每年召开一次会议；常务理事会根据需要，可不定期召开会议；在理事大会闭会期间，常务理事会代表理事大会行使权力。理事大会和常务理事会实行民主集中制，决议重大问题时须有2/3以上到会理事同意。

目前，集团在运行中已取得初步成效：学校与"职教集团"企业合作开展订单培养，2013年和2014年两届学生共有2420人通过订单培养被企业预定，占这两年毕业生总数的51.3%；学校与企业成员单位合作开发了6个轨道交通类专业的专业标准；学校从成员单位引进28名能工巧匠，与企业共建31个双师工作室；学校与成员单位合作开展技术研发100余项，获得专利65项。另外，学校还与花都区政府合作，成立了花都工学结合示范园，探索"厂中校"办学模式和"产教一体、寓学于工"的人才培养模式。

广州工业交通职业教育集团

该联盟成立于2013年，由广州工程技术职业学院牵头，联合地方政府、职业院校、企业、研究机构、行业协会、各地校友会等相关单位，按照自愿、平等的原则组建。该职教联盟旨在推动政校行企全方位深度合作，主要做法包括：

（1）校企共同研究石化行业职业教育的标准、机制，研究资源共享机制，实现信息、人力、教学设施和实习实训基地等资源的共享和互补。

（2）校企共同开展教学改革、专业建设、课程建设和教材建设，研究符合现代产业发展水平和石化行业岗位需求的专业标准和课程标准，并在职教联盟内率先实施，逐步实现石油与化工职业教育的标准化和规范化。

（3）建立交流平台，共享教育资源，并以职教联盟的名义对外开展宣传、招生和就业指导工作。

（4）加强职教联盟与国际、国内相关组织和机构之间，特别是珠江三角洲、西部等地区职业教育资源之间的合作与交流，形成职教联盟品牌效应和连锁模式。

（5）定期组织职教联盟内单位之间的职业教育研讨，利用职教联盟优势开展教师业务培训、企业员工培训，着力培养"双师型"教师和高级技术技能型人才，形成职业教育新的增长点。

（6）开展企业、行业人才需求的市场调查和预测，确定学校为企业、行业的发展提供人力资源服务和技术服务，建立职教联盟内部信息互联网络，建立职教联盟内部企业优先选择实习生和毕业生等制度，使职教联盟成为优化学生就业和提高从业人员素质的重要平台。

（7）开展科研和产品开发等方面的校企合作，开展多种形式的学生实习、实训等方面的校企合作，加快实现科技转换，提高院校和企业的可持续发展能力。

（8）推广职教联盟内外的职业教育经验，加强与兄弟职教联盟的交流学习，开展职业教育文化建设，不断推进管理创新。

（三）多措并举，打造政校行企协同育人平台

1. 组团式发展，高标准建设职教城

为进一步推动广州市职业教育发展，打造南方职业教育高地，2012年，广州市决定在增城建设"广州教育城"，这是广州市继"广州大学城"建设之后教育领域的又一大工程。根据规划，教育城预计投资300亿，占地20.2平方公里，包括6所高职院校、12所中职学校和6所技工院校及广州市高技能人才公共实训鉴定基地将进驻。教育城实行组团式发展，包括工业制造与信息化、城市建设、交通运输。通过组团式发展，实现资源共享，优势互补，推动中职与高职衔接，技工教育与职业教育衔接，探索构建有广州特色的现代职业教育体系。

2. 政校企合作，共建职教园区

广州市花都区将区农科所200亩土地合并到区理工职业技术学校，政校企共建花都区中等职业教育园区。通过合作共建，扩大办学空间、整合办学资源、扩大办学规模、优化专业结构，打造广州北部中等职业教育品牌。又如广州市教育局、花都区政府、广州铁路职业技术学院三方合作共建花都工学结合示范园。该园区占地110亩，校方配套大型设备资产价值约3600万元，企业资产约2000万元，进驻企业10家，涵盖机械、电子、机电一体化、模具设计与制造等领域，与广州铁路职业技术学院所有专业群对接，构建了"厂中校"、"校中厂"办学模式，形成了"管委会—项目部—'双师'工作室"三

级校企合作运作模式,探索实践"产教一体、寓学于工"的人才培养模式,构建了"教学与生产一体、教师与师傅一体、学生与员工一体、作业与产品一体"的运行机制。

3. 创办实体公司,打造生产性实训基地

为深入推进校企深度合作,广州市部分职业院校尝试创办实体公司,打造生产性实训基地。如广州财经职业学校基于拥有68名会计师、注册会计师、注册税务师、经济师的雄厚师资,于2013年11月在校内注册成立"双联财务公司",面向社会开展代理记账和财务咨询服务,打造生产性实训基地。承接广州市财政会计学会、广东中国旅行社股份有限公司等单位代理记账、旧账清理、会计服务等业务。与会计师事务所合作,承接代理记账复核业务,涉及制造业、物流业、广告业、货代业等行业的20多家客户。师生到"双联财务公司"实践,从事会计、代理记账和财务咨询业务;公司将客户的真账业务转化为4套不同类型企业、单位财务会计电子学材,安排各班学生到会计综合实训室轮流实训,"双联财务公司"派出会计师全程指导,实现真账实操。"双联财务公司"一头连结学校,一头连结市场,是学校洞悉市场需求的"桥头堡"和学生走向社会的桥梁,成为会计专业"产学研"基地,实现在校内真实业务、真实场景、真实设备"三真"教学。

(四)政校行企联合,共建专业特色学院[①]

为推进广州市高职教育服务广州经济社会发展和产业转型升级的需要,在广州市新型城市化发展道路中找准定位和目标,全面推进广州市高等职业教育特色化发展,提升高职教育对产业发展的促进和带动作用,广州市大力实施"学校特色发展战略",并于2013年启动特色专业学院建设工程。市属高职院校以此为契机,通过加强特色专业学院建设,深化特色专业学院内涵,推进校企深度合作,提升专业服务产业的能力。具体而言,广州市在专业特色学院建设方面,主要有三种典型模式。

1. "1+1"模式

"1+1"模式指某个专业(群)与单一合作主体(企业、政府、其他组织)合作组建特色学院,为该合作主体定制人才,满足其对专门人才的需求。如广州番禺职业技术学院与广东华好集团合作共建"华好学院",广州城市职业学院与深圳市远望谷信息技术股份有限公司共建"远望谷学院"、与碧桂园

---

① 查吉德:《广州模式:高职院校体制机制改革与创新》,广州.暨南大学出版社2015年版,第91-106页。

集团共建"碧桂园凤凰酒店管理学院",广州工程技术职业学院与日立电梯(中国)有限公司共建"日立学院"、与瑞典斯堪尼亚(中国)有限公司合作共建"斯堪尼亚合作学校",广州科技贸易职业学院与康缇公司共建"康缇美妆学院"。以华好学院为例,该院全面实践校企"合作办学、合作育人、合作就业、合作发展"的办学方针,完全按新机制办学,实行理事会领导下的院长负责制。理事会主席由学校副校长担任,副主席由公司董事长担任,另有若干名来自校企双方的理事。院长由公司董事长担任,执行院长由学校老师担任,企业派驻一名副院长、多名业务骨干在校专职从事管理或专业教学工作。华好学院实行双主体办学,校企共同确定专业人才培养目标、共同制定人才培养方案、共同探索专业人才培养模式、共同开发课程和教材;"学校出地、企业出资"共同建设"校中厂、厂中校"校内和校外实训基地,校内美容实训基地既可以为学生提供专业技能的训练,又可以为学生提供具体岗位的实践锻炼,校外实训基地既承担多门课程的校外教学,又具有学生顶岗实习、就业及创业的功能;校企共建"双师"教学团队,企业首批派驻 8 位有丰富实践经验的"教师";企业设立华好创业基金,资助有志于在美容化妆品行业创业的学生。

2. "1+N"模式

"1+N"模式指某个专业(群)与多个主体合作共建专业特色学院,为多个主体定制专门人才。如广州铁路职业技术学院与广铁集团车辆段、火车站、广州地铁培训学院和清华紫光测控公司等多个企业合作,组建了电气化合作学院、机车司机合作学院和现代运输合作学院;广州城市职业学院与广州开发区政府、萝岗区高技能人才公共实训管理服务中心、广州旺旺集团、康师傅集团等企事业单位合作建设萝岗食品学院。以萝岗食品学院为例,该院作为广州城市职业学院二级学院运作相对独立,实行理事会领导下的院长负责制,探索校企社政合作办学体制机制改革。主要表现在以下五个方面:(1)实施课程和资格证书一体化改革。建设职业体验平台、实境训练平台、顶岗历练平台,实施安全责任意识、文化素养、职业技能"三结合"教学过程设计,形成了基于"三平台三结合"的课程体系,发挥校企社政四个方面在人才培养过程中的作用。(2)引入食品行业企业标准和新技术、新工艺,校企合作开发能力本位课程体系。如校企合作开发了《食品安全与质量控制技术》、《食品理化分析技术》等优质核心课程。(3)校企合作共建校内外实训室。与肇庆焕发生物科技有限公司、广州普康微量生物科技有限公司、东莞华琪生物科技有限公司、东莞华美食品有限公司、广州市名花香料有限公司合作,建立了 5 家校外实习实训基地和烹饪工艺与营养实训室、公共营养实训室等校内实训室。

(4) 校企社政四方合作，开展技术服务、技能培训及鉴定。政府提供培训政策和经费，学院面向企业员工开展职业培训、技能鉴定，提高在职员工职业素质。(5) 校企联合科技攻关。近两年，校企共建技术研发中心2个，为行业企业提供技术研发、技术推广服务项目10项以上，实现年社会经营服务收入100万元，申报国家发明专利5件。

3. "N+1"模式

"N+1"模式指学校多个专业与单一企业合作共建特色学院，满足企业多类岗位人才定制需求。如广州番禺职业技术学院与海鸥卫浴股份有限公司合作共建海鸥学院。海鸥学院实行理事会领导下的院长负责制，理事会主席由公司方领导担任，副主席由校方领导担任；学院设院长、副院长各一名，院长由校方人员担任，副院长由公司方人员担任。根据企业生产经营及行业发展需要，海鸥学院在校方现有专业基础上设置专业方向，在专业选修课程中增设企业订单课程；海鸥学院按照订单培养模式进行培养，公司按照每年实际需求人数，在学校各年级现有专业学生中，本着平等自愿、双向选择原则，选择和确定合作培养对象，编入海鸥学院接受订单培养。学生与企业签订协议，教学过程采取学校课堂教育和企业岗位教育交替进行的方式；在学习期间，企业为学生提供奖学金2000元/年，学生每年须到公司指定岗位义务实习一个月，折算为200小时，学生第六学期半年顶岗实习可在此公司完成；在实习期间，公司负责对学生进行管理和指导，并对实习表现进行考核。

（五）校企双制，探索现代学徒制改革

为深入贯彻落实《中共广东省委 广东省人民政府关于统筹推进职业技术教育改革发展的决定》（粤发〔2011〕14号）和《广东省职业技术教育改革发展规划纲要（2011—2020年）》（粤府办〔2011〕39号）关于"推进校企合作深度融合"、积极探索推行"校企双制"等工学一体化人才培养模式的文件精神，根据全省技工院校校园对接产业园工作会议部署，广东省人力资源和社会保障厅制定了《广东省技工院校"校企双制"办学指导意见》（粤人社发〔2012〕178号）。以该意见为指导，广州市技工院校组织开展校企双制的现代学徒制改革，主要做法如下。①

1. 开展行业企业调研，选择优质合作企业

通过行业、企业调研，了解行业企业人才需求，在此基础上选择行业优质企业，并与相关企业签订合作协议，研制工作方案，联合开展校企双制改革试

---

① 材料来源：广州技师学院、广州工贸技师学院。

点。如广州工贸技师学院与广州江森汽车内饰系统有限公司（隶属世界500强美国江森自控集团）合作创建机电一体化机械装配精英班、与广州长悦雷克萨斯汽车销售服务有限公司合作创建汽车营销雷克萨斯4S服务人才精英班，广州技师学院与广州市机床厂有限公司组建校企双制数控机床装调与维修专业技师班。

2. 招生即招工，学生即雇员

学校与企业联合招生，学生具有学校学生和企业雇员双重身份，学生"入校"即"入企"。企业通过宣讲会、组织学生到企业参观等形式强化学生的员工身份，学校的教学环境（如教室）引入企业元素，营造了企业文化和学校文化相融的学习氛围。

3. 双导师制，工学交替

三年学徒期间，根据校企双方共同制定的培养方案，采用企业与学校双导师制，实行半工半读。如广州技师学院校企双制数控机床装调与维修专业技师班学徒每周有4天要在企业导师的带领下，完成轮岗期的职业领域生产任务、岗位工作，在为企业创造经济利益的同时，训练职业能力；学校导师每周安排1天送教到企业技师班，传授专业理论知识；学徒利用周末2天时间返校，进入学校实训车间，重点解决机床实操练习，从而最大化减少企业非生产性学习消耗。通过"4+1+2"的工读交替，学徒由学生向技术工人平滑过渡，学徒职业意识、认同感逐步形成。

4. 构建工学结合一体化课程体系

校企双制班明确培养的是技术含量高、综合能力强、能胜任企业核心工作任务、从事企业管理工作的高技能人才，每个班都有明确的目标定位并在班级名称上予以体现。如机电一体化生产主管骨干、模具制造技术工程师（技师）、电商经理人、电子商务店长等。基于目标定位，在充分调研和实践专家访谈的基础上，在职业教育课程开发专家的指导下，遵循现代学徒制从初学者到专家的职业能力发展逻辑规律，以职业领域典型工作任务为载体，校企双方共同制订人才培养方案和教学计划，共同梳理开发工学结合一体化核心课程。如广州工贸技师学院的专业教师与广州正团信息科技有限公司、波派集团电子商务部和广州市聚惠星互联网科技有限公司等多家电商企业的实践专家合作，根据电子商务行业高技能人才的职业生涯发展规律，分析电子商务职业典型工作任务，并在此基础上开发出"工贸—正团电子商务经理人成才班"工学结合一体化核心课程。

5. 建立"双主体"的柔性教学管理模式

建立校企双重管理的教学质量管理与监控组织架构，明确学校和合作企业都是育人主体，通过制度明确双方的责、权、利，双方全程参与人才培养各环节，共同实施和管理教学。如广州工贸技师学院为加强校企双制班学生管理，专门制定了《校企双制办学试点班管理制度》、《企业走访制度》、《教师下企业实践管理办法》、《试点班教学质量监控要点》等管理制度。学生在校学习期间，借鉴企业管理模式，以学校管理为主，以企业管理为辅，如学生上课按企业模式打卡考勤，班级的管理架构按照企业标准构建，设置车间主任、班组长等不同职位和优秀员工等荣誉评选。学生在企学习期间，则以企业管理为主，以学校管理为辅。企业设立项目业务办公室——培训部，负责合作班级企业学习阶段的管理，并配备各岗位经验丰富的师傅为指导老师，全面负责学生的职业岗位知识、技能的培养以及生活的指导和管理。

6. 校企共组互融互补的师资队伍

如广州工贸技师学院在校企双制试点班中，企业人员被学校聘为兼职教师，享受该职位的津贴待遇，同时也要接受授课期间的学校管理；在企业上课的师资由企业管理，配实习指导教师跟班协助，双方师资必须根据既定的教学计划组织教学实施。另外，双方师资共同参与课程开发和教学计划的编制。目前，该校13个校企双制班的教师共80人，其中44名来自学校，36名由各企业的内训师、技术主管、人力资源经理等构成。

7. 以能力为导向，过程评价与终结评价相结合

①校企共同制定标准对学生在企业完成的实际操作工作和岗位任务培训进行考核，企业师傅主导考核评价。②所有校企双制班均采用过程性考核与终结性考核相结合的考核方式。如广州市技师学院一方面采用工学日志管理，要求学生根据具体生产任务，撰写工学日记，记录每天的工作任务、技术要求、工艺步骤等，教师及时对工学日志加以批改，掌握学生学习情况等；另一方面，实施月度考核，学校每隔一个月就对学生开展一次评价，评价内容包括职业素质、车间现场、工余学习3个维度14个项目，最终由企业师傅点评后反馈给学生本人，以便学生总结经验、改掉缺点。③评价方式尝试职业能力测评。如广州工贸技师学院要求企事业单位对学生在真实的工作环境完成真实的工作任务情况进行综合评价，并尝试按照德国职业能力测评模式对学生进行职业能力测评。④多主体共同对学徒进行最终考核评鉴。学生三年学徒期满，政府职业资格鉴定部门、雇主企业、行业协会、学校等利益相关者共同协商制定了学徒综合职业能力鉴定方案、鉴定标准。针对学徒的理论知识（工学日志、业绩记录等）、工作过程知识（答辩和实操）、关键能力（导师评价、学徒自评、互评等）开展综合鉴定。如广州市技师学院2014届校企双制数控机床装调与维修专业技师班参与鉴定的6名学徒全部顺利通过考核，取得技师职业资格，

成为广州机床厂有限公司的优秀雇员,并被安排到相关车间担任技术骨干。

(六) 职业院校社区化办学,构建终身职业教育体系①

我国《现代职业教育体系建设规划(2014—2020年)》明确将"建立职业教育服务社区机制"作为构建现代职业教育体系的重要内容,包括推动职业院校社区化办学、建立社区与职业院校联动机制。在此方面,广州市先行先试,积累了宝贵经验。

1. 完善治理结构

在广州城市职业学院加挂"广州社区学院"的牌子,通过一校两牌,落实了社区化办学的权利、责任;成立"广州社区教育服务指导中心",以统一规划、指导全市社区教育的推进;广州城市职业学院专门组建社区教育工作委员会,由院长、副院长分别任主任、副主任,各部门、各系部负责人任委员,负责学院社区化办学工作的领导协调;组建社区教育专家咨询委员会,聘请国内知名专家和广州市十余个政府机关部门的领导担任委员,为社区化办学提供咨询。

2. 构建三级社区办学网络

广州社区学院与全市12个区、县级市及团市委共建13个"社区分院",并依托家庭综合服务中心、成人文化学校等教育文化机构,与白云、花都、黄埔、萝岗等46个街镇共同组建"社区分校",在社区建立"教学点",初步形成覆盖全市的"区—街—社区"三级教育、学习体系,为"社区化办学"构建了实体网络。

3. 建设适合社区教育对象的数字教育资源

创设了"广州社区学院网站",搭建了区域网络公共学习平台;开发出道德法制、职业技能、文化素养、生活休闲四大系列171门社区教育课程,引进了100多门优质视频课程;开发、建设了"就业创业"、"国学养成"、"卫生保健"、"食品安全"等26个资源库,建成了网络选课的"社区教育课程超市";同时,在网络上为市民提供学习目标设计、方向引导、过程管理、活动参与以及成果激励等一体化教育、学习服务。

---

① 赵小段:《"职业院校社区化办学"的探索与思考——基于广州城市职业学院的探索实践》,载《职教论坛》2015年第9期,第59-62页。

(七) 承担国家教育体制改革试点项目，推动职业教育创新发展①

根据《国务院办公厅关于开展国家教育体制改革试点的通知》（国办发〔2010〕48号）、国家教育体制改革领导小组办公室《关于报送国家教育体制改革试点项目实施方案的通知》（教改办函〔2010〕2号），广州市获批"开展地方政府促进高等职业教育发展综合改革试点"项目（编号：03-119-170）。以试点项目为抓手，广州市积极推进职业教育体制机制改革与创新。自2012年项目正式实施以来，共设立三批次51项攻关课题，孵化培育出一大批体制机制改革创新成果。

1. 创新校企合作制度

在调查研究的基础上，广州市人民政府办公厅出台了《关于促进我市职业教育校企合作工作的意见》（穗府办〔2013〕2号，以下简称《意见》），为职业院校校企合作的深入开展提供政策支持。根据该《意见》，广州市为本市职业院校开展校企合作提供资金和政策保障，并对校企合作工作进行考核激励。（1）经费方面，《意见》要求："市教育、人力资源和社会保障部门根据校企合作项目每年开展情况，申请有关项目资金支持或视财力列入部门预算。政府各相关部门应在当年度财政预算中按生均比例安排资金，并多渠道筹措经费，保证用于支持校企合作发展的资金随着经济社会的发展同步增长。"（2）政策方面，《意见》要求：①人力资源和社会保障部门要制定和完善职业教育专业领军人才引进的激励政策，建立企业引进人员职称互认制度，落实企业人员调入职业类院校直接享受职业类院校相对应的待遇。加快制定出台建立实习实训安全责任分担政策及实施办法、学生顶岗实习工伤保险补贴制度及实施办法等系列政策。②校企合作所形成的技术成果、专利、发明等知识产权及产品的收益均为投资者共有，也可通过协商确定其归属，成果主要完成人可按有关法规享有相应权益。③明确企业职工培训经费，企业应建立职工培训和继续教育制度，并确保按规定提取职工培训经费并合理使用。对企业和职业类院校合作开展"订单式"技能人才培养，由企业承担的支出可从企业职工教育经费中列支。企业应在职位晋升、工资福利待遇等方面切实保障到学校培训的职工的权益。④校企共办非营利性教学实训基地用地可列入教育用地范围，允许使用教育经费与企业共建资产权属明晰的企业实训基地，制定相应的管理制度与

---

① 查吉德：《广州模式：高职院校体制机制改革与创新》，广州．暨南大学出版社2015年版，第54-58页。

操作办法，对校企合作建设实训（生产）基地的教学管理、设备与物资管理、生产管理、现场管理、人员管理等提出具体要求，使职业教育高技能人才培养的每个环节均与企业、职业要素"全面渗透"，全面提升实训基地的功能，推进实践教学改革。⑤落实相关税费优惠政策，企业用于校企合作的设备按税法规定计提折旧，企业给予实践教师和顶岗实习的学生的劳动报酬或津贴按照税法规定予以税前扣除。企业通过具有公益性捐赠税前扣除资格的社会团体、群众团体或者县级以上人民政府及其部门，个人通过具有公益性捐赠税前扣除资格的社会团体、群众团体或者县级以上人民政府及其部门，向职业类院校捐赠的支出，可按相关税收政策规定的比例在缴纳企业所得税、个人所得税税前扣除。对企业共同合作研究开发的项目，符合税收政策规定条件的，由合作各方就自身承担的研发费用分别按照规定在计算企业所得税应纳税所得额时加以扣除；对企业委托职业类院校进行研究开发活动的研发费用，符合税法规定条件的，由委托方按照规定在计算企业所得税应纳税所得额时加以扣除。（3）考核激励方面，《意见》提出：市有关职能部门及其委托的行业组织，对职业教育校企合作项目及其实施情况进行检查、评估，检查、评估结果作为政府专项资金资助或奖励的依据；对校企合作中有突出贡献的职业类院校、企业、个人，按规定进行评选表彰；对职业类院校参与企业技术改造、产品研发、科技攻关和促进科技成果转化给予资助或奖励；对校企合作培养高技能人才成绩突出的职业类院校，将优先推荐申报各级实训基地建设和基础设施建设项目，优先推荐参评各级教育部门的荣誉集体及人力资源和社会保障部门授予的"高技能人才实训基地"称号。

2. 探索市属高职院校投入新机制

以广州番禺职业技术学院为试点单位，探索"生均综合定额＋专项补助"的预算管理新机制，高职生均经费基本达到本市市属本科水平。在新的拨款模式下，将高职院校财政拨款分成"生均综合定额"和"专项补助"两部分。所谓"生均综合定额"是基于"定员定额"的管理理念，即高职院校正常经费是通过政策参数（即在校生实有人数）乘以生均综合定额标准得出的。"专项补助"作为对"生均综合定额"的补充，是财政部门和教育主管部门考虑学校的特殊需要，根据国家的政策导向单独核定安排给高校使用的专项经费。在这种拨款模式中，在校学生数量是拨款的基本依据，生均成本并不是实际教育成本，而是往年的决算数加上物价上涨因素的资金增幅。"生均综合定额＋专项补助"拨款模式经费确定的主要参数是在校生数，操作方法简单，而且提高了高校经费拨款的透明度，明确和细化了拨款的具体依据，有利于克服原来的"基数＋增长"分配模式的随意性。此外，专项补助项目的设立使高职院校拨款与政府的高职教育政策目标更紧密地结合起来。①

3. 探索自主招生制度改革

高职院校自主招生是在经济社会转型、高等教育管理体制改革、高等教育大众化进程中，应技术技能人才培养和选才标准多样化的要求而产生的。虽然自主招生对扩大高职院校办学自主权，增加招考双方的选择性、适应性，对扩大招生形式，增加选才标准多样性，促进中高职衔接等均发挥了重要作用，但在实践中也暴露出一些问题。如招生标准不科学，难以真正招到学校满意的生源；招生考试组织成本较高，高职院校积极性不高；各校招生考试形式各异，考生为了保险起见，往往会同时报考多所学校，由此增加了考试成本；高职院校为了生源，难免会恶性竞争。针对高职自主招生中存在的问题，为更好推进高职教育自主招生改革，避免生源恶性竞争，节约招生成本，提高招生考试标准化水平，广州番禺职业技术学院与中山职业技术学院组建自主招生联盟。联盟院校共同制定招生考试标准，统一命题，统一招生时间，统一组织考试。这不仅使学生可以根据考试成绩自主选择任何一所联盟学校就读，而且因为联盟学校的入学标准和要求一样，从而为学生在联盟院校间转学提供了可能。另外，广东女子职业技术学院通过购买服务的形式（如购买试卷）与联盟合作开展本校自主招生。此外，广州市正在探索建立广州市高职院校自主招生联盟，即以市属高职院校为主体，联合在广州地区的其他高职院校成立自主招生联盟。

4. 探索市属高职院校学分互认制度

为更好地推进终身教育体系建设，打破时空界限，实现优质教育资源共享。广州市正在探索市属高职院校学分互认制度。包括：（1）建立市属高职院校课程互选、学分互认工作机制。在广州市属高职院校校长联席会议下，由各校主管教学工作的校领导和教务管理部门等负责人组成教学工作协调小组。协调小组在市教育局指导下开展工作，主要负责课程互选、学分互认和其他有关教学工作协作事宜。（2）建立课程互选、学分互认的教学管理平台。（3）学分互认形式主要包括课程互选和交换生计划两种。目前，已经起草了《广州市属高职院校学分互认实施管理办法》，下一步将在部分市属高职院校之间进行试点。待广州教育城建成投入使用后，将逐步实施中职、高职、应用本科三级教育之间、院校之间学分互认。②

---

① 黄淑霞：《高校生均综合定额拨款模式探讨》，载《财会通讯》2010年第6期，第58－59页。

② 钟碧菲，等：《建立市属高职院校学分互认制度及实施细则》，载《广州市第四批教育教学改革项目体改项目结题报告》2013年第6期。

三、广州市职业教育体制机制方面存在的主要问题

虽然经过多年的探索,广州市职业院校在体制机制改革方面取得了较大突破,较好地释放了学校的办学活力,为广州市经济社会发展提供了重要的智力支撑,但通过调研发现,制约职业教育持续发展的体制机制障碍依然不容忽视。

(一) 多主体办学的非均衡性影响了教育公平

目前,广州市职业教育呈现出多主体办学格局,包括教育局直属公办职业院校、人力资源和社会保障局直属技工院校、社会团体(如市总工会、市科学技术协会)办学、大学举办的职业技术学院、区属公办职业学校、国企办学、混合所有制办学、民办学校等。办学主体多元,有效地激发了办学活力,可以充分发挥各办学主体的优势,实现错位发展。但与此同时,不同主体举办的职业院校的身份地位不同,享有的办学资源不同,财政拨款不同,办学自主权不同,导致院校间发展极不平衡,由此,学生享有的教育资源和教育服务质量不同,影响了教育公平。

(二) 管理体制条块分割不利于办学资源的有效整合

虽然经过多年的结构调整,广州市职业教育的布局结构进一步优化,但受管理体制条块分割的影响,办学资源难以有效整合。人力资源和社会保障局直属的技工院校、教育局直属的职业院校、区属职业学校、国企和社会团体举办的职业院校因受不同办学主体的影响,办学资源无法实现共享,重复建设的现象比较突出。另外,中职(技工学校)与高职也因管理体制问题,难以真正有效衔接,办学资源也无法实现共享。

(三) 技工教育的学历认同及与高职衔接问题有待解决

广州市技工教育比较发达,构建了在全国具有广泛影响的中国技工教育的广州模式,受到国家和省市有关领导的充分肯定。目前,全市共有28所技工院校,其中,人力资源和社会保障局直属的6所技师学院的办学水平在全国处于领先地位(5所为国家示范性建设学校)。技师学院同时举办多种层次的技工教育,如技工班(初中起点三年制)、高级技工班(高中起点三年制、初中起点五年制)和预备技师班(高中起点三年制、四年制)。从学制来看,高级

技工班和预备技师班已属于高中后职业教育，与高职学制相同，但毕业生不能获得高职大专学历，制约了毕业生的职业发展。另外，技工院校不能与高职进行有效衔接，不能参与广东省正在开展的高职对口中职自主招生"三二分段"改革，不利于技工教育与高职教育的衔接。

（四）职业院校的办学自主权有待进一步明确

职业院校的改革已步入深水区，若要进一步深化改革，职业院校需要被赋予更大的办学自主权。如社会服务与培训已成为职业院校重要的办学功能之一，广州市一些职业院校在这方面开展了大量的工作，每年承担社会人员非学历培训与技能鉴定数十万人次，为提高在职人员的职业素质做出了重要贡献，获得了很好的社会效益，与此同时，也获得了可观的经济效益。但根据目前的事业单位工资改革办法，社会服务所得不能用于发放劳务等绩效支出，只能用于学校正常的事业发展，该政策影响了职业院校进一步开展社会服务与培训的积极性，从长远来看，不利于提高我国职工的职业素质，不利于履行职业教育的办学使命。又如高职对口中职自主招生的限制比较多，包括对口学校、对口专业以及招生计划等，这种制度安排不利于满足中职学生升读高职的需求，不利于构建中高职衔接的现代职业教育体系。

（五）校企合作的长效机制仍有待建立

虽然经过多年的探索实践，广州市职业院校在校企合作方面探索积累了许多宝贵经验，但"人才共育、过程共管、责任共担、成果共享"的校企长效合作机制仍有待建立，"合作就业、合作育人、合作办学、合作发展"的深度广度仍然不足。另外，院校之间、专业之间校企合作水平不平衡，虽局部特色突出、成效明显，但整体上，校企合作缺乏机制保障，部分院校、部分专业校企合作难以推进，影响了人才培养质量。此外，校企合作平台建设成效比较明显，如建立职业教育集团、校企共建专业学院等，但校企合作平台的运行机制仍有待完善，平台的"育人"功能仍需加强。

四、广州市职业教育体制机制改革的对策与建议

（一）推进职业院校均衡发展，促进教育公平

现代化的教育是公平的教育，教育公平是社会公平的基础。因此，党和政府始终把促进教育公平摆在重要的位置。2014年，教育部等六部委印发的

《现代职业教育体系建设规划（2014—2020年）》明确提出，健全促进职业教育公平的体制机制，推动职业教育面向全社会、面向人人。教育部部长袁贵仁在全国2015年教育工作会议上的讲话中强调指出："集中力量解决教育公平中的紧迫问题，努力让人民享有更好更公平的教育，奠定社会公平的基础。""加快缩小城乡差距，加快缩小区域差距，加快缩小校际差距，提高困难群体教育保障水平。"就广州市而言，促进职业教育公平的关键是推动学校均衡发展。从调研来看，广州市虽然职业教育整体发展水平较高，但发展不平衡，有些学校的办学条件较差、办学水平比较低，难以满足技术技能人才培养要求，学生难以接受良好的职业教育教学服务。因此，为促进教育公平，应缩小校际差距，加大薄弱学校的支持力度，如在经费投入方面，向薄弱学校和薄弱专业倾斜，尤其是向那些与地方产业联系密切的学校和专业倾斜，实现职业教育均衡发展，让每一个职校生都能受到公平的、合格的职业教育。

（二）打破条块分割，整合办学资源

以广州教育城建设为契机，理顺办学体制，调整院校布局结构，整合办学资源，提高资源的配置和使用效率。同时，开展专业布局结构调整，避免重复建设，重点发展与广州市经济社会发展密切相关的专业，促进职业院校专业体系与广州现代产业体系相适应，专业发展规模与广州市劳动力市场相应的人才需求相适应，重点打造一批高水平的优势专业群和特色专业学院。此外，实行组团式发展，由一所高职院校的相关专业为龙头，辐射带动一批中职学校同类专业发展，构建中高职紧密衔接的现代职业教育体系。

（三）促进技工教育与职业教育有机衔接

技工教育原本是职业教育的重要组成部分。但受管理体制的影响，技工教育自成体系，不能与职业教育有机衔接。技工院校自主举办的高层次技工教育，如高级技工教育、预备技师教育不能获得国家承认的学历文凭，由此影响了毕业生的就业和职业发展；同时，高职院校面向中职自主招生、"3+2"对口自主招生均不能面向技工院校，影响了技工院校毕业生的学历提升，影响了现代职业教育体系建设。因此，建议教育行政管理部门同人力资源和社会保障部门加强沟通协调，允许符合条件的技工院校（如技师学院）举办高职教育，或承认符合条件的高级技工教育的大专学历，在技工院校与高职院校开展合作时应给予其与其他中等职业学校一样的平等地位，允许高职院校面向技工院校开展自主招生改革，构建技工教育与职业教育有机衔接机制。

（四）扩大职业院校办学自主权

我国正在修订《中华人民共和国职业教育法》，建议新的《中华人民共和国职业教育法》进一步扩大职业院校的办学自主权，明确职业院校自主权清单，明晰政府与学校的关系、学校与市场的关系。由此，对职业院校的办学自主权给予法律保护，为学校的改革探索松绑，让职业院校敢于探索、敢于实践。同时，我国正在推动现代学校治理体系与治理能力建设。在市场经济背景下，现代院校治理必须引入市场机制，充分发挥市场在资源配置中的独特作用，允许职业院校多途径获得办学经费；同时，建立合理的利益分配机制，允许职业院校对其社会服务所得依法依规自主分配，提高工作积极性，激发办学活力。如鼓励学校开展社会培训、技术研发等社会服务工作，社会服务所得经费除用于补充学校的办学经费之外，应允许其将一定比例用于人员奖酬；允许学校根据自身发展需要调整或设置内部机构、新增或调整专业、自主招聘人才。

（五）完善校企合作法律法规

校企合作是职业院校发展的必由之路，也是培养技术技能人才的必要条件。建议各级政府加强校企合作法律法规建设，为校企合作提供法律保障。通过有效的法律法规，确保合作各方的利益，并以利益机制为纽带，构建校企长效合作机制，实现多方共赢；通过法律强制行业企业负起育人责任，全面推进校企合作走向深入，切实发挥校企合作在技术技能人才培养方面的作用，确保每名学生都能从校企合作中受益；建立校企合作成本分担机制，校企合作带来的风险和损失由学校、政府、企业、学生共同分担。如学生下企业顶岗实习，由政府向学生提供生活及保险补贴，对企业因学生实习而产生的损失（如生产效率的下降）减免税费或直接给予相应的补贴。

专题二 广州市职业教育国际化发展报告

职业教育国际化既是经济全球化背景下的必然趋势，也是适应区域经济社会发展的客观要求以及深化职业教育改革的内在需要。随着我国教育发展水平的不断提升和在WTO组织中作用的不断深化，尤其是近年来国家和区域政策对职业院校开展国际交流合作的明确鼓励和支持，广州许多职业院校已经开始积极涉足国际化发展道路。但如何正确认识职业教育国际化，不断打造具有自身特色和核心竞争力的"广州模式"，成了职业教育研究者和实践者需要主动面对的重要课题。

职业教育国际化的特征主要表现在三个方面：一是动因与目标的国际化，这主要指提高人才培养质量，满足区域经济对国际化人才的需求；二是内容与载体的国际化，核心是课程的内嵌、衔接和同步，尽可能与国际接轨，实现国际化人才培养目标；三是活动与过程的国际化，主要是指在校企合作、国际职业资格证照、国际职业资格技能大赛和国际培训及项目科研合作等方面体现"职业"特色。因此，现阶段我国的职业教育国际化，可理解为一种将国际上约定的规则、标准或范式整合入教学、项目研究及院校治理的策略、模式或过程，进而提升本国职业教育质量。

一、广州市职业教育国际化的发展背景

近两年国家出台的重大政策为职业教育国际化发展提供了良好的政策环境。广东省和广州市的中长期教育改革和发展规划纲要中，也都明确提出了要扩大教育开放，提高我国教育国际化水平，努力培养理解多元文化、具有国际视野、懂得国际规则、能够参与国际事务和国际竞争的专业人才。从1996年颁布的《中华人民共和国职业教育法》（主席令第69号）到2014年国务院《关于加快发展现代职业教育的决定》（国发〔2014〕19号），从《广东省职业技术教育改革发展规划纲要（2011—2020年）》到《广州市职业技术教育发展总体规划（2006—2020年）》、《广州市中长期人才发展规划纲要（2010—2020年）》等围绕广州建设国际大都市的战略定位也提出了教育国际化的建设任务。因此，政策明确的导向性和鼓励性均已对广州市职业教育实施国际化给予了肯定回答。

（一）职业教育国际化是经济全球化背景下的必然选择

当前，无论是发达国家还是发展中国家，其经济发展都离不开国际大市

场。参与世界经济的大循环、加入跨国间的紧密合作等已成为科学技术创新与发展的新组织形式，各国间文化、科技交流的范围日益扩大。随着经济的全球化，世界劳务市场和智力资源市场日益越出国界，职业教育正逐步走向无边界化，职业教育市场也正逐渐从区域、个别市场，衍变为全球市场。因此，要提高广州市职业教育的国际竞争力，就必须参与国际间教育和科技的交流与合作活动。

（二）职业教育国际化是适应区域经济社会发展的客观需要

广州毗邻港澳台，且地方生产总值、城市居民人均可支配收入等主要经济指标一直位居全国前列，这为其开展教育国际化提供了更多的对外交流合作机会和奠定了良好的物质基础。同时，持续发展的经济态势吸引了大批跨国公司的投资和外资企业，加上对外贸易规模的不断扩大等均要求广州市职业教育必须以国际社会需求变化为导向，培养适应国际化发展趋势的技术技能人才。

（三）职业教育国际化是全面深化职业教育改革的内在需要

随着广州市职业院校办学规模的不断扩大，如何有效选择发展路径已成为其中的关键因素。职业教育国际化，有助于职业院校学习和借鉴发达国家职业教育的先进理念和经验，借助国际化为职业教育注入新鲜的活力，提高院校在人才培养、教学管理和社会服务等多方面的质量，以此增强广州市职业教育的竞争力。

二、广州市职业教育国际化的发展现状

广州市有独立设置的高职院校6所，另有本科院校内设职业技术学院3所（分别挂靠于广州大学、广州医科大学），市属、区属中职院校54所，市属、区属技工学校28所，从这个意义上来看，广州市共有职业院校91所。根据对其国际化发展现状的问卷调查（回收有效问卷58份），2014年广州已有35所职业院校开展了国际化活动，占问卷调查总数的60%。

其中，26所（74%）职业院校已具有国际化观念；24所（69%）组织过师资赴国（境）外研修或培训；19所（54%）有专项的国际化经费投入；16所（46%）开设了双语课程或跨文化交流课程；14所（40%）组织过学生赴外研修、竞赛、实习等；13所（37%）与国（境）外企业或外向型企业开展

了深度合作；12 所（34%）聘请了外教、专家；11 所（31%）开展了中外合作办学项目；11 所（31%）引入国际职业资格证书体系进入了人才培养环节；10 所（29%）设有专门的行政机构或办公室；8 所（23%）院校的学生曾参加国际职业技能竞赛；3 所（9%）进行了学术交流与科研活动（主要集中在组织国际学术会议层面）等。①（见图 2-1）

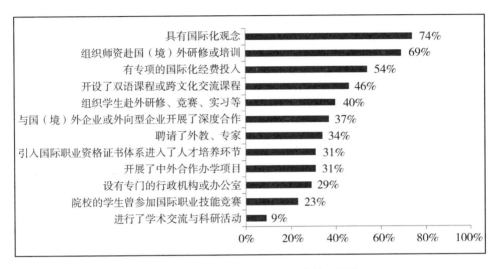

图 2-1　广州市职业院校国际化情况调查

（一）广州市职业教育国际化的主要成效

根据调研情况和数据分析，2014 年广州市职业院校在国际交流合作实践方面进行了丰富多彩的有益探索，在教育理念、组织机构、经费投入、课程建设、校企合作、国际职业资格证照、中外合作办学、师资建设、学生国际流动以及科研合作等方面，均初步凸显了职业教育国际化办学的优势和功能。

1. 结合区域经济社会发展需要，实现了资源的流动与优势互补

为服务广州与港澳台地区的经贸合作大框架，利用地理优势和文化互通基础，广州市职业院校在政府的推动和鼓励下，积极学习借鉴港澳台地区教育院校或机构的办学经验，加强双方的教育交流与合作活动。（1）利用地缘优势，不断加强与国（境）外教育机构的交流与合作。如广州城市职业学院与中国台湾亚太创意技术学院达成互派学生交流学习意向，该校教师应中国台湾成功大学的邀请赴台参加国际学术研讨会；广州番禺职业技术学院与中国台湾高校

---

① 数据来源：根据各校填报的调查问卷整理。数据时间为 2014 年 1 月 1 日—12 月 31 日。

连续两年顺利试点对接"二年制"学士班工作，与新加坡南洋理工学院以建立研习基地为平台，开展多种形式的实质性合作等。（2）借助广州与坦佩雷市友好城市及在职教领域达成合作战略的框架背景，不断扩大与芬兰职业教育的交流合作。如由广州市教育局，广州市人民政府外事办，芬兰坦佩雷市政府教育、技能和经济发展部、国际事务部共同主办，广州番禺职业技术学院与坦佩雷成人职业教育学院、于韦斯屈莱应用技术大学共同承办"广州—坦佩雷职业教育研讨会"；广州城市职业学院选派教师赴芬兰参加培训项目等。

2. 根据院校专业发展特征，促进了课程改革与人才培养模式优化

在国际交流合作项目的运行过程中，很多学校都积极探索适应专业特色与发展要求的人才培养模式，促进了人才培养质量的提高。（1）将国际化列入人才培养方案。如广州番禺职业技术学院财经学院和建筑工程学院根据各自的专业特征提出了国际化人才培养目标，并将其列入人才培养方案，通过国际合作项目不断优化和调整，教师的教学方法得到了明显改善、能力水平得到了明显提升。（2）实现课程嵌入或学分转换。如广州市贸易职业高级中学在与美国阿肯色理工大学（Arkansas Tech University）合作的过程中，为让学生适应美式教学，该校商务英语专业课程与美方课程比例调整为2∶1，实现国际课程合作；广州番禺职业技术学院跟美国默西学院（Mercy College）签署了学分转换认可协议：经美国第三方机构评估，该校财经学院国际金融专业金融学基础、金融会计基础等10门课程均已达到美国大学课程教学标准，可按每门课程3个学分共计30个学分转换成美国默西学院的学分。（3）将国际化标准纳入课程体系。如广州市机电技师学院将国际企业的先进技术标准引入了课程，并与西门子合作建立实训中心，引进其课程认证培训和专业建设标准，学生通过考试可得到西门子认证证书。

3. 凸显职业教育办学特色，提升了学生的国际化就业能力

广州很多职业院校在国际化实践中秉承职业教育的优势特征，在重点、特色专业实施专业化推进，通过与国际企业合作成立国际班，遵循国际行业企业的标准、要求、理念，并根据国际行业企业的要求动态调整课程设置，使教师具有了国际化的视野，学生具有了国际化的就业能力，有效拓展了学生的成长空间。如广州市交通技师学院坚持"以世界眼光办技校"，先后与世界500强美国宣伟、保时捷（中国）、宝马（中国）、奥迪、东风标致、东风本田、东风雪铁龙等知名企业合作定向选拔培养学生，宝马BEST班、保时捷精英班、奥迪ACC营销班、北京现代定向班、东风标致定向班、东风本田定向班、炜龙高铁定向班等20余个定向班为学生提供了优质的学习和就业平台，也为企业选拔和培养了一大批优秀的准员工；广州市机电技师学院与快意电梯股份有

限公司拟开设订单班，以学生出国就业为目标，为企业的国外售后服务体系配套培养技能人才。再如，广州市公用事业技师学院与广州星时达（新加坡）汽车专业维护有限公司首创了"校协企"新模式。以该校专业资源为基础，以生产实训中心为合作平台，以合作协调指导委员会为运作机构，以精英班为载体，以专业高技能人才培养为重点，培养和输送新加坡企业需要的管理和技术人才，帮助毕业生跨出国门就业，实现了校企合作的新突破，并通过赴国外与企业签约，探索出了国际校企合作的新路径。

4. 在学习借鉴中拓宽渠道，激活了院校的办学活力

近几年来，广州市职业院校贯彻落实广州市"建设国际大都市"的战略定位实施教育国际化，有力提升了广州市职业教育的基础能力，激发了职业院校的办学活力。如广州市机电技师学院积极拓展对外技术服务，为东莞三星、美国 Durasein 中国分公司、广州日立电梯有限公司等提供专业化服务，成功协办广州广日集团有限公司职工技能竞赛等活动，泰国 TFP 国际集团中国研究中心也在该校挂牌，有力提升了该校的技术研发能力；广州市工贸技师学院则依托参加世界技能大赛和国际交流合作活动，针对性借鉴引入，系统性整合资源，体系化加大研究力度，学校活力和核心竞争力不断得到增强。

当然，着力于教育国际化实践的除了公办院校，还有相对办学自主权更大的民办院校。如广州亚加达外语职业技术学校提出了"国际化、现代化、艺术化"的发展战略，其国际化的目的正专注于提升院校管理效益和水平。即通过国际化，吸收先进的管理理念和规范本校管理，建立高标准的管理制度和流程，打造高水平的管理团队，向管理要效益和质量，同时为学生接触与感受外国文化创造条件。因此，该校借国际化途径，有效整合和利用全球教育资源，为学生们提供教学形式多样的个性化教育及出国留学前教育等，并大力创新拓展思路，开展了创建国际文化社区、涉外联合办学、国际交流等活动，在全校营造了良好的国际化氛围。

（二）广州市职业教育国际化的典型模式

分析表明，通过国际交流合作活动和资源的优势互补，职业院校办学特色逐步彰显，职业教育的国际化特征更加明显，形成了具有广州特色的职业教育国际化办学模式。

1. "校企合作"模式：借与国际企业一体化办学将企业用人标准引入人才培养过程，实现专业与企业岗位对接

该模式的做法是职业院校以与国际企业全面深入的合作为平台，采用"订单培养"的模式，高标准、严要求，将具有国际通用的生产标准、产品标准、服务标准等引进专业教学内容，系统提升人才培养的针对性。

以斯堪尼亚合作学校为例。瑞典斯堪尼亚汽车有限公司历史悠久，建厂120年，是全球最大的重型汽车供应商，专业生产重型卡车并提供运输解决方案。2010年，斯堪尼亚重型卡车全球销售利润超过奔驰、沃尔沃，位居全球第一。为满足该公司对商用车维修技术服务人才的需求，为该公司中国业务拓展提供人才支撑，2011年，广州工程技术职业学院与斯堪尼亚（中国）公司携手共建"斯堪尼亚合作学校"。该合作学校是中国第一个专门培训商用汽车专业技师的学校。合作学校采用"双主导、多协同"办学，即广州工程技术职业学院和斯堪尼亚（中国）公司共同主导，多家经销商及合作伙伴协同配合，共同培养高素质的商用汽车维修专业人才。公司提供培养专业人才所需的设备及技术支持，学院则按照公司的布局等要求装修场地，提供师资接受公司的技术培训，确保人才培养所需要的硬件与软件均符合企业要求。具体做法如下：

第一，"合作学校"主要依托广州工程技术职业学院汽车专业，汽车专业的学生在第一学期结束后，经过考核选拔进入"斯堪尼亚合作学校"进行专门培训，实施订单培养。第二，校企双方都成立了相对应的运行团队。公司方成立了以总经理为负责人，服务发展总监、技术经理、市场经理、培训经理、高级教育顾问组成的项目团队，校方成立了由校长、校区主任、系主任、专业负责人、教师组成的项目团队，双方定期进行项目的总结沟通。项目团队中包括从瑞典聘请的高级教育顾问，其每学期在学校工作4周左右，帮助学校建设实训室、开发课程等。第三，校企共建实训基地，斯堪尼亚公司、德国BPW车轴（梅州）公司、瑞典尼德曼公司、卡尔拉得优胜汽车修复（北京）有限公司、瑞典module公司、伍尔特（广州）公司提供专用设备和专用工具（总金额约350万元），学校提供场地和部分固定设备（约80万元）共建了斯堪尼亚整车实训室、斯堪尼亚总成实训室、斯堪尼亚一体化教室等校内实训基地。众多国际知名公司参与实训室的建设，使该实训室的部分设备达到国内一流水平，实训基地完全按照斯堪尼亚标准维修厂进行设计布局，同时斯堪尼亚也专门引进瑞典原厂原装的牵引车、高配巴士底盘、变速箱、发动机、专用工具、特殊设备等材料主件作为日常教学设施，配备与工厂同样的专用工具、通用工具、检测设备，使用相同的管理制度，能对该专业学生和企业员工进行客车、卡车技能培训。第四，斯堪尼亚除提供教学设备之外，还全面负责师资培训。包括派教师到公司瑞典的总部进行学习，定期到斯堪尼亚上海培训中心参加相关培训，同时，斯堪尼亚也会专门邀请有多年教学经验的来自瑞典的技术培训高级顾问来学校对专业教师进行培训。第五，成立专业教学指导委员会，企业全面参与教育教学各个环节。根据协议，校企双方商定成立由校方、斯堪尼亚公司、学生及学生家长组成的专业教学指导委员会，每年定期召开两次会议，研究解决合作过程当中出现的问题。第六，校企共同开发课程（见图2-2）。组建由斯堪尼亚技术培训经理、斯堪尼亚高级教育顾问、卡尔拉得优胜公司培训经理、BPW服务经理、汽车专业教师组成的课程开发团队。目前，该专业已与企业合作开发了"质量意识"、"斯堪尼亚经营理工厂安全"等14门专业课程。同时，与企业合作编写了《质量意识》、《斯堪尼亚经营理工厂安全》、《人体工程学》等专业教材18部。第七，采用订单培养模式，学院采用国际化的教育理念、教育内容、教育方式、实训形式，将国际通用的生产标准、产品标准、服务标准等引进专业教学内容。学生不仅能够得到斯堪尼亚瑞典技术部提供的、与国际领先技术同步的理论培训和实际操作课程的训练，更能获得到斯堪尼亚在中国的维修工厂甚至海外实习的机会。优秀学生还能获得公司提供的奖学金。第八，承担技能培训与专业赛事技术服务任务。除了进行订单人才培养之外，合作学校实训基地还承担瑞典斯堪尼亚公司中国区"顶尖团队"TOPTEAM技师技能培训与比赛任务。①

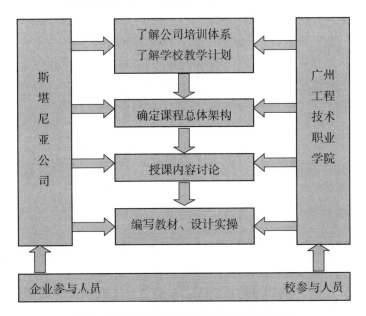

图2-2 斯堪尼亚合作学校课程开发流程

---

① 查吉德：《广州模式：高职院校体制机制改革与创新》，广州．暨南大学出版社2015年版，第106页。

经过三年的发展合作，广州工程技术职业学院已经完成了实训基地、课程开发、教师培训、学生实习等内容，项目进展顺利。斯堪尼亚公司也将该校作为了全球示范学校，将为伊拉克、南非等同类院校提供经验和相关的技术支持。因此，与国外企业的"校企合作"模式除了有助于院校及时了解行业企业的国际最新动态，有助于院校掌控先进的硬件教学设备外，更为院校提供了系统培养国际化师资、完善人才培养模式、拓展学生就业发展及形式良性校企合作机制的难得机会。

2. "校校合作"模式：借设立研习基地营造校园国际化氛围，提升学生跨文化交流能力

该模式的特征是职业院校借助与国际院校或教育机构合作，通过多种形式营造国际化校园氛围，并让本校学生全程参与项目过程，以此提高其跨文化交流能力。广州番禺职业技术学院（PYP）在与新加坡南洋理工学院（NYP）的交流合作中，探索出了一些值得借鉴的经验做法。2010年4月，NYP在华南地区的学生研习基地在广州番禺职业技术学院正式落户与启动，该校成为NYP在中国设立的4个学生海外研习基地之一。根据两校签署的"合作意向书"，每年有4批次（每批约40名学生，学习2～4周）的NYP学生到该校研习，修读该校艺术设计学院的皮具、饰品、陶艺等课程，NYP认可学生在广州番禺职业技术学院研习的课程学分。2010年4月以来，已完成17期研习任务，学生944人次，教师64人次。（见图2-3）

NYP广州番禺职业技术学院研习基地的主要运作内容包括三个方面：（1）探讨研习项目。NYP学生以研习基地设施和资源为平台，完成自带项目研习；两校就合作项目的开发、实施及课程合作多次进行专题研讨。（2）实现教学合作。包括开设体验课程，即为NYP师生开设如眼镜设计、皮具产品开发及皮革饰品制作等特色课程；共同设计课程项目，即NYP学生与该校学生共同研习和完成作品，并以视觉日记、视频、成果实物（手工皮具制品等）形式呈现研习结果；承认学分，即开设了手工皮具设计与制作、时尚配饰设计与制作两门学分课程，每门课20课时，由广州番禺职业技术学院颁发课程结业证书，NYP根据学生作品水平计2～3个学分。（3）开展文化体验和学生交流活动。广州番禺职业技术学院为NYP学生了开设有关中国社会文化、广州经济发展历程等的文化讲座；由该校外语、旅游等专业的学生带领NYP学生参观地方支柱特色企业、校企合作企业、高等院校以及体验岭南文化等；此外，两校学生间还会开展丰富多彩的文艺交流活动，如球类比赛、中秋晚会、圣诞晚会等；广州番禺职业技术学院学生也曾赴NYP交流学习等。

可见，该校利用品牌和专业优势，通过深入与NYP的合作，在学习借鉴

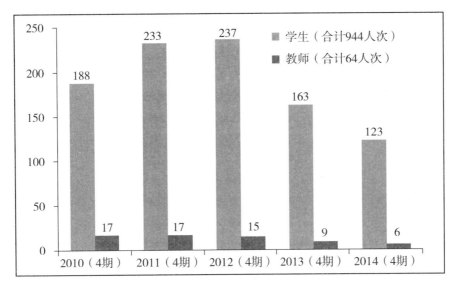

图2-3 NYP师生到PYP研习人次统计

其先进的教学组织形式、教学方法尤其是人才培养模式的基础上，推进课程、职业资格标准与国际接轨，营造了多元化的校园文化氛围。在该项目的运行过程中，从迎接NYP学生到共同学习交流，再到文化体验、参观访谈以及跟踪录像和后期剪辑制作影像，广州番禺职业技术学院学生全程参与并积极主导，有效提高了自己的跨文化交流能力。

3．"校证提升"模式：借引入国际职业资格证照实现课程改革，按照国际认证标准培养师生

该模式是职业院校根据院校办学特色和专业需要，通过积极引入国际公认的职业资格证照或证书体系，提高人才培养的开放性与通用性。如广州市交通运输职业学校在人才培养中导入英国汽车工业学会的IMI职业资格体系，成立了认证中心，并在汽车维修专业组建了中英现代学徒制试点班；广州市旅游商务职业学校是我国对外承包工程商会认定的对德厨师劳务合作培训考试中心，按照欧盟卫生标准进行认证培训，并组织学生参加LCCI国际证书考试；广州市工贸技师学院已引入了多种国际性授权认证的证书，包括西门子软件证书、CAD认证证书、KELL认证证书、海德汉工程师认证证书等；广州市机电技师学院与德国DMG学院合作，培养优秀学生考取AHK证书，提高学生就业竞争力；广州市交通技师学院通过与国际名企合作，共建技能人才培训基地和教师培养基地，引入先进的人才培养理念和教师培养机制，先后有67名教师通过了宝马、奥迪、标致-雪铁龙、北京现代、东风本田等世界知名企业培训师的

认证，获得企业培训师称号等。① 可见，在职业教育中引进国际职业资格证书，一方面可以引进国外证书的课程体系，有利于院校的课程改革，另一方面则可以培养具有国际就业资格的国际化人才。

4. "校赛提升"模式：借参与世界技能大赛探索人才培养模式，实现国际人才培养的本土化

此种模式中，院校通过参与和举办国际职业技能大赛，把世界技术标准转化为技能人才培养标准和课程标准，把参赛选手培养的路径方法转化为技能人才培养的路径方法，以此推动院校专业建设发展，并提升技能人才培养质量。广州市工贸技师学院在此方面取得了显著成效。该校是我国首家获得世界技能大赛奖章的技工院校，也是世界技能大赛 CAD 机械设计项目和制冷与空调项目的中国集训基地。该校瞄准世界技能人才定位标准，结合世界先进工业技术标准和产业发展趋势，以世界技能大赛参赛项目为载体，通过开展我国世界技能大赛选手的选拔与集训，探索出了基于本土并与世界技能水平接轨的高技能人才培养模式。②

（1）构建工贸特色的世界技能大赛选手培养模式。形成了世界技能大赛选手的培养机制，实现了专家教练团队、选手集训基地、选手集训模式的三个建设目标。在专家教练团队建设方面，组建了以历届世界技能大赛参赛选手和专业带头人为核心的校内骨干教师团队，聘请国内外相关项目首席专家、教练、技术翻译加入世界技能大赛师资团队，聘请企业技术代表、行业负责人及院校骨干教师加入学校世界技能大赛师资团队；在选手集训基地建设方面，制定完善的管理机制，建设一流软硬件环境，营造浓厚的竞赛氛围；在选手集训模式的构建方面，通过"校内号召推荐"→"挑选培养对象"→"挑选潜力选手"→"挑选参赛选手"四阶段的选拔路径，科学挑选培养世界技能大赛的参赛选手，并形成了选手集训的四个模式：计划培养、梯队培养、交流培养、全面培养模式。

（2）发挥世界技能大赛对技工院校技能人才培养的促进作用。学院于2012年正式成立了"世界技能人才培养研究中心"，专门开展世界技能人才培养研究，提出了一个目标（实现国家技能人才的培养水平与国际接轨）、两个转化（使世界技能大赛技术标准转化为技能人才培养内容，世界技能大赛选手集训方法转化为技能人才培养路径）、三个带动（借鉴世赛集训基地建设标准带动教学场地建设，借鉴世赛专家教练遴选标准带动师资队伍建设，借鉴世

---

① 此部分案例材料根据各学校提供的资料并结合其招生简章及校园网材料整理而成。
② 此部分案例材料根据广州市工贸技师学院提供资料整理而成。

赛选手竞赛评分标准带动考核评价改革）的研究体系。具体表现为：一是探索了世界技能大赛体系对技工院校课程体系的影响及其应用（见图2-4），二是研究世界技能大赛技术标准（TD文件）对课程开发的影响及其应用，三是探索世界技能大赛题目对教学内容的影响及其应用，四是研究世界技能大赛教练团队对师资队伍建设的影响及其应用。

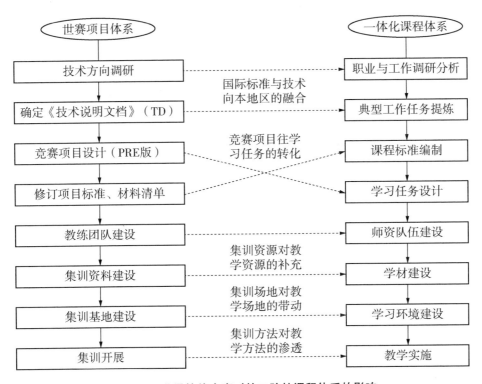

图2-4 世界技能大赛对技工院校课程体系的影响

（3）探索国际技能人才培养模式与标准的本土化。该校通过开展与德国西门子职业技术学院、德国曼海姆国际职业学院等国际知名职业院校和国际技能领域的专家交流技能人才培养标准，探索国际高技能人才培养的途径。以该校制冷专业为例，通过对比中英两国标准发现我国的标准比较局限于家用领域，且与国际上流行的环保冷媒技术存在差距。因此，该校在修订课程标准的过程中，根据本地区的经济发展情况增加了制冷技术在工业和商业领域的应用等相关内容，使国际交流的成果及时反馈到了人才培养方案中。

三、广州市职业教育国际化的主要问题

(一) 广州市职业教育国际化的主要问题

尽管广州市职业教育国际化成效明显,但与国外职业教育发展水平相比,与广州经济社会发展状况相比,其国际化进程还是有些缓慢,参与国际竞争与合作的规模也偏小。根据课题组对所选取的广州市职业院校的访谈及实地调研情况,目前广州市职业教育国际化存在的问题主要有以下几个方面:

1. 职业教育国际化理念已认可,但落实举措不到位

虽然74%的院校认可国际化理念,但仅29%的院校设有专门的行政机构或办公室,配备极少的专职工作人员;仅1所院校制定有校级层面的国际化发展战略或中长期规划;目前还没有学校对各二级学院(系)在国际化方面提出量化考核要求等。

2. 人员国际流动已开展,但交流程度不深入

由于涉外机会少,职业教育师资队伍国际化程度仍然很低。从本地教师涉外机会来看,虽然69%的职业院校教师有出国学习经历,但主要是参加短期进修、培训和交流互访,做访问学者或长期研修的教师极少;从外国文教专家的引入来看,34%的职业院校聘用了外教和专家,但多以从事语言教学居多,开展讲学、科研合作、开发新技术和解决科研技术难题方面的外教和专家则很少。此外,留学生招收也不容乐观。2014年有留学生或研修生的广州市职业院校有14所,但来校留学或研修的学生数量共为418人(大部分为研修生,其中广州番禺职业技术学院占287人)。仅从留学生规模而言,国际上公认的院校国际化标准是留学生人数达到学生总数的15%,广州市职业院校的留学生规模据此差距明显。

3. 国际课程已开设,但体系尚未构建

从调研数据看,虽已有46%的院校开设了国际化课程,但仅是内容为双语课程,或只是在一些新领域增开了国际方面的课程,跨文化交流相关的公共课程、吸收国际先进知识的应用技术课程以及引进与专业培养目标相适应的国际职业资格证书课程等都极少;从形式上看,有计划、有步骤地从发达国家引进最先进的原版教材,通过合编或改编加以选用的教材并不多。此外,职业院校教师与学生的英语水平也不容乐观。

4. 合作办学已尝试,但不对等性明显

广州市职业院校在中外合作办学方面也进行了积极尝试,但从其办学实践

的整体情况看，目前还存在着很多问题，如合作项目数量少（15个），合作资源质量有待提高，精品项目不够，项目发展后劲不足，专业结构不合理，学校充当了境外学校生源后备基地和留学预科班的角色等，因此多局限在单向层面。当然，这也说明了职业院校进入国际竞争缺乏有效的途径。

5. 国际学术会议已举办，但科研合作能力薄弱

调查数据显示，2014年与国（境）外企业或外向型企业深度合作的院校有13所，数量有50个（高职10个、中职18个、技校22个），但组织国际学术会议的院校只有3所，教师赴境外参加学术研讨会或交流会以及参加跨国合作研究的院校就更少。此外，从研究经费的渠道来看，主要来自国家和地方，研究对象主要是对国内问题的研究，研究成员也多以本地为主；而教师交流更多是在教学层面，赴国外进修学位或作为访问学者的也不多。因此，提升国际科研合作能力对职业院校来说还任重道远。

（二）广州市职业教育国际化的影响因素

1. 认识因素：对职业教育国际化认识不足，尚未形成完整的职业教育国际化发展理念和应对策略

职业教育国际化的主要目的是通过优质教育资源的引进、先进管理经验的借鉴、教育信息的交流、优秀人才的流动等，达到相互促进和共同发展的效果，基本特征是互通、互赢。但根据实际调研情况来看，不少职业院校的管理人员对职业教育的国际化缺乏正确的认识，所采用的国际化策略仍局限在简单的"迎来送往"，在合作办学方面系统性不强，示范性不足。从广州市职业院校的国际化现状来看，国际化的做法多集中在派遣教师赴外学习和学生长短期游学、开设双语课程以及校企合作三方面。虽然已有了国际化的观念，但在院校国际化发展规划、国际化理念以及国际化策略方面少有亮点。职业教育国际化是一个涉及面广、发展时间长的过程，涉及厘清思路、统一目标和资源优化整合等问题，需要有相应的战略规划统领全局。但目前许多职业院校还缺乏教育国际化方面的规划，即使有的制定了规划，也通常是理论性的，缺乏可操作性。许多职业院校现有的国际化实践缺乏一种战略思维和宏观设计，办学实践多是一些零散的、随意的行为，国际化实践的策略水平不高。因此，当务之急是要制定职业教育国际化发展规划及与之相适应的策略措施。

2. 政策和制度因素：对职业教育国际化的政策扶持力度不够，尚未形成针对性强的政策支持和保障体系

国际交流合作，政府的主导作用至关重要。美、德等发达国家十分注意运用法律手段、相应的制度、机制与观念来支持和保证职业教育的发展。相比而言，我国政府和有关部门已出台一些政策，但与此相配套的可操作性的政策法规和实施细则还不完善，如有些院校与国外院校的合作或学生赴外参赛等项目，由于受出国"三公"指标所限，有些行程被迫由"走出去"换为"请进来"，人才培养效果受到影响；再如国际化办学因涉及设备的境外采购问题，调研院校有的由于经验不足，亟须针对性政策出台指导，有的与国际企业合作采购大量进口设备虽已是常态化工作，但需要政府给予一定的关税优惠等；专门针对职业院校国际化交流合作的政策法规尚未出台，这就很难保证职业教育国际化办学的质量和水平；内部管理体制、激励等制度保障等方面也还不到位，多停留在试点研究阶段。此外，由于职业教育的特殊性及办学自主权不够，政府和市场尚未达成有效统一等，这些问题均在很大程度上滞缓了广州市职业教育国际化水平的整体提升。

3. 财政投入因素：对职业教育国际化的基础条件投入不足，尚未形成鼓励其可持续发展的投入机制

从根本上讲，职业教育的发展受经济的影响最大，其国际化更是需要坚实的基础条件，这既包括硬件设施，更包括软件建设。根据调研情况来看，目前大多数职业院校办学场地分散且有限，不利于实习、实训交流；资金的投入尚缺，不利于国际项目的拓展；专项经费不足，外籍人员就业和生活服务欠缺；师资大多不能适应外语授课的要求，不能完全达到培养国际化人才的要求，从而使教学质量受到不同程度的影响。

4. 质量监管因素：对职业教育国际化的质量评估缺乏重视，尚未建立跨国教育质量认证与本市国际化水平评估体系

"高等教育跨国质量评估与认证是指在国际交流过程中对对方高等教育的教育质量、教学条件、师资水平、课程体系等方面的综合评价或开展某项合作前的资格审查。从一定程度上来看，跨国质量评估与资格认证是高等教育国际化的重要前提。"[①] 然而对比现状，一是我国目前尚未出台任何评估与认证国外教学机构教育质量以及是否具备国际化能力的相关指标；二是广州市也缺乏可以衡量本区域职业教育国际化水平的评估体系。职业院校国际化水平的高低不能简单等同于引进课程的数量、师生交流次数的多少以及科研合作办学项目的多少等。因此，应尽快建立健全区域职业教育国际化的质量评估和认证体系。

---

① 周萍，陈明选，杨启光：《区域高等教育国际化发展的特点和问题分析》，载《江苏高教》2007 年第 5 期，第 125 – 127 页。

四、广州市职业教育国际化的发展对策

综上,目前广州市职业教育国际化总体进展比较顺利,但也确实存在一些不足。以下拟提出推进项目实施的若干策略和路径思考,以供政府部门及职业院校参考。

(一) 国际化与本土化相结合

教育国际化与本土化之间是无主次之分,但有先后之别的关系,而两者的接力点在于"本土国际化"理念的施行。本土国际化,又称国内国际化,瑞典学者本特·尼尔森(Bengt Nilsson)将其界定为泛指除学生流动之外的一切国际活动,主要集中于不同文化间的课程与教学过程[1];加拿大学者简·奈特(Knight Jane)在此基础上,一方面将其范围缩小为关于国内大学校园内发生的国际化,另一方面又扩大为"跨文化和国际性的教学过程、科学研究、课外活动以及当地文化与不同种族团体的跨文化关系,同时也包括外国留学生和学者在大学校园里的生活与活动",具体表现为在课程与项目、教学过程、课外活动、与本地文化/种族组织的联系以及研究与学术活动五个方面[2]。因此,职业教育国际化应从"本土"中来,再回到"国际"中去。

1. 从"本土"出发,明晰职业院校国际化的功用

对于如动因和目标在哪儿,影响因素及路径策略如何等,从认知层面应该有一个清醒的认识。职业院校与国际接轨的特殊性,突出表现为区域性和地方化的国际化需求、教学和服务的国际化、职业证照和校企合作的国际化;它与国际接轨的动因,在于学生区域就业岗位的需求,在于区域外向型企业和跨国公司的要求,在于能面向和服务世界市场,甚至能在世界市场中参与竞争的现实。

2. 走到"国际"中去,找准职业院校国际化的关键

为了培养具有国际竞争力的技术技能型人才,为了适应国际人才质量认证制度并使学生获得更好的就业资格而走向国际,职业教育与国际接轨的关键,就是做好课程与国际职业资格认证标准的对接。因此,在开展国际交流尤其是

---

[1] Bengt Nilsson, Internationalising the curriculum [G] //Paul Crowther, Michael Joris, Matthias Otten, Bengt Nilsson, Hanneke Teekens and Bernd W chter. Internationalisation at Home: A Position Paper. Amsterdam: European Association for International Education, 2000: 34.

[2] (加拿大) 简·奈特:《激流中的高等教育——国际化变革与发展》,刘东风,等,译,北京. 北京大学出版社 2011 年版,第 27 - 30 页。

中外合作项目的选择中,要以课程衔接为主旨,以合作开办专业、共建现有专业、共建特色课程、开发研习项目、共同颁发培训或职业资格证书等形式结合本土优势灵活多样地开展合作,提升本校的办学质量及其关联性,如师资培养、教学管理等。

3. 再回到"本土"中来,管理职业院校国际化的运行

这是实现路径的问题,也是最关键的环节。职业院校应根据区域经济发展需求和自身规模、实力、资源、能力实况,选择合适的管理途径和实施方式,妥善处理好集权与分权、静态与动态以及平均与激励的管理关系,尤其是在实施过程中学校管理层与院系的互动以及教师、合作院校及企业的参与,充分调动和发挥国际化活动主体即教学单位国际化办学的积极性和主动性。

4. 再推向"国际"中去,实现职业院校国际化的双向性

本质上这依然是实现路径的延续问题,现实中这也依然是制约职业院校与国外院校及国内外涉外企业开展合作的瓶颈。从广州市职业院校当下的发展实际来看,基于留学或跨境教育进行的国际化还不成熟和现实,应结合专业优势,立足本土,着眼于特色课程的输出,在此基础上形成集聚力。

(二)推动广州市职业教育国际化发展的路径:政府和院校层面

1. 政府层面:完善政策、加大专项投入以及搭建平台、提供专业化服务和信息支持是基础

反观现阶段职业教育国际化碰到的诸多问题,多是由于缺乏标准而导致的管理混乱。

(1)相关制度建设亟待完善。广州目前还未出台优化区域职业教育国际化发展的战略管理和发展规划,也还未制定有关推进人才培养国际化进程方面的专项法规、规章,以及从中外合作办学到海外交换生管理再到国际交流合作进修等的细则规定。不仅教师国际化流动的相关政策缺失,而且在引进外籍教师、医疗保障衔接、子女入学以及与国际接轨的学生管理制度、职业资格认证制度等方面也未出台相关政策进行管理和规范。此外,目前也还未建立起有效、科学的质量监管体系,忽视了相关的质量监控与分类指导,而当下建立和完善国际职业资格认证制度就显得尤为迫切。培养国际通用的职业人才,关键要在职业技能的评估标准与资格认证上与国际接轨。从国际上看,欧盟在不改变欧盟各自职业教育体系框架的前提下,通过评估与考核承认各相关专业的各国职业教育证书的等值性，据此制定了适合欧盟各国的"欧洲职业教育通行证"①。因此，广州可尝试建立与国际接轨的技能标准和职业资格质量标准，逐步实行评估标准国际化，从而有效监控职业教育教学质量，全面推行国际化的职业资格制度，加速同国外的专业资质、职业资格和学历认定工作。这样，既可规范劳动力市场，又能使职业教育课程和教学内容的改革有目标可循，也可促使职业院校学生适应国际人才质量认证制度，从而获得更好的就业资格而走向国际化。②

（2）国际化师资队伍建设亟待加强。目前受制于政策调整（因公出国属于严控的"三公"指标），国际交流合作项目更多局限于"请进来"，且国际化人才培训仍以短周期、开眼界的境外交流学习为主，接触国外同行的管理经验、提高业务水平和语言沟通能力的机会和时间均不够。故建议由政府搭台或者牵线提供相应的国际化项目以供院校选择申报，或者根据职业院校的项目需求组织专家评审，或者结合院校的前期项目进度基础，既在政策上有所倾斜地予以支持，同时以项目化方式对重点合作给予资金支持（如建立国际化发展专项资金），鼓励院校在国际交流方面尝试不同的合作方向。建议对院校师资培训进行区别化（院校与企业或公司等的区别、职业院校与本科院校的区别）或梯级化（根据院校整体发展状况有所侧重）管理，在政策上支持教师长期到国外院校或公司学习培训等。

（3）亟须政府层面的政策支持和职能部门操作技术上的指引。建议政府加强专业化服务和信息化支持，给予学校开展国际交流合作更大的主动权，并做好牵线搭桥工作，为职业院校提供合作交流的平台和机会，如牵头组织职业教育方面的国际交流会议，加强职业院校对国际职业教育的了解等。其中，建立一个有效、全面的信息管理平台和共享机制是当务之急。目前，广州市职业院校究竟有多少中外合作办学项目、学生规模有多大、学生结构如何、外国教育机构的类型如何、各种办学模式的数量与规模多大以及动态跟踪广州中外合作办学和境外办学的新问题和新趋向等一系列问题，都需要相对精确的数据，以此提高广州市职业教育对外开放的决策质量，并实施有效的动态监管；另外，应提高信息的服务质量，加强对国外职业教育信息资源的收集、开发和利用，以有利于职业院校鉴别优质的教育资源等。

---

① 王江琼：《论高等职业教育的国际化》，载《高教研究》2004 年第 1 期，第 41 - 42 页。

② 王江琼：《论高等职业教育的国际化》，载《高教研究》2004 年第 1 期，第 41 - 42 页。

2. 院校层面：以国际化为途径持续提高人才培养质量是核心

如何形成特殊的要素结构形态和相应的运行机制，是职业院校推行国际化需要重点考量的问题，这也可从职业教育国际化的构成要素中审视和思考。

（1）观念国际化：更新观念，制定院校国际化发展战略或规划。职业院校应根据院校办学条件和办学特色，制定本校国际化发展规划，提出相应的国际化发展目标、规划要点、基本原则、实施策略及保障措施等，并将国际化纳入学校发展的总体规划。

（2）师资国际化：加大力度，提升管理和师资队伍的国际化水平。注重拓宽管理人员的国际视野，积极做好管理人员的出访学习工作，同时应有意识地吸纳留学归国人员尤其是具有国外同类高校管理经验的人员参与到学校管理中来，以提升管理队伍的国际化水平；加强教师的对外交流工作，力争建立一支具有国际意识和交流沟通能力、洞悉国际化人才培养标准、了解本专业国际发展态势、熟练掌握外语的高素质教师团队。因此，要有计划地选派教师到国外进修与讲学、参加国际交流与科研合作等。

（3）课程国际化：进入课程，构建国际化的教学体系。国际化课程是指"在国际观念的指导下，把国际的、跨文化的知识与观念融合到课程中来，通过课程内容、课程结构、课程管理、教材建设、外语教学等各种形式，培养具有国际观念、国际视野和技能的国际性人才的动态发展过程"。[①] 因此，课程建设国际化是构建国际化人才培养模式的核心问题，也是实现培养国际化人才的主要途径，主要是将国际元素和理念整合至课程的教与学中。具体而言，是通过国际交流合作，从国际化课程开发、原版教材引入、双语教学、资源共享及远程教育技术利用等几方面来针对性突破，从而打造与国际先进水平接轨、被国际执业机构认可的课程品牌，以满足区域、行业和产业等国际人才市场对国际化人才的需求，形成特色化的课程结构。

（4）氛围国际化：创造条件，丰富国际化形式。如增强夏（冬）令营双向交流，开设海外带薪实习项目，让师生身临其境，感同身受；增进师生双向交流与培养，由传统的周考察制转变为年进修制；深入课程对接程度，由以双方互相承认学分转变为共同融入课程建设；增添更多国外人文类课程，增强双方师生的文化交流基础与尊重能力等。此外，应采取措施，加强国际学术交流和科研合作。如积极争取机会主办或承办各类国际学术会议，鼓励教师参加国际学术研讨会和交流会，进行跨国界的学术交流和切磋；搭建科研协作平台，拓展国际科研

---

① 骆文炎：《浙江省高职教育国际化发展研究》，载《继续教育研究》2010年第8期，第81-83页。

合作的渠道，鼓励教师积极参加跨国合作研究，共同建立产学研基地等。

（5）管理国际化：积极探索，形成国际化合作办学机制。国际化管理策略是职业院校国际化发展到一定程度的必然选择，在不同的发展阶段有着不同的诠释意义，受到环境、规划、集权与分权以及利益分配等多种因素的影响。职业院校应根据自身实际情况，结合未来发展趋势，选择合适的国际化管理策略；另外，由于管理策略常由院校领导制定，而国际化过程需要院校众多主体的参与，是各种利益间的博弈，常会呈现出多变性，因此，国际化管理策略的实施过程同样也是一个策略再制定和再完善的过程。在细节运行上，为确保国际化人才培养的质量，还需要教学管理制度的创新，实现教学管理对接，如完善学分制、引进现代教育管理手段；建立与国际衔接的教学管理制度、学籍管理制度、质量评估方法等，并尽可能地执行国际通用标准，使人才培养质量标准参与国际认定。

专题三　广州市民办职业教育发展报告

发展民办职业教育对于引入市场机制，促进职业教育改革，增强职业教育活力，扩大职业教育投入，满足经济社会和人民群众多样化的教育需求等具有重要意义。《国务院关于加快发展现代职业教育的决定》（国发〔2014〕19号）提出：健全社会力量投入的激励政策，引导支持社会力量兴办职业教育，推动公办与民办职业教育共同发展。《现代职业教育体系建设规划（2014—2020年）》也提出要完善鼓励社会力量办学的政策环境，加快民办职业教育发展步伐，形成公办民办共同发展的现代职业教育新格局。广州市民办职业教育发展较早，取得了一定的成绩，在新的社会背景下既面临新的发展机遇，也面临严峻的挑战，必须高瞻远瞩，结合经济社会发展的需要规划发展，积累办学经验，克服现存的问题，才能实现预期目标。本专题以广州市政府相关部门管理的广州市民办职业教育，包括民办的职业学校和技工院校（不含职业培训机构）为对象，来分析广州市民办职业教育发展的背景、现状与存在的主要问题，探索发展对策。

一、广州市民办职业教育的发展背景

（一）政府重视民办职业教育的发展

近年来，我国非常重视民办职业教育的发展。2010 年，《国家中长期教育改革和发展规划纲要（2010—2020 年）》提出了大力支持民办教育的体制改革方向，要求各级政府把发展民办教育作为重要工作职责，鼓励出资、捐资办学，促进社会力量以独立举办、共同举办等多种形式兴办教育，形成以政府办学为主体、全社会积极参与、公办教育和民办教育共同发展的格局；要求清理并纠正对民办学校的各类歧视政策，制定完善促进民办教育发展的优惠政策，健全公共财政对民办教育的扶持政策，并切实加强民办教育的统筹、规划和管理工作。具体到职业教育上，无论是《国务院关于加快发展现代职业教育的决定》（国发〔2014〕19 号）还是《现代职业教育体系建设规划（2014—2020 年）》都提出了制定相关政策，鼓励和支持社会力量办学，促进民办职业教育发展，形成公办与民办职业教育共同发展的要求。

广东省非常重视民办职业教育的发展。早在 2006 年，《中共广东省委 广东省人民政府关于大力发展职业技术教育的决定》（粤发〔2006〕21 号）就指出，要通过落实《中华人民共和国民办教育促进法》及其实施条例、把民办职业技术教育纳入职业技术教育发展总体规划、落实对民办职业院校的优惠政策、加强对民办职业院校的管理和指导等途径大力发展民办职业技术教育，以完善"政府主导、依靠企业、充分发挥行业作用、社会力量积极参与、公办与民办共同发展"的多元化办学格局。2007年出台的《广东省大力发展职业技术教育实施纲要（2006—2020年）》（粤府〔2007〕11号）又提出要建立起政府主导、依靠企业、行业支持配合、社会力量积极参与、公办与民办共同发展，结构合理、形式多样、灵活开放、协调发展的具有广东特色的现代职业技术教育体系。广东省教育厅《关于促进民办教育规范特色发展的意见》（粤府办〔2013〕27号）指出，要探索分类管理机制，加大民办教育扶持力度，加强民办教育规范管理，促进民办教育特色发展，以推动广东省民办教育又好又快发展，满足人民群众多元化的教育需求，为率先基本实现教育现代化、率先全面建成小康社会做出贡献，到2018年基本建成民办教育强省。广州市也非常重视民办职业教育的发展，《广州市职业技术教育发展总体规划（2006—2020年）》提出将民办职业技术教育发展纳入经济社会发展总体规划，支持民办职业技术教育发展，鼓励和引导企业和社会力量采取多种形式举办职业技术教育。2014年印发的《广州市人民政府关于促进民办教育发展的意见》（穗府〔2014〕12号）从提高思想认识、明确发展定位、优化政策环境、落实政策法规、依法加强管理等方面提出了目标和思路。

（二）经济社会发展需要民办职业教育的参与

广州经济相对发达，对外开放程度较高，各类型的企业尤其是中小企业、民营企业众多，经济活力强。与国内其他地区相比，广州对各层次技术技能人才的需求更为旺盛，特别是伴随着产业结构的调整和升级，现代服务业和先进制造业的发展对技术技能人才提出了越来越多的需求，新技术的应用和变迁带来岗位职业的变化和复合化，需要广泛开展职业技能培训。2009年12月21日，胡锦涛总书记视察珠海市高级技工学校时指出："没有一流的技工，就没有一流的产品。"时任广东省委书记的汪洋同志曾多次强调："要提高我省现代产业体系的国际竞争力，就必须打造具有国际水平的现代技工教育体系。"[①]

对应经济发展水平和需要，广州重视发展职业教育，也取得了不少成绩，但职业教育发展仍然不适应经济社会发展转型升级的需要。据广州市人力资源

---

① 刘正让，余靖中：《广东技工教育：一流技工的摇篮》，载《南方日报》2011-7-21（A17）。

市场服务中心主任张宝颖估计,广州在"十二五"期间就缺技能人才50万人左右。①在政府扩大财政支出中教育支出比重有限的情况下,调动社会力量参与发展职业教育就非常重要,这样可以吸纳民间资金,从而增加教育投入,弥补财政投入的不足。而本地区民间存在大量的闲散资金,也为发展民办职业教育提供了保障。

(三) 市场经济发展提出了多样化的人才需求

市场经济的发展对职业教育提出了多样化的社会需求,是职业教育尤其是民办职业教育发展的动力。广州的市场经济发展程度相对较高,对人才需求的多样化趋势更为明显,而民办教育在这方面具有自身的优势。在当前和今后相当长一段时间内,民办教育承担的重要职责之一是增加教育供给方式的多样化和选择性,满足多层面教育需求,推动教育的多样化。②因为公办学校在办学资源不够充分、办学灵活性不足的条件下,还无法满足各个层面、各种特色的社会需求。正因为如此,民办学校开设的专业往往具有特定的市场针对性,培养的是社会急需而公办学校又培养不足的专业人才。

(四) 地方社会对职业教育的认可度相对较高

广州受海洋文化的影响,社会开放较早,在多元文化的交流融合中,形成一种求真务实的进取精神。与我国许多其他地区相比,社会对职业教育的接受程度相对较高。同样,对民办教育也有较大的包容性,这也正是广州民办教育发展较早、民办教育规模较大的重要原因。近年来,广州市职业教育发展的成就正在逐步改变人们鄙视职业教育的心态,除高职院校以外,一些民办中职学校、技工院校取得了突出的办学成绩,也赢得了报考者的青睐。

二、广州市民办职业教育的发展现状

广州市民办职业教育由民办中等职业学校和民办技工学校组成,主要发展情况如下:

(一) 广州市民办职业教育基本情况

2014年,在广州市的职业学校中,有民办中等职业学校14所,占中等职

---

① 何颖思:《技校生实习补贴站上"2"字头》,载《广州日报》2014-4-13(A3)。
② 唐颖:《广东民办教育发展的现状、问题及其对策》,华中师范大学,2001年版。

业学校总数（54 所）的 29.63%；有招生的民办技工学校 13 所，占当年招生的技工学校总数（22 所）的 59.09%（见表 2-1）。可见，在学校数量上，广州市民办职业教育无论是中等职业教育还是技工学校教育，都已占相当比例。

2014 年，广州市 14 所民办中等职业学校共招生 4164 人，占中等职业学校招生总数（44951 人）的 9.26%，在校生 9064 人，占中等职业学校在校生总数（127831 人）的 7.09%；13 所民办技工学校共招生 13634 人，占当年技工学校招生总数（34327 人）的 39.72%，在校生 32434 人，占当年技工学校在校生总数（111619 人）的 29.06%（见表 2-1）。可见，广州民办中等职业教育规模相对较小，而民办技工学校教育已有较大规模。

2014 年，广州市 14 所民办中等职业学校有教职工 596 人，占当年中等职业学校教职工总数（6831 人）的 8.72%，其中专任教师 280 人，占当年中等职业学校专任教师总数（5130 人）的 5.46%；同年，13 所招生的民办技工学校有教职工 1759 人，占当年技工学校教职工总数（5005 人）的 35.41%，其中专任教师 975 人，占当年技工学校专任教师总数（3070 人）的 31.76%（见表 2-1）。可见，与办学规模一致，广州市民办中等职业教育师资队伍规模相对较小，但民办技工学校教育的师资队伍规模已与办学规模相当。

表 2-1 2014 年广州市民办职业教育基本情况

统计指标	教育类别	公办、民办合计	民办	民办占比
学校数（所）	中等职业教育	54	14	29.63%
	技工学校教育	22	13	59.09%
招生数（人）	中等职业教育	44951	4164	9.26%
	技工学校教育	34234	13634	39.83%
在校生数（人）	中等职业教育	127831	9064	7.09%
	技工学校教育	110728	32434	29.29%
教职工总数（人）	中等职业教育	6831	596	8.72%
	技工学校教育	5005	1759	35.14%
专任教师数（人）	中等职业教育	5130	280	5.46%
	技工学校教育	3070	975	31.76%

注：1. 从化市技工学校、花都区技工学校、广州港技工学校按公办学校统计。

2. 数据来源：民办技工学校在校生数来自广州市人力资源和社会保障局报送材料，其他数据来自《广州市教育统计手册》（2014）。

（二）广州市民办职业教育结构

1. 规模结构

2014年，广州市14所民办中职学校共有在校生9064人，平均在校生规模仅647人。从招生情况看，根据广州市招生考试委员会办公室提供的数据，2014年广州市10所民办中职学校录取新生情况见表2-2。不难看出，10所民办中职学校在2014年录取学生的规模都不大，录取学生最多的前三所学校分别录取761人、727人和607人，最后三名只录取到一两百人。显然，从10所学校的情况看，如果再扣除未报到入学的学生，广州市民办中职学校规模也相对较小。

表2-2　10所民办中职学校2014年录取学生规模

学校名称	录取人数（人）
广州通用职业技术学校	761
广州市侨光财经职业技术学校	727
广州华成理工职业技术学校	607
广州加利福职业技术学校	505
广州亚加达外语职业技术学校	455
广州市穗华职业技术学校	416
广州工商职业技术学院（中职部）	378
广州市立信职业技术学校	215
广州市羊城职业技术学校	174
广州南方艺术职业技术学校（原国光艺术设计职中）	138

说明：1. 广州市共有民办中职学校14所，这里仅有10所学校的统计数据。
　　　2. 数据来源：广州市招生考试委员会办公室。

2014年，广州市13所招生的民办技工学校平均招生规模为1049人，平均在校生规模为2495人。从表2-3可以看出，7所学校招生规模居于500人至1500人之间，招生最多的达到4769人，其次为1530人，4所学校招生规模不足500人。13所民办技工学校平均在校生规模为2495人，8所学校在校生规模居于1000人至3000人之间，在校生规模最大的技工学校拥有在校生12805人，其次为3267人，3所民办技工学校在校生数不足1000人，其中最少的学校只有在校生252人。可见，相对于民办中职学校来说，2014年招生的民办技工学校规模普遍相对较大。

表2-3 广州市民办技工学校办学规模情况

学校名称	2014年招生数（人）	2014年在校生数（人）
广州白云工商高级技工学校	4769	12805
广州城建技工学校	1150	3267
广州南华工贸技工学校	1154	2973
广州市蓝天技工学校	1530	2764
广州华风汽车工业技工学校	1227	2007
广州城市职业技工学校	523	1610
广州市天河金领技工学校	422	1609
广州市电子商务技工学校	812	1517
广州市实验技工学校	672	1304
广州开发区技工学校	245	1070
广州红日技工学校	503	717
广州市中科教育技工学校	375	539
广州市珠江印务工业技工学校	252	252
平均	1049	2495

注：1. 本表仅统计2014年招生的13所民办技工学校。
   2. 数据来源：广州市人力资源和社会保障局。

2. 水平结构

从发展的水平结构看，广州市民办中等职业学校总体处于弱势，无缘国家、省级重点或示范建设。但在13所2014年招生的民办技工学校中，有国家重点技工学校（技师学院）1所，省重点技工学校2所，省一类技工学校5所，合格技工学校5所。[①]（见图2-5）

从人才培养层次来看，2014年，在13所民办技工学校中，有一所学校招收预备技师班学生，8所学校招收高级工班学生，5所学校仅招收中级工班学生。当年，13所技工学校共招生13634人，其中中级班学生7116人，约占52%；高级班学生6392人，约占47%（其中广州市白云工商高级技工学校招收高级班学

---

① 数据来源：广州市人力资源和社会保障局。

生占71.86%）；预备技师班学生126人，约占1%。①（见图2-6）

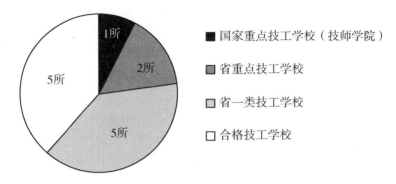

图2-5 广州市民办技工学校发展水平

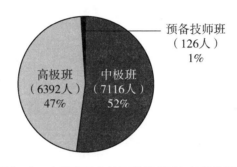

图2-6 广州市民办技工学校2014年招生层次

3. 专业结构

从专业设置来看，广州市民办中等职业学校主要集中于设置与现代服务业相适应的文科类专业，专业布点②相对较少。根据广州市招生考试委员会办公室提供的数据，2014年，广州10所民办中等职业学校共有30个招生专业，布点共74个，分布于8个专业类，集中布点在财经商贸类和文化艺术类，有17个专业共45个点在这两个专业类招生。显然，广州民办中职学校在专业设置上集中于文科类专业，工科类专业布点较少。从具体专业看，10所学校在2014年招生中布点最多的专业有商务英语、会计、工艺美术、计算机应用，有7所学校招收这些专业的学生；其次是汽车应用与维修专业，有6所学校招

---

① 数据来源：广州市人力资源和社会保障局。
② 专业布点：某一个专业在一定范围的分布点。例如，商务英语专业在全市布点7个，意味着有7所学校招收这个专业的学生。

生；再次是电子商务和学前教育专业，有5所学校招生。从这10所学校来看，在农林牧渔类、资源环境类、能源与新能源类、土木水利类、石油化工类、轻纺食品类、医药卫生类、休闲保健类、体育与健身类、司法服务类没有专业布点（见表2-4）。

表2-4 10所民办中职学校专业布点情况

专业类名称	布点数	专业名称	布点数
财经商贸类	31	商务英语	7
		会计	7
		电子商务	5
		国际商务	4
		商务日语	2
		物流服务与管理	2
		连锁经营与管理	1
		商务韩语	1
		商务日语	1
		金融事务	1
文化艺术类	14	工艺美术	7
		服装设计与工艺	2
		社会文化艺术	1
		计算机动漫与游戏制作	1
		珠宝玉石加工与营销	1
		美术设计与制作	1
		音乐	1
交通运输类	9	汽车应用与维修	6
		航空服务	2
		城市轨道交通运营管理	1
信息技术类	8	计算机应用	7
		计算机平面设计	1
教育类	5	学前教育	5

续表 2-4

专业类名称	布点数	专业名称	布点数
加工制造类	3	机电设备安装与维修	1
		模具制造技术	1
		汽车制造与检修	1
旅游服务类	2	会展服务与管理	1
		高星级饭店运营与管理	1
公共管理与服务类	2	文秘	1
		物业管理	1

注：1. 专业类划分所参照的专业目录为中华人民共和国教育部 2010 年修订的《中等职业学校专业目录》。

2. 数据来源：广州市招生考试委员会办公室。

与中等职业学校不同的是，广州市民办技工学校的专业设置更体现了市场需求的影响，除传统的需求量大的文科类专业如财经商贸类专业以外，还较多设置了工科类专业。根据 8 所学校提供的数据，其专业设置布点共 148 个，其中 95 个专业点集中于财经商贸类、信息类、机械类、交通类、电子电工类、轻工类专业，具体布点情况见表 2-5。

表 2-5　8 所民办技工学校专业集中布点情况

专业类	专业布点数	专业类	专业布点数
财经商贸类	28	交通类	15
信息类	20	电子电工类	9
机械类	16	轻工类	7

注：1. 专业类划分所参照的专业目录为中华人民共和国人力资源和社会保障部于 2013 年修订的《全国技工院校专业目录》。

2. 数据来源：各学校报送资料。

（三）广州市民办职业教育的办学基本条件

从民办中职学校来看，由于报送数据的学校只有 5 所，无法从整体上把握民办中职学校的办学条件情况，因此只能通过这几所学校的数据了解广州市民办中职学校办学条件的局部情况。首先，从校舍面积上看，有 3 所学校生均占地面积达到《中等职业学校设置标准》（教职成〔2010〕12号，以下简称《标准》）规定的不小于33m^2的要求，2所学校生均占地面积不足20m^2；2所学校建筑面积达到《标准》规定的新建学校不少于24000m^2的要求，3所学校达不到这一要求，其中2所学校建筑面积不足10000m^2；3所学校生均建筑面积达到《标准》规定的不小于20m^2的要求，2所学校不足10m^2。其次，从图书和仪器设备看，在5所民办中职学校中，3所学校的生均纸质图书达到《标准》规定的不小于30册的要求，2所学校不足30册，其中1所学校不足20册；提供数据的4所学校生均仪器设备价值都在2500元以上。再次，从师资队伍看，提供数据的4所民办中职学校的专任教师总数都达不到《标准》规定的不小于60人的要求，其中2所学校不足40人；2所学校的生师比超过了20，其中1所学校超过30；提供数据的4所学校的专任教师中高级职称占比都达不到《标准》规定的不小于20%的要求，其中2所学校不足10%；3所学校的专任教师中双师型教师占比低于10%，远远达不到《标准》规定的不小于30%的比例；提供数据的3所学校的兼职教师占专任教师比重都达不到《标准》规定的在20%左右的要求，见表2-6。

表2-6 5所民办中职学校办学基本条件与《中等职业学校设置标准》的对比

指标	指标所在区间（X）	学校数（所）
生均占地面积（m^2） （《标准》要求不小于33）	X≥33	3
	20≤X<33	0
	X<20	2
建筑面积（m^2） （《标准》要求新建校不小于24000）	X≥24000	2
	10000≤X<24000	1
	X<10000	2
生均建筑面积（m^2） （《标准》要求不小于20）	X≥20	3
	10≤X<20	0
	X<10	2
生均纸质图书（册） （《标准》要求不小于30）	X≥30	3
	20≤X<30	1
	X<20	1
生均仪器设备价值（元） （《标准》要求工科类和医药类专业不低于3000，其他专业不低于2500）	X≥3000	3
	2500≤X<3000	1
	X<2500	

续表 2-6

指标	指标所在区间（X）	学校数（所）
专任教师总数（人） （《标准》要求不小于60）	X≥60	
	40≤X<60	2
	X<40	2
生师比 （《标准》要求小于等于20）	X>30	1
	20<X≤30	1
	X≤20	2
专任教师中高级职称占比 （《标准》要求不小于20%）	X≥20%	
	10%≤X<20%	2
	X<10%	2
专任教师中双师型教师占比 （《标准》要求不小于30%）	X≥30%	1
	10%≤X<30%	
	X<10%	3
兼职教师占专任教师比重 （《标准》要求在20%左右）	X≥30%	2
	10%≤X<30%	
	X<10%	1

注：1.《标准》即《中等职业学校设置标准》（教职成〔2010〕12号）。
2. 来源：各学校报送资料。

提供数据的11所民办技工学校的办学基本条件见表2-7，从中也可以看出这些学校是否达到《技工学校设置标准（试行）》（人社部发〔2012〕8号，以下简称《标准（试行）》）要求的情况。首先，从校舍面积上看，9所学校的校舍建筑面积达到了《标准（试行）》规定的不少于18000m^2的要求，2所学校未达到要求；5所学校的生均校舍建筑面积达到了《标准（试行）》规定的不少于20m^2的要求，5所学校未达标，其中1所学校的生均校舍建筑面积少于10m^2；3所学校的实训场地面积达不到《标准（试行）》规定的5000m^2（实习、实验场所建筑面积）以上的要求，其中一所学校不足3000m^2；有9所学校的生师比在30以上，远远超过《标准（试行）》限制最高20的要求；在"具有企业实践经验的教师占教师总数比重"这一指标上，只有1所学校达不到《标准（试行）》规定的20%以上这一要求，也只有1所学校的兼职教师数占教师总数的比重超过了1/3，而这是《标准（试行）》限定的最高比例。

表2-7 11所民办技工学校办学基本条件与《技工学校设置标准（试行）》的对比

指标	指标所在区间（X）	学校数（所）
校舍建筑面积（m²） （《标准（试行）》要求不少于18000）	X≥18000	9
	10000≤X<18000	2
	X<10000	
生均校舍建筑面积（m²） （《标准（试行）》要求不少于20）	X≥20	5
	10≤X<20	4
	X<10	1
实训场地面积（m²） （《标准（试行）》要求不少于5000）	X≥5000	8
	3000≤X<5000	2
	X<3000	1
学制教育生师比 （《标准（试行）》要求不高于20， 其中技师学院不高于18）	X>30	9
	20<X≤30	
	X≤20	2
具有企业实践经验的教师应占教师总数 比重（《标准（试行）》要求20%以上， 其中技师学院25%以上）	X≥20%	10
	10%≤X<20%	1
	X<10%	
兼职教师数占教师总数的比重 （《标准（试行）》要求不超过1/3）	X≥33.3%	1
	20%≤X<33.3%	5
	X<20%	5

注：1.《标准（试行）》即《技工学校设置标准（试行）》（人社部发〔2012〕8号）。
　　2. 数据来源：广州市人力资源和社会保障局、学校报送资料。

（四）广州市民办职业教育招生与就业情况

根据学校提供的数据，2014年，有4所民办中职学校计划招生共3022人，实际录取2741人，完成计划的90.70%。在2741人中，广州生源597人，占实际招生人数的21.78%。同年，这4所中职学校24个专业共有毕业生1427人，就业率最高为100%，最低为97%，平均为99.75%；就业对口率最高为100%，最低为61.54%，平均为94.73%；市内就业率最高为98%，最低为38.46%，平均为80.50%（见表2-8）。

表2-8 4所民办中职学校招生与就业情况

招生	计划招生（人）	实际录取（人）	完成招生计划	广州生源占比
	3022	2741	90.70%	21.78%
就业	毕业生数（人）	就业率	就业对口率	市内就业率
	1427	99.75%	94.73%	80.50%

注：数据来源：各学校报送数据。

2014年，广州市技工学校总就业率为96.34%，其中省一类技工学校的就业率均达到98%以上。从学校提供的数据来看，有8所民办技工学校计划招生共9333人，实际录取9784人，完成招生计划的104.83%，其中广州生源占5.81%。同年，这8所民办技工学校毕业生4505人，平均就业率97.75%（见表2-9）。

表2-9 8所民办技工学校招生与就业情况

招生	计划招生（人）	实际录取（人）	完成招生计划	广州生源占比
	9333	9784	104.83%	5.81%
就业	毕业生数（人）	就业率	就业对口率	市内就业率
	4505	97.75%	90%	78.59%

注：数据来源：各学校报送数据。

（五）广州市民办职业教育的优势与特色

与其他地区相比，广州市民办职业教育在发展过程中，形成了自身的一些优势和特色。

1. 先行先试，改革创新意识强

广州市民办职业教育发展的一个重要优势，在于发展民办教育具有较强的改革创新意识，先行先试。正是在这种意识的引领、开拓之下，广州市民办职业教育才取得了今天的办学成绩。

优势的形成有一个历史过程。在新中国教育发展史上，为管理和规范民办教育的发展，广州创造了许多项"第一"。1980年，广州市出台了《关于加强对社会各类补习班（夜校）管理若干问题的规定》，在全国率先启用统一的非学历教育结业证书。1987年，广州市政府颁布了《广州市社会力量办学暂行规定》，又在全国率先出台了发展民办教育的地方性法规。1990年，广州市又成立全国第一个民办教育民间协会组织——广州市社会力量办学协会。1995

年，广州市又成立了全国第一个专门管理民办教育的机构——社会力量办学管理办公室；与此同时，各区（市）教育行政部门也明确了负责社会力量办学的统筹管理科室，并挂"社会力量办学管理办公室"的牌子。除此之外，广东省发展民办教育的改革创新举措也惠及广州市民办职业教育的发展。2005年8月，广东省政府出台了《广东省教育现代化建设纲要实施意见（2004—2010年）》，在全国率先决定设立省级民办教育发展专项资金，计划在2005—2010年间，省政府每年拨出3000万元专款，用于鼓励和资助民办教育发展。① 先行先试的改革创新意识铸就了广州市民办职业教育的优势。

2. 民办技工教育独树一帜

民办职业教育具有自主性、灵活性强的特点，能够及时捕捉市场信息，并根据市场需求及时调整办学行为。处于市场经济、服务业相对发达的广州的民办技工教育，在改革开放和先行先试的政策支持下，在生存与发展中锻炼出了很强的市场敏锐性和服务意识，能够紧贴市场的需求办学，在专业设置、人才培养、校企合作、实训基地建设、师资培养等方面充分考虑市场需求和教育供给状况，注重引入市场机制，强化服务意识和服务能力，以较高的办学质量赢得了社会的好评，招生和在校生规模大，在全国民办技工学校中独树一帜，为开创技工教育"政校企"、"工学评"、"技艺道"三位一体的"广州模式"做出了重要贡献。其中，广州白云工商高级技工学校始终坚持"市场导向"的办学理念，坚持办教育的公益性和"就业导向、能力本位、面向市场、服务社会"的办学宗旨，在发展中构建起了学工线、教学线、行政线和后勤线四位一体的服务体系，通过ISO9000质量管理体系认证，实施标准化、规范化、精细化和现代化的管理，并在灵活的机制下不断改革创新，取得了突出的办学成就，成为全国民办技工院校的一面旗帜。自2008年以来，该校已连续七年被广东省社会科学院评为广东省技工学校竞争力20强第一名。该校校长李孟强于2011年被中国职工教育和职业培训协会评为"技工院校改革创新校长"，2014年又在中华职业教育社和中国职业技术教育学会主办的第四届"黄炎培职业教育奖"中荣获"杰出校长奖"。

三、广州市民办职业教育发展面临的主要问题

广州市民办职业教育的发展促进了教育体制改革和创新，丰富和扩大了教

---

① 张铁明：《广东民办教育发展的新创举及政策创新回顾（1979—2011年）》，载《广东教育（综合）》2013年第12期，第39-42页。

育资源，在一定程度上弥补了教育投入和教育供给不足、办学模式单一的问题，满足了人民群众接受多元化职业教育的需求，也为解决公办职业教育的一些弊端，推进整个职业教育的改革和发展提供了经验和借鉴。但广州市民办职业教育进一步发展仍面临诸多问题。

（一）促进与扶持政策有待进一步落实

为促进与扶持民办教育的发展，我国在国家层面出台了《中华人民共和国民办教育促进法》、《中华人民共和国民办教育促进法实施条例》，广东省出台了《广东省实施〈中华人民共和国民办教育促进法〉办法》，广东省教育厅出台了《关于促进民办教育规范特色发展的意见》，广州市人民政府出台了《广州市人民政府关于促进民办教育发展的意见》。此外，还有许多散见于其他法律法规、政策、发展规划中旨在促进与扶持民办教育的规定或要求。从实践情况来看，这些政策法规或要求对民办职业教育确实有一定的促进与扶持作用，但效果还不是特别明显，没有达到预期的目标，一个重要原因是政策的落实还不到位。

政府对民办职业教育的促进与扶持政策落实不到位，无法充分调动办学者的积极性，也影响了民办学校办学条件的改善。在税收优惠、土地使用优惠、合理回报、优秀学校奖励和补助等方面，尽管相关政策法规、规划中提出了一些对民办学校的促进与扶持政策，但由于一些政策规定还比较模糊，相关部门之间的协调不够，对政策的理解也不一致，导致执行起来存在一定的困难，使政策得不到很好的落实，或落实得不具体、不全面、不彻底。例如，《中华人民共和国民办教育促进法》第 46 条规定民办学校享受国家规定的税收优惠政策，但在税收优惠的范围上，政策规定又存在不清晰的地方，导致民办学校与税务部门在政策理解上存在分歧，使广州市民办职业学校在是否缴纳企业所得税上受到困扰。[①]根据 2009 年 9 月广州市教育局出台的《广州市民办教育发展专项资金管理办法》，广州市设立了民办教育发展专项资金，对办学质量较好、管理规范和社会信誉度高的民办学校进行资助和奖励，但支持力度有待进一步扩大。

（二）管理渠道还需进一步理顺

广州市重视民办职业教育发展，在教育局专设了民办教育处，承担全市民办教育的管理工作；在人力资源和社会保障局下设技工教育管理处，管理全市

---

① 肖航：《广东民办教育陷入"税务困局"》，载《民营经济报》2007 - 2 - 8（A11）。

技工教育包括民办技工教育。然而，发展民办职业教育，离不开多部门的参与、配合和支持，需要一些共同的行政规范和统一、配套的政策；民办职业教育发展中的若干问题，需要协调教育主管部门与政府其他部门之间的关系才能解决。在广州市民办职业教育实践中，管理渠道还不够通畅，教育主管部门与工商、税务、物价、国土资源等其他政府部门之间还需进一步沟通和协调。在这种情况下，民办职业学校在发展中遇到的许多问题，就难以得到及时、有效的解决。调研过程中，许多民办职业学校反映其教师无法享受与公办院校相同的待遇，申报职称的渠道不够畅通，要提高职称比较困难；更多的民办职业学校反映，由于管理渠道还不够畅通，民办职业学校在各种竞争性专项资金分配中也往往处于劣势，能够竞争到资金支持的民办学校很少。

（三）整体规模效益不高

尽管广州市政府已开始对民办职业教育进行资助，但由于数额相对较少，在社会捐资办学不足的条件下，学费及补助金仍然是民办职业学校的主要办学经费来源，这就使学生规模成为影响民办学校办学经费的一个重要因素。然而，广州市民办中等职业学校普遍规模不大，14所民办中职学校平均在校生规模仅647人。13所民办技工学校规模相对较大，平均达到2495人，但其中也有3所民办技工学校在校生数不足1000人。由于办学有一个规模效益的问题，在缺乏充分财政支持的情况下，办学规模太小的学校面临的办学经费问题更为突出，势必影响办学条件的改善和办学质量的提高。与此同时，规模小的民办职业学校也不符合相关政策规定。根据2010年7月教育部印发的《中等职业学校设置标准》（教职成〔2010〕12号），中等职业学校应当具备基本的办学规模，其中学校学历教育在校生数应在1200人以上。按这一要求，广州市多数民办中等职业学校不达标。根据《技师学院设置标准（试行）》（人社部发〔2012〕8号）关于"技师学院培养规模应达到5000人以上"和《技工学校设置标准（试行）》（人社部发〔2012〕8号）关于"技工学校设立3年内培养规模应达到1600人。其中，学制教育在校生规模800人以上，年职业培训规模800人次以上"的规定，广州市也有个别民办技工学校不能达标。

（四）师资队伍建设亟待加强

目前，广州市民办职业教育的师资队伍在诸多指标上达不到现行政策的要求。根据《中等职业学校设置标准》（教职成〔2010〕12号），中等职业学校专任教师一般不少于60人，师生比达到1∶20；专任教师中，具有高级专业技术职务人数不低于20%；双师型教师不低于30%；聘请有实践经验的兼职教师应占本校专任教师总数的20%左右。然而，根据表2-6的统计结果，提供数据的4所民办中职学校多项指标达不到要求。第一，4所民办中职学校的专任教师数均达不到《中等职业学校设置标准》规定的60人的要求。第二，4所民办中职学校中有两所学校的生师比明显超过20的标准，其中一所学校生师比超过30。第三，在4所民办中职学校的专任教师中，具有高级职称的教师所占比重均低于20%的标准，其中2所学校还低于10%。第四，4所民办中职学校中有3所学校的双师型教师占专任教师的比重不到10%，明显低于30%的标准。第五，4所民办中职学校的兼职教师占专任教师比重都明显偏离20%左右的标准。从民办技工学校的情况看，根据《技工学校设置标准（试行）》（人社部发〔2012〕8号）和表2-7统计的结果，多数民办技工学校的教师数量明显不足，生师比过高，亟待扩充师资队伍。

除了数量指标不达标，需要充实师资队伍以外，还需要提高广州市民办职业院校师资队伍的质量和水平。首先，随着地方经济增长方式转型升级，企业需要提高产品和服务的科技含量，需要职业教育提高人才培养的质量、水平和层次，这对师资队伍的层次提出了更高的要求，而目前的师资队伍无论是职称结构还是学历，都普遍较低，而教师的职后培养、进修却跟不上，无法很好地适应新形势下的技工教育发展要求。其次，职业教育培养实践能力要求教师具有较丰富的企业实际经验，要求建立一支"双师型"教师队伍，而许多学校为了解决师资问题，一般从学校应届毕业生或研究生中引进，直接造成高水平的"双师型"教师很少，导致师资队伍的知识和能力结构不适应技能人才培养的需要。最后，由于民办职业院校教师的一些合法权益得不到保障，待遇和地位相对较低，发展空间受到限制，导致师资队伍不稳定，人才流失现象严重，使提升师资队伍质量和水平的效果不明显，这成为制约民办职业教育发展的重要因素，值得引起重视。

（五）办学基础设施不完善

根据《中等职业学校设置标准》（教职成〔2010〕12号），新建中等职业学校生均用地面积指标不少于33m²；建筑规划面积不少于24000m²；生均校舍建筑面积指标不少20m²。中等职业学校生均纸质图书不少于30册；工科类专业和医药类专业生均仪器设备价值不低于3000元，其他专业生均仪器设备价值不低于2500元。从现实情况看，根据表2-6的数据，在提供数据的5所中职学校中，有2所学校的生均占地面积、3所学校的建筑面积、2所学校的生均建筑面积都达不到新建学校标准；2所中职学校的生均纸质图书达不到标准。

根据《技工学校设置标准（试行）》（人社部发〔2012〕8号），技工学校校园占地面积不少于3万 m²（约45亩）；校舍建筑面积不少于1.8万 m²，生均校舍建筑面积不少于20m²。其中，实习、实验场所建筑面积不少于0.5万 m²，实习、实验设备总值不少于300万元。从现实情况看，在提供数据的11所民办技工院校中，有2所学校的校舍建筑面积、5所学校的生均校舍建筑面积（10所学校提供数据）、3所学校的实训场所面积都达不到标准要求（见表2-7）。

（六）校企合作还不够深入

国内外职业教育发展的经验表明，校企合作是职业学校培养技能型人才的有效途径，是提升职业教育竞争力、树立职业教育品牌的有效方法。民办职业教育由于办学体制和管理体制灵活，可以充分发挥企业作为重要办学主体的作用，具有校企合作的优势。然而，广州市虽然重视职业教育的校企合作，如在2013年出台了《广州市人民政府办公厅关于促进我市职业教育校企合作工作的意见》（穗府办〔2013〕2号），提出了校企开展合作办学、共同培养技能人才、合作推进内涵建设、共同建设实验实训基地、共同建立实习就业基地、共同开展技术研发等合作内容和方式，政府主管部门也通过多种途径搭建校企合作平台，但在实践中操作性不强，收效并不明显，校企合作不够紧密。一方面，民办职业学校对企业的服务意识和服务能力都不强，服务的主动性不足；另一方面，企业参与民办职业学校的动力不足，积极性不高。在这种情况下，校企合作的范围不广，合作的深度不够，往往局限于学生在企业实习和学校为企业开展一些职业培训，经常性的、持久的、深入的合作不多。

（七）部分学校办学行为不规范

尽管经过多年的探索，在广州市政府相关部门的积极引导下，广州市民办职业教育逐步走上规范化的发展道路，但仍然有一部分民办职业院校在专业设置、招生、收费、管理、财务、教学等方面存在不规范的行为，违规招生、乱收费、恶性竞争等现象扰乱了民办教育的发展秩序，造成投诉不断的局面。一些学校在招生中发布虚假广告，以不正当手段抢夺生源，或超计划招生不报批，造成恶性竞争。一些学校无视相关规定，通过各种途径向学生收取费用；少数学校存在学籍管理、财务管理和免学费申报材料混乱且屡纠屡犯的现象。一些学校不按教育规律办学，不重视人才培养，过于强调营利目的，造成办学投入严重不足，办学条件得不到改善。一些学校在内部实行家族式管理，缺乏民主管理和监督机制，束缚了教职工的积极性和创造性。一些学校管理松散，教学秩序混乱，学生缺课率高，课堂纪律松懈。

四、广州市民办职业教育的发展对策

促进包括职业教育在内的民办教育发展是我国教育改革与发展的重要方向，更是民营经济相对发达、民间闲散资金充足的广州扩大教育供给、满足社会多样化的教育需求的一种有效途径。广州市民办职业教育尤其是民办技工教育有了一定规模，但也存在一些问题，需要研究和制定相关对策以实现新的发展。

（一）明确民办职业教育的定位与目标

现行法律和政策将民办学校定位为"民办非企业单位"，这一身份定位给民办学校带来了诸多尴尬，导致学校既无法享受公办学校的各种优惠待遇，还面临缴纳企业所得税的困扰。在"不以营利为目的"这一原则指导下，一些民办学校举办者的各种合理诉求也得不到满足，这无疑限制了民间资本投资民办职业教育的热情，不利于广州市民办职业教育的持续发展。因此，在国家现行政策框架下，首先需要建立和完善营利性与非营利性民办学校分类管理的配套制度，明确各民办职业学校的定位，在此基础上从财政、税收、土地、收费、招生、贷款、社保等方面，建立起与此相配套的，公办与民办之间、民办营利性与非营利性学校之间公平竞争的制度体系，以克服"民办非企业单位"定位不清带来的问题。其次，在分类定位的基础上，把民办职业教育纳入经济社会发展要素进行重新规划，确立民办职业教育近期和远期发展目标，支持一批发展潜质较好的学校做大做强，建成优质学校；鼓励和支持办学规模较小的民办职业院校以股份制形式进行合并，以提高教育资源利用率，壮大办学实力。

（二）健全民办职业教育的政策法规体系

发达国家的经验表明，职业教育作为一项民生工程，离不开政策法规的支持。如前所述，通过制定相关政策法规来管理和规范民办教育的发展是广州民办教育发展的重要经验。近年来，尽管国家和广东省都出台了促进民办教育发展的相关政策，广州市也出台了《广州市人民政府办公厅关于促进我市职业教育校企合作工作的意见》（穗府办〔2013〕2号）、《广州市人民政府关于促进民办教育发展的意见》（穗府〔2014〕12号），但这些"促进"存在着导向不明、责任归属不明、缺乏有效监督的问题，收效并不明显。当前，针对广州市民办职业教育发展中存在的主要问题，广州市应出台可操作性强的，能够切实推动民办职业教育发展的系列政策法规，并建立职业教育发展相关部门落实责任的监督机制，将民办职业教育的财政支持、税收和其他优惠政策、校企合作、教师权益、毕业生待遇等重要内容纳入法律保障范围。如可根据《中华人民共和国民办教育促进法》研究制定促进与扶持民办教育发展的地方性法规；制定职业教育校企合作促进条例，明确职业院校、行业和企业参与发展职业教育的权利、责任与义务；针对《广州市人民政府关于促进民办教育发展的意见》，制定具体的实施方案等。

（三）营造公办、民办职业教育公平发展的环境

毋庸置疑，我国民办教育发展受到限制的一个重要原因是缺乏公平竞争的发展环境。公办学校的行政化有利于各种政策资源的获得；民办学校长期以来既缺乏政府财政支持，又缺乏相关政策支持，在各种项目建设与评比、奖励活动中也处于劣势，民办学校的教师在工资福利、社会保障制度上遭到不公平的待遇，民办学校在招生、学生就业等方面也处于不利境地。广州市民办职业教育已成为广州市职业教育的重要组成部分，在广州市职业教育发展中具有重要的地位，而不仅仅是一种补充，营造公办、民办学校之间公平发展的环境更为重要。近年来，从中央到广东省、广州市都强调要促进和支持民办职业教育的发展，也出台了一些相关政策，但公办、民办学校之间相对公平的发展环境仍然没有营造起来。面向未来，政府作为民办职业教育的管理者，要针对民办职业教育发展中存在的问题，在制定发展规划、出台政策乃至进行各种建设项目和奖励的申报中，注意营造公平的发展环境。尤其是一方面要推动公办高校去行政化，使教育回归其本质；另一方面要清理并纠正对民办教育的各种歧视性政策，明确落实民办学校在招生、税收、建设用地、教师职称评定与福利保障等方面与公办学校同等的地位。

（四）加大民办职业教育的扶持力度

由于不公平的发展环境和投入的不足，广州市民办职业教育在师资队伍、办学基础设施等方面欠债不少，制约着质量的提高和进一步的发展，这就需要政府除营造公平的发展环境以外，还要加大扶持力度。近年来，除逐步扩大对民办职业学校学生的资助范围和资助力度以外，广东省、广州市设置了专门针对民办教育的专项资金，也设置了一些公办、民办学校均可自由申请的竞争性资助项目，一些民办职业院校获得了资助，对改善民办职业学校的办学设施设备发挥了一定的作用，但力度还不够大。为减缓民办职业学校的欠债问题，建

议广州市加大对民办职业教育的扶持力度，着重从以下两个方面着手：一方面，调整全市各种教育资助局面，避免财政资助过于集中导致重复和过度建设的问题，将财政教育经费向关系民生问题的职业教育倾斜，扩大民办职业教育发展专项资金。另一方面，扩大对民办职业学校师资队伍建设的扶持力度。建议建立民办职业学校教师职业年金补助金制度，对设立教师职业年金的民办学校进行相应扶持，以提高民办学校教师的退休待遇；设置民办职业学校教师继续教育专项资金，支持民办职业学校教师发展；对民办职业学校教师发放从教津贴。

（五）加强民办职业教育的管理和规范

针对管理渠道不通畅、民办职业教育办事困难的问题，建议民办职业教育相关管理部门进一步转变职能，增强服务意识，扩大服务内容，建立民办职业教育管理的首问机构或首问责任制，切实解决民办职业教育办事渠道不通畅的问题。同时，主管部门应搭建好民办职业教育发展的信息服务平台，向民办职业院校提供有关职业教育的政策法规、发展动态、理论热点、实践经验方面的信息服务。

一些民办职业学校办学行为不规范，扰乱了民办职业教育发展秩序，降低了社会公众对民办职业教育的认可度，制约着民办职业教育的持续、健康发展。针对这些问题，政府在给予民办职业学校充分自主权的同时，要加强对民办职业学校办学行为的规范管理，在学校设置、内部治理、师资队伍、场地设施、招生、财务审计、评估等方面进行宏观调控，特别是要规范民办职业教育的招生秩序，严厉制止各种不正当的招生乱象；推进民办职业学校社会监督机制建设，健全民办职业学校年度检查制度；通过财政资助的手段引导民办职业院校进行合法、规范、诚信和负责的办学，积极引导民办职业院校按教育规律办事，提高教育质量，保护受教育者的权益，提高人民群众接受职业教育的满意度，减少投诉现象。

针对部分民办学校实施家族式管理、民主监督机制不健全、对教育教学规律尊重不够、教职工积极性和创新性受到抑制的问题，政府要引导民办职业学校完善董事会（理事会）制度、教职工代表大会制度和工会制度，明确董事会和校长的权责，建立民主、科学的决策机制，保障校长和学校管理机构依法按章行使教育教学和管理权利，逐步建立和完善适应民办职业教育发展需要的现代学校制度。

（六）保障民办职业学校教师合法权益

师资队伍建设是提高人才培养质量的关键要素，广州市民办职业教育在师资队伍上存在许多不达标的问题，不适应经济社会发展转型升级的需要，成为制约民办职业教育持续发展的瓶颈之一。调查发现，民办职业学校无论是招聘优秀教师还是留住有一定经验或基础的教师都比较困难。究其原因，主要在于教师的合法权益得不到保障。针对这个问题，政府相关部门和民办职业学校要着眼于长远发展需求，采取多种途径和方法切实保障教师的合法权益。建议教育局会同财政局、人力资源和社会保障局，除了通过设立教师职业年金补助金制度、设立教师继续教育专项资金以及对教师发放从教津贴等途径扩大对民办职业学校师资队伍建设的扶持力度以外，还可以在以下方面保障民办职业学校教师合法权益：①进一步解决民办职业学校教师及其配偶、未成年子女的入户问题。②教育局、人力资源和社会保障局、科技和信息化局等部门，要将民办职业学校教师资格认定、继续教育、职称评审、科研项目申报、评优评先等工作进行统一管理，执行与公办学校教师同等的待遇政策。③探索民办职业学校教师人事管理制度改革创新，切实保障民办职业学校教师的合法权益。

第三部分 典型案例

项目组面向广州市职业院校征集了许多有关广州市职业教育发展与改革的具体个案。典型案例部分由 12 篇精选的案例构成,它们各具特色,代表了当前广州市职业教育的典型做法和发展趋势。一方面,通过对广州市职业教育实践活动进行的总结与反思,形成了一批质量高、有创新的职业教育真实案例,反映了当前广州市职业教育的发展现状和共性问题;另一方面,通过对案例的收集和整理,进一步厘清了广州市职业教育的发展理念和典型做法,使校企合作、产教融合的职业教育观念能得到进一步认同,各职业院校特色化的办学模式和经验做法能得到有效的交流与共享。

人才培养案例

人才培养是职业院校的核心职能。这部分所选取案例以创新人才培养模式为中心，通过有代表性的实践教学活动展示，如职业教育特色课程的开发与实施，校企合作、工学结合的人才培养模式探索，国际化人才培养途径及素质教育人才培养实施等，从项目实施背景、主要目标、实施过程、主要成效及体会思考等层面，系统总结和提炼了广州职业院校特色化的人才培养途径与经验模式。这部分内容由以下九个案例构成：产教融合阶梯式课程的开发与实施（广州市商贸职业学校）；"分层次、多形式"工学结合人才培养模式的研究与实践（广州市交通运输职业学校）；"产教一体、寓学于工"人才培养模式探索（广州铁路职业技术学院）；创新商英"校中企"，孵化外贸"特种兵"（广州财经职业学校）；"校企双制"办学模式下现代学徒培养的探索与实践（广州市工贸技师学院）；高等学徒从学校到工作的过渡（广州市技师学院）；巧借他山之石，构建本土化模拟公司教学模式（广州市番禺区职业技术学校）；创建国际时尚设计学院，打造国际化协同育人平台（广州番禺职业技术学院）和站在巨人的肩上共育工业机器人技术人才（广州工程技术职业学院）。

案例一　产教融合阶梯式课程的开发与实施
——以电子商务专业"网店客服"课程为例
（广州市商贸职业学校）

一、实施背景

网店客服是中职教育电商专业毕业生就业的重要目标岗位，"网店客服"是培养该岗位人才实操技能的核心课程，但是，由于当前中职学校实训实操训练平台缺乏，这门课程的教学质量难以提升。以往课程的教学模式只能依赖于实训模拟软件，教师在模拟的实操平台上依据自身经验设定某些对话任务，让学生完成机械式的回复，教学过程与生产过程脱节：（1）技术远落后于产业行业发展。由于模拟实训平台并非企业在用的工具，而是另外开发仅限于教学用的工具。只能模拟的实训平台，对于发展日行千里的电子商务行业而言，技术上、操作流程上的落后是可想而知的。（2）课程内容与职业标准要求不匹配。传统课堂上，学生的实训工作量主要取决于任课老师的设计，一般常采用的是学生之间1对1的模拟对话。然而，在网店客服的日常工作中，1对1如此轻松的工作情况是非常罕见的，就"双十一"活动期间而言，普通客服的平均即时接待工作量为102人，高峰期可达到200余人。可见，一贯采用的模拟教学方法，并不足以培养学生的应急能力，甚至与职业标准相距甚远。（3）评价标准与企业绩效考核不符合。课堂上常用的评判标准是老师的主观标准，常常缺乏有力的数据支撑，对工作时的其他情况不能有效反映，如回复是否有效、是否即时、是否符合企业标准等。因此，要提升教学有效性，则必须借助实战项目。把教学过程与生产过程进行融合，在生产过程中完成教学任务，方可真正提升学生的职业能力。

二、主要目标

要突破教学困境，需要让学生真正地参与到真实的企业实践项目当中去，让企业培训学生、让市场锻炼技能，提升课程的教学质量，真正做到"学一课，毕一事"，即学生在完成"网店客服"课程的学习以后，可以真正做到与企业客服（包括售前、售后等）岗位对接，而非长期以来只能停留在理论书本上，只会说不会做的尴尬局面。

同时，企业的制度、岗位的考核和市场的压力所形成的工作环境，都将给在校的专业学生予最直接的职业道德教育，协助其建立自身的职业生涯规划，为将来的腾飞做准备。

三、实施过程

（一）产教融合阶梯式课程体系的开发

产教融合的课程体系开发主要依循"工作过程系统化"的开发思路，从真实的工作岗位中提炼工作任务，让学生在工作中逐步形成自己的知识体系。

1. 行业企业调研分析，确定典型工作任务

专业建设的首要任务是专业人才培养目标的定位。也只有定位抓准了，方可有的放矢。专业教师经过下企业访谈、问卷调查、社会调查等多渠道、多样本、多层次的社会调查，得出珠江三角洲地区电子商务专业中职毕业生62%在客服岗位、18%在美工岗位、12%在运营岗位，另有8%在推广岗位。

图3-1 电子商务企业人才"金字塔"架构

结合电子商务企业人才"金字塔"架构（见图3-1），"物流"、"客服"、"美工"岗位群是企业最基层的从业者，然而中等职业教育的目的是培养一线的技能型工作者。因此，依照人的职业成长及认知规律，中等职业教育电子商务专业应定位于"网店客服"及"网店美工"两大岗位群。

在明确专业建设的定位后，邀请企业专家开发该工作岗位的"典型工作任务"。经过邀请15位来自不同企业的实践专家的头脑风暴，根据人的"认知—入门—能手—专家"的认识规律，分析出"网店客服"及"网店美工"的职业人才成长路径，进而总结及归纳出各阶段共21项典型工作任务。

2. 教师企业实践，转换"学习领域"课程

开发后的典型任务只是课程体系的雏形，需要教师到企业岗位中通过真实的工作实践，从任务对象、环境、工具等多维进行任务提炼，完成从"典型工作任务"至"行动领域"的验证及转换。在这一过程中，需要企业专家、

教育专家的论证及补充，从而保证课程开发的科学性、可行性。

最后，根据教育规律、人才的成长规律，加以学习情境的设计，完成"行动领域"的教育化处理，最终形成该专业的"学习领域"。具体转换如图3-2所示。

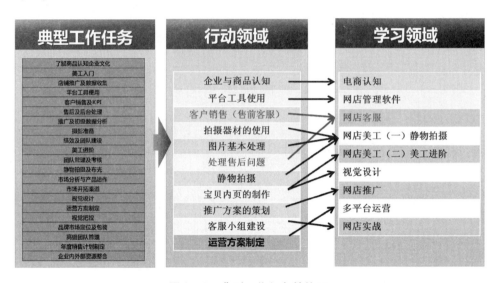

图3-2 典型工作任务转换图

3. 形成阶梯式课程体系

教育规律必须要建立在人的认知规律之上，结合学习领域课程体系及相关的知识课程，形成"基础—演练—实战"的阶梯式课程体系：从简单的认识，明白事物的概括、面貌或是表象特征；进而通过操作简单的、程序性的工作，形成定向思维，完成简单的事务；流程熟悉后，进入开放性的任务课程，即没有固定答案的，需要结合特定环境及自身经验方可解决的工作任务；最后，依靠淘宝网店作为载体，完成综合性的任务，最终形成学生自身的工作经验。

表3-1 阶梯式课程体系

基础	演练	实战
包括"物流认知"、"电商认知"等课程，目的在于让学生对电子商务的交易流程及行业中职业要求等有初步的认识和了解，激发学生学习兴趣	包括"网店美工"、"网店客服"、"网店推广"等课程，目的在于学习电子商务各环节中所需工具及技能，提升学生专业水平	包括"网店实战"、顶岗实习等课程，目的在于通过进行总结性实战式训练，系统性地运用所学知识技能，实现学生向员工的身份转变

(二) 网店客服岗位阶梯式的课程排序

电子商务的网店客服岗位群一般包括售前、售中及售后岗位，虽然是企业架构的最低层级，但据数据统计，网店客服岗位是所有中职毕业生的第一对口就业岗位。因为通过该岗位的工作，可以直接、快速地熟悉企业文化、定位，掌握企业产品价格、特色及卖点。网店客服岗位几乎成为电子商务专业中职毕业生就业的首要岗位，针对该岗位培养人才的重要性可想而知。

经过对电商企业的网店客服岗位的成长路径及职业能力分析，研究出"见习客服—初级客服—客服专员—资深客服—客服经理"职业成长路径。结合中职学校电子商务专业的人才培养目标定位，根据从简单到复杂，从基层到高层的培养路径，针对"见习"和"初级"客服岗位的培养目标设置相对应的课程（如图3-3所示）。

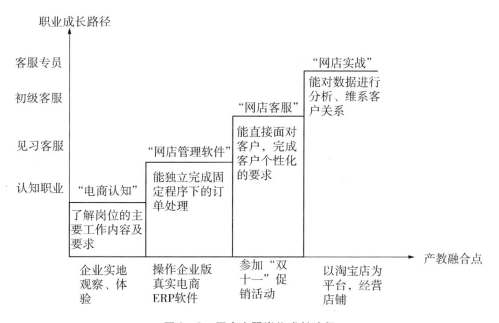

图3-3 网店客服岗位成长路径

在"做中教，做中学"，以企业的实战项目为载体，让学生在真实的学习情境中完成生产性学习任务，让学生在工作当中逐步把所学习的知识体系转化为自身的工作经验，实现教学过程与生产过程相融合。因此，在课程内容编排的过程中，也需要注意企业实战项目的融入。

1. 第一学期开设"电商认知"课程

"电商认知"的课程目标是让学生对行业、企业有一定的认知,如行业的发展动态、企业架构、专业定位岗位群的职业要求等方面。认知课程的难度是最小的,但必须要注意"点到为止",从"是什么"、"怎么做"、"如何做"等方面讲解,力求提升学生对专业的认知度。

在此阶段,学生只是刚入门的新兵。此时产教融合点在于学生通过到企业参观、专家到校授课、直接参与简单的工作进行职业体验,如成为电商行业峰会的志愿者、跟随二年级学生到"双十一"现场观摩等方式进行。

2. 第二学期开设"网店管理软件"课程

学生在进入第二学期后,对行业、企业已经有了大概的了解。此时《网店管理软件》的课程目标则是让学生利用 ERP 软件平台,完成针对见习客服(订单组、售中岗)岗位固定的、流程性的任务。

为了让学生脱离长期模拟教学的困境,把生产工具与教学用具相融合,课程使用的是企业普遍在用的软件工具,其中包括"富润ERP"(品牌商包括美即面膜、拍立得相机等)及"韬驰"(品牌商包括贝亲母婴、拉芳洗涤等)两套软件,利用企业后台真实数据作为载体给予学生实操,完成订单后期处理、查询等工作。

3. 第三学期开设"网店客服"课程

第三学期学生对客服岗位的要求已经有初步的认识,此时能力培养目标是让学生能独立完成客服岗位的开放性任务,如能达到客服考核的指标(如转化率、响应时间等);能独立完成在线销售和催单;针对极品客户能熟练处理疑难问题,解决交易纠纷等。

在传统课室的模拟教学,不可能模拟活生生的客户,如一些所谓"极品客户"刁难的投诉处理。因此,该课程与"双十一"活动融合开展。借助"双十一"促销活动,在完成学习任务的同时产出经济效益。

4. 第四学期开设"网店实战"课程

学生在校期间的最后一个学期,则是利用学生各自开设的淘宝网网店作为载体,目标是完成客服岗位的一些综合性的任务,能对客户类型进行初级分析、公共关系维护等。

(三)核心课程"网店客服"的实施

自 2012 年与天猫茵曼女装品牌成功完成了"双十一"校企合作项目后,从各方面数据总结分析,学生的能力着实得到了明显的提升。因此,2013年起把此项活动作为教学平台融入教学环节中,实施"一个月在校授课、一个月校企培育、一个月顶岗实战、一个月总结拓展"的4M教学模式（见图3-4）。

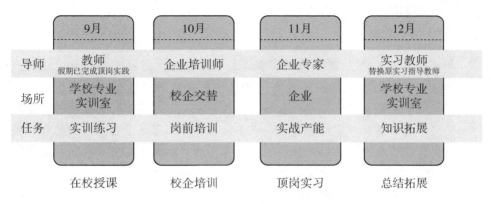

图3-4　4M教学模式

（1）9月份，完成基础工作流程的学习。该月份由具备企业实践经验的老师带领学生在学校完成一体化的工作任务，其中主要包括售前及售后两项主要工作任务。如售前任务为女装售前咨询、男鞋活动售前咨询、箱包大促导购等。从简单到复杂，经过产品类目、任务要求、任务目标的逐层递进，让学生充分掌握在售前岗位面对客户时所需的基本流程及要求。

（2）10月份，在天猫、淘宝、京东等电商平台演练。在第二阶段，需要让学生在实际的电商平台上完成操作，此时则需要企业的专家出现了。在此阶段，教师充当辅助角色，负责日常的组织管理，并作过程性评价、检查学生学习进度；企业专家则采用集中培训、企业现场观摩、平台上机实操等多种手段培训学生，并在阶段末期对学生进行考核。

（3）11月份，客服工作过程综合实战。在此环节中，全体师生进入实战环节；企业采用导师带队竞赛的组织制度，把所有学生按品牌分岗位执行任务，并完全实施企业制度化管理。在一个月的顶岗实战过程中，学生利用企业提供的旺旺账号上线，在企业导师的指导帮助下，直面来自四面八方汹涌的客户流量，完成售前活动咨询、导购、订单处理、售后货品退换等服务。结合"双十一""U型"流量高潮的特点，让学生在网店客服岗位群的售前、售中、售后等岗位进行轮岗实战体验。这样，学生可以在实战的过程中把之前所学知识逐步转化为自身的工作经验。而更可贵的是，学生可以在此期间逐步形成职业意识，培养良好的职业素养。

（4）12月，分享总结及能力拓展。项目的评价是十分关键的，学生可以通过客观的评价知道自己的不足，从而得到改进。在此阶段，教师根据学生的活动记录手册完成过程性评价;企业导师则导出后台KPI数据,并完成学生定性及定量评价;校企共同评选出优秀能手并给予奖励。

四、成果成效

电子商务的"4M"课程模式,实现教学过程与生产过程的对接,已经成为本专业"工学交替"的一大亮点。不仅为企业和学生提供了近距离面对面的接触,让学生更直观地了解企业对员工的要求,了解岗位的职业要求,紧跟行业变化,而且企业与学校也真正实现了优势互补,形成了良性互动的合作关系。学生在经过此次活动后,技能明显提高,对口就业率也有了明显的提高。

在2013年与2014年的实践探索中,从企业绩效数据分析可知,这种深度产教融合的课程实施是十分有效的(见表3-2)。

表3-2 广州市商贸职业学校"双十一"活动单日数据统计分析

2013年总销售额(元)	2014年总销售额(元)	同比增长	2013年人均销售额(元)	2014年人均销售额(元)	同比增长
3324385	6291940	47%	39576	52000	24%
销售额占企业总额比			转化率		
2013年	2014年	同比增长	2013年	2014年	同比增长
12%	25%	52%	50.44%	53.52%	6%
2013年总接待量(人次)	2014年总接待量(人次)	同比增长	2013年人均接待量(人次)	2014年人均接待量(人次)	同比增长
25297	58527	57%	301	484	38%

该专业独特的人才培养模式得到兄弟学校的认可,曾多次受邀在广州市教研活动中做经验分享。其中,包括2013年在广州市教研活动的"校企合作经验分享会"以及2014年的"人才培养模式经验介绍会"上向兄弟学校分享专业建设的经验和做法。2013年,该专业教学团队获广州市教学研究室颁发的"优秀教研组"称号,该专业李志宏老师、黄苑老师获得了"广州市教研积极分子"称号。

在经过交流后,广州市海珠商务职业学院、广州市花都区职业技术学校、广州市纺织服装职业学校、广东省经济贸易职业技术学院等兄弟学校都开始尝试复制"4M"模式的教学方法,与包括骆驼服饰等知名电商开展"双十一"活动校企合作项目。

五、体会与思考

在经历了连续两年的"双十一"活动之后，逐渐探索把项目模式固定成为教学环节，有效地提升师生专业水平。"网店客服"课程的实施，主要从组织方式、时间、场景、角色、任务、评价六个维度实现了产教融合。

（一）组织方式的融合

利用企业的平台作为教学载体，在实施教学的过程中完成生产，需要校企双方共同签订协议，成为利益共同体。同时，共同制定课程标准、实施计划。

在劳动组织方式与教学组织方式上，根据岗位职能分为售前、售中、售后三大类并在整个过程中实施轮岗应付客流高峰。企业人员采用导师分组竞赛制，以6~8人为一组，分组按业绩竞技。

传统"听、摸、看、练"的教学方式，融合成为工作的过程中接受企业导师的辅导、直接触碰或试穿产品、到企业现场观机学习、上机直面客户完成实战任务，实现了教学方式与培训方法的融合。

（二）时间的融合

根据阶梯式课程体系结构，"网店客服"课程的实施是安排在第三学期。这刚好与每年年末电商行业盛事"双十一"天猫平台大促销活动的时间相吻合，为该项目课程的实施提供了有利条件。

（三）场景的融合

项目前期校企双方共同制定课程实施方案，部分内容放在学校一体化教学环境中，而部分则放在企业的经营场景中。根据不同的教学目标交替场景，实现学习情境与经营场景的融合。

（四）角色的融合

学生在课程当中既是学生，也是员工。每次上课（上岗）时，必须佩带印有校企印记的徽章，同时遵守学校（企业）的相关规章制度。教师也向"双主体双导师"转变角色，学校的教师被企业聘请为培训讲师，而企业专家也会被学校聘为兼职教师。

（五）任务的融合

在整个项目中，学生既要完成学习任务，也须完成企业的生产任务，学生根据企业分配的工作岗位，需要按时按要求到岗，并完成指定的工作指标，如销售额、接待量等；同时，根据每天的生产实践情况填写实践手册、总结及反思。

在刚刚过去的2014年的活动中，239名学生共为企业创造了802万元的经济价值，处理单数达26.4万单（见表3-3）。

表3-3　广州市商贸职业学校电子商务专业2014年"双十一"项目效益统计

项目名称	项目时间	实战地点	工作任务	人数合计（人）	经济效益（万元）
茵曼女装	11月1日至11月28日	学校南校区	售前咨询导购售中订单处理售后退换服务	177	629
卡宾男装		企业总部		62	173
合计				239	802

（六）评价的融合

在课程后期，学校实习指导老师依据学生在整个课程当中的表现及完成学习任务进行过程性评价。企业导师则导出学生的岗位后台KPI详细数据，从接待人数、销售额、完成退款金额、客件数、平均响应时间、首次响应时间等14个维度对学生进行客观评价。同时，企业导师也会针对学生的工作态度、性格特性等方面给予整体评价。最后，校企双方共同评选出优秀学员，并颁发印有双方印章的奖状予以奖励。

在整个课程组织与活动实施的过程中，紧抓主要关键词——融合。实现分组和分岗、教室和经营场所、学生和学徒、教师和导师、学习和生产、成绩和绩效的深度融合。

产教融合课程的开发与实施，需遵循学生的职业成长规律和行业企业的生产经营规律，让学生在工作中学习，在学习中工作，并在真实的工作环境中逐步积累工作经验，培养职业精神。真正实现专业与产业需求融合、课程内容与职业标准要求相符、校企一体共育人才、共同发展。

案例二 "分层次、多形式"工学结合人才培养模式的研究与实践

(广州市交通运输职业学校)

一、实施背景

广州市交通运输职业学校汽车运用与维修专业面临着如何适应中职学生来源结构多样、学习能力差异性大的问题。该校以现代职业教育理论为指导,以国家示范性中等职业学校建设为契机,寻求新的培养模式来解决此问题,做到因材施教,满足学生个性发展需要。2002年,该校开始面向行业企业的专业改革探索,并取得了良好的成效,先后与丰田、上海通用、东风雪铁龙、东风标致、东北亚奔驰、一汽大众、一汽奥迪等多个国际知名汽车企业开展深度校企合作,组建了订单班。目前,汽车运用与维修专业已经成为该校的龙头专业。

二、主要目标

(1) 探索"分层次、多形式"工学结合人才培养模式,有机地将分层教学、培养模式多样性、学习内容个性化、学业评价多维度等融合在一起,解决教学对象学习能力的参差不齐、校企合作企业的个性要求、办学层次的丰富变化带来的问题。

(2) 通过创新,开发工学结合的教学内容、建设理实一体化的教学环境、培养"双师型"教师团队、制定工学结合的教学管理机制,将学习与工作结合在一起,真正实现理论与实践的一体化教学。

三、实施过程

(一)"分层次、多形式"的概念

1. 分层次

(1) 教学安排的分层。第一学年本专业学生统一学习专业基础课。第二

学年学生依据对专业的了解以及自身的学习特点和兴趣爱好，选择机电维修、车身修复、汽车整车与配件营销三个专门化方向中的一个，进行专业核心课程的学习。第三学年学生依据选择的培养模式（包括三二分段、企业订单、顶岗实习）进行专项学习。

（2）教学内容的分层。学校依据学生的学习能力、职业意愿，通过学生自愿报名，学校与相关合作企业（或学校）共同选拔的方式，将汽车运用与维修专业学生划分为三二分段班、企业订单班、品牌兴趣班、普通班四个层次。

三二分段班：学生参加中高职衔接课程学习，其培养目标主要以升学为导向。学生在中职学校学习3年，然后在对口的高职院校学习2年高职课程，最终获得高职文凭。

企业订单班：为校企合作企业订单输送售后服务人才。学生在校学习汽车运用与维修专业核心课程的同时，进一步学习企业设置的中高级课程，学生毕业后进入对应品牌企业下属4S店工作。

品牌兴趣班：围绕各校企合作品牌，将未能通过订单班选拔考核的学生组成相应的品牌兴趣班，以企业文化宣传为主，配合基本的专业技能培训，从而提高学生对企业的认同感和缩短进入相应品牌企业实习时的适应期，扩大学校对各品牌企业人才招聘的满足率，提高学生的就业稳定率。

普通班：未能获得参与订单班选拔资格、学习能力较弱的学生，其主要精力是按照课程计划学习专业核心课程，适当降低学习难度，确保学习质量。

2. 多形式

（1）不同层次、不同品牌的班级，其培养形式不一样。其中上海通用班采用的是工学交替的培养形式，学生最后一个学年在学校和企业间交替学习各2次。丰田班、雪铁龙班、奔驰班、一汽大众班、奥迪班采用订单培养的培养方式，由企业方提供学习课程、教学资源，确定考评方式，组织人才招聘会。普通班的学生在完成了专业核心课程的学习后，由学校推荐至专业对口的企业中进行顶岗实习。

（2）不同层次、不同品牌的班级，其学习内容不一样。各种校企合作班，一方面和其他普通教学班一样学习基础课、专业基础课和专业核心课程，另一方面他们还要学习由企业主导、学校配合开发的订单模块课程。而三二分段班的学生一、二年级阶段所学课程与普通班一致，但第五和第六学期的课程则是由学校和对口的高职院校共同商讨确定的中高职衔接课程。

（3）不同层次、不同品牌的班级，其学生学业评价方式、评价标准不一样。例如：顶岗实习学生的实习成绩由实习指导教师依据企业方评价、实习报告完成情况等来评定。丰田班、上海通用班、奥迪班、东风雪铁龙班的学生在毕业前均要参加由企业方组织的终结性考核,考评小组由合作企业方项目负责教师、培训中心讲师、外校教师和企业维修技师共同组成。三二分段班的转段考核则由对口高职院校教师出题,组织考核。

(二) 人才培养模式的运作流程

广州市交通运输职业学校"分层次、多形式"工学结合人才培养模式的运作流程如图3-5所示。

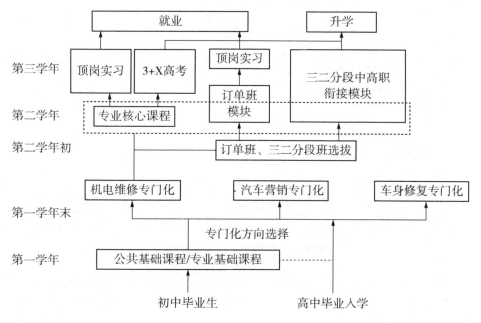

图3-5 "分层次、多形式"工学结合人才培养模式运作流程

初中起点的学生第一学年学习公共基础课及专业基础课,高中起点的学生则直接在入学报名时进行专门化方向选择,开始专业核心课程的学习。初中起点的学生在第一学年末可以依据自己的兴趣爱好,选择一个专门化方向进行专业核心课程的学习。在第二学年开始阶段,订单班、三二分段班同时开始选拔,选拔通过的学生进入相应班级,在学习好专业核心课程的基础上利用业余时间学习订单班模块课程或者三二分段中高职衔接模块课程。未入选上述班级的学生只学习专业核心课程。第三学年,未进入订单班的学生将进行顶岗实习,为就业做准备,或者参加3+X高考辅导班,为升学做准备。进入订单班的学生将单独成班,依据企业和学校共同制定的课程计划进行相应的课程学习

和顶岗实习,而三二分段班的学生则参加三二分段中高职衔接考试,被录取的学生在第三学年继续学习中高职衔接课程。

(三) 运用典型职业工作任务分析法开发工学结合课程

人才培养模式改革的核心是课程开发。通过对珠江三角洲地区行业发展的调研,在学校原有课程改革的基础上,依托本专业与企业的深度合作,运用典型职业工作任务分析法(BAG),依照如图3-6所示的开发路径,构建了符合本专业人才培养方式多样性的课程体系(见图3-7),并编制了11门核心课程的工作页,建立了相应的教学资源库。

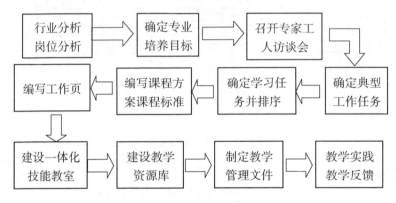

图3-6 工学结合课程开发路径

该课程体系包含公共基础课程、专业课程、拓展课程、订单培养模块和三二分段模块5个部分,其中,公共基础课程、专业课程是本专业所有学生必修的主干课程,拓展课程、订单培养模块、三二分段模块适用于不同层次、不同培养模式的学生选择学习。

(四) 配套建设校内教学环境,奠定工学结合课程实施的基础

学校综合考虑"模拟实际生产环境"、"关注教学功能的实现"、"同步建设管理条例与硬件设施"、"兼顾设备的先进性与实用性"、"区分学校与企业的教育功能"5个方面的因素,构建了16个理论学习和实践学习相结合的一体化技能教室,为工学结合课程学习目标的达成奠定坚实基础。

在一体化技能教室里,根据学校教学和企业实际生产需求,一般划分为如图3-8所示的集中教学区、分组教学区、资料查询区和工具存放区四类功能

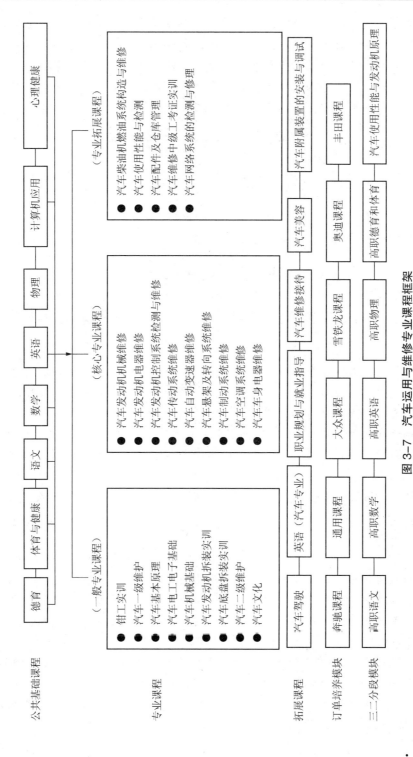

图 3-7 汽车运用与维修专业课程框架

区域。其中，集中教学区面向全体教学，配备多媒体视听设备、数字化仿真教材、零部件及示教板等教具；分组教学区面向个体教学，配备有实训车辆、台架、总成解剖件、相应工具仪器和工作台等；资料查询区配备参考书、维修手册、专业教学资料库、网络技术查询等多维教学资源；工具存放区模拟企业情境，集中存放与生产实际相配套的仪器、工具和耗材，类似企业工具房。

图3-8　一体化技能教室功能区域分布示意图

（五）加强"双师型"师资队伍建设，确保培养目标的实现

教师是实施工学结合课程教学的主体，是教学活动的管理者和组织者，是保证职业教育培养目标能否实现的、具有主观能动性的关键要素，因此，师资队伍的培养极其重要。学校采用"校内教师走出去，企业专家引进来"的方式，定期选派教师到企业学习、顶岗实践，提高实践教学能力，体验企业文化，近40名教师参与校企合作项目。同时，邀请22名企业专家走进校园，为学校专业设置、人才培养、文化建设出谋划策，承担校内外教学任务。为了更好地达到教学效果，采用了理论教师与实操教师相互搭配的方式来实施一体化教学。

（六）采用行动导向的教学方法，着重培养学生的综合职业能力

相对传统课程，工学结合课程除专业能力外，还注重关键能力的培养，强调综合职业能力是在学习工作的过程中，学生通过自我学习与总结形成的，是做中学，而不是教师直接传授的。在学习任务实施的过程中，一般按照如图3-9所示的明确任务、学习准备、计划与实施、评价反馈四个阶段进行。

学生先学习基础的、外围的、概括性的知识，然后完成系统化的学习任务。学习过程注重通过让学生以个人或小组形式，运用专业知识尝试性地解决实际问题，通过归纳的方式获取知识，逐步获得专业能力。此外，通过反复性练习和竞争性训练，让学生在学习过程中逐渐获得工作过程知识。

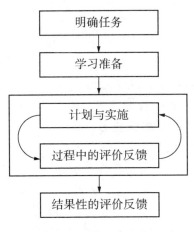

图3-9 学习过程流程

在整个教学过程中,教师不仅是知识的传授者,还是学习任务的策划者、学习行动的组织者、学习资源的提供者、制订计划与实施计划的咨询者、学习过程的监督者。

四、条件保障

(一) 制度保障

学校围绕工学结合课程的实施先后编制了《工学结合课程教学管理机制》、《工学结合一体化课程学业成绩考核和评定办法》、《交通工程教学部毕业班学生顶岗实习成绩评价方案》、《交通工程教学部学生管理办法》、《交通工程教学部校企合作管理办法》、各校企合作项目的学生管理规定、项目的运作方案等一系列的规章制度。

(二) 合作企业保障

通过与多家知名品牌汽车企业深度开展校企合作。共建"学生顶岗实习基地"、"教师培训基地"、"企业员工培训基地"三种基地;构建企业档案资料平台,学生顶岗实习、订单培养综合管理平台,实训室共建平台和企业文化交流平台四个平台。

(三) 教师队伍保障

拥有一支能够胜任工学结合一体化课程教学的校内外专兼职双师型教师

团队。

五、主要成效

通过人才培养模式的改革，汽车运用与维修专业示范校建设成效显著。

（1）创新性地构建了"分层次、多形式"人才培养模式，改革教育教学方法，大大提高了学生的综合职业能力、提升了毕业生的就业率、就业质量、就业专业对口率。示范校建设期间，汽车运用与维修专业学生在教育部、交通部等部门主办的全国职业院校技能竞赛中获得一等奖4个、二等奖10个，所有参赛选手均获得二等奖以上奖项的优异成绩。学校与高职院校的三二分段对接培养成绩显著，两年来向高职院校输送了100名毕业生。近几年毕业生一次就业率一直保持在97%以上，专业对口率在86%以上，在奔驰、奥迪等汽车4S店就业的就业率高达60%以上。

（2）开发了学生教材工作页，建设了教学资源库，并取得丰硕的教研成果。在示范校建设期间，该专业公开出版工作页学材11本、校本教材3本，针对11门专业核心课程展开了资源库建设，并成功申报市级精品课程2门、省级课题1个、校本课题3个、市级科研课题结题1个。汽车运用与维修专业开发的工作页及撰写的相关论文获得了广州市第八届教学成果奖（基础教育、职业与成人教育）一等奖。

（3）创建并完善了校企合作项目运行机制，保障了校企合作的深化。新的人才培养模式进一步促进了该校校企合作项目的开展，开展深度校企合作的企业已达12家。《汽车专业校企合作项目管理规定》等制度的制定，规范了校企合作的管理，加强了项目间的交流与竞争，成效显著，其中，丰田T-TEP项目连续七年被一汽丰田公司评为优秀学校，上海通用ASEP项目连续两年获得"上海通用优秀校企合作院校"称号，PPG项目获得2012年"PPG优秀学校"称号。

（4）分享教育教学改革经验，辐射全国职业院校。该校作为交通运输职业教育教学指导委员会汽车专指委中职分指委的主任单位，依托人才培养模式改革经验，牵头制定《全国汽车运用与维修专业标准》。建设期内，每年来该校参观学习的省内外职教同行达1000多人次，湖北园林学校、江苏盐城技师学院等多家职业学校派教师长驻该校学习。

（5）对企业员工的培训能力得到地方汽修行业的认可。人才培养模式改革，提升了学校的教学效果，提高了毕业生的综合职业能力，打造了名师团队，促使企业进一步信任学校的办学实力，多家合作企业把员工培训委托给该校。该校先后成为广州市汽车维修从业人员考试中心,雪铁龙华南区的培训中心,一汽丰田、雷克萨斯华南区企业员工培训基地。

六、体会与思考

新的人才培养模式解决了汽车运用与维修专业所面临的教学对象、合作伙伴多样性带来的困难,对工学结合课程的开发、教学实施做了有益的探索,但仍需在以下几个方面进行改善:①工学结合课程教学资源还需丰富,教学资源库有待进一步完善;②学生学业评价机制还需在实践中检验、改善,尤其在如何评价学生的关键能力方面需深入研究;③目前的人才培养方案,专业核心课程与各订单班、三二分段班课程在第二学年有重叠,从而导致教师的教学压力和学生的学习压力偏大,因此需要对现有人才培养方案进行进一步优化。

案例三 "产教一体、寓学于工"人才培养模式探索

(广州铁路职业技术学院)

广州铁路职业技术学院成立于2000年6月,由广州铁路运输职工大学、广州铁路机械学校、广州铁路成人中专合并组建,2005年8月由广州铁路(集团)公司正式移交广州市政府部门管理,是广东省仅有的一所培养轨道交通、铁路等特有专业人才的全日制普通高职院校。2009年6月,广州铁路职业技术学院以优异的成绩通过教育部门高职高专院校人才培养工作水平评估,2010年11月被国家教育部门、财政部门确定为"国家示范性高等职业院校建设计划"骨干高职院校立项建设单位。

一、校厂一体,政校企共建工学结合示范园

为增强服务区域经济社会发展的能力,吸引更多的企业参与办学、挖掘更多的社会资源,2008年底,广州铁路职业技术学院领导班子决定,以服务中小企业为目标,以小创造、小发明为抓手,发挥轨道交通(铁路)、机械制造、电子信息、汽车等专业优势,与花都区政府部门、花都区中小企业管理部门合作办学,政校企共建花都工学结合示范园(时称花都工学结合基地),探索构建了"厂中校"、"校中厂"的办学模式。

示范园依托学校数控技术、机电一体化技术和应用电子技术等专业(群),紧密对接广州市花都区大功率机车修造产业链、汽车整车及零配件制造产业链、先进制造业产业链等,与区域内的50多家企业建立了合作关系。

短短几年时间,示范园通过主动联系企业,有效整合市场资源,与企业合作研发新产品、开发新工艺、申请专利等,着力寻找与企业合作的共赢点,建立了校企互利共赢的长效机制。先后开展以应用技术研究、新工艺开发等为主要内容的"四技服务"65项,技术发明、技术革新与各种专利129项;教师与企业合作开发新产品12项,受委托加工零件300余种,生产总值过1亿元。"机电一体化专业企业顶岗培训"、"机电设备类专业企业顶岗培训"、"数控技术专业企业顶岗培训"及"工业机器人应用技术培训"等项目,于2013年被立项为"高等职业学校骨干教师国家培训项目"。

二、内引外拓，激发校企合作办学新引擎

花都工学结合示范园始终坚持"多元主体、多类形式、多种机制"引企入校，政校企三方协同完善管理机制，基本形成了体现高职教育特色、符合企业人才培养需求的"管委会—项目部—双师工作室"三级校企合作运作模式。该模式打破了传统"教学系—教研室"的管理架构，取而代之的是操作灵活、运行高效的项目部，下设以专业教师和企业专家名字命名、专兼职教师协同开展实践教学、技术研发、大赛培育于一体的"双师工作室"。在"项目部—双师工作室"两级管理的基础上，本学院会同广州市教育部门、花都区政府部门，依托花都区中小企业管理部门和广州铁道车辆厂等企业组成示范园管委会，实现政校企三方共建共管。

示范园与广铁集团、广州地铁等名优企业建立了兼备"校外实训基地"、"厂中校"、"双师素质培养基地"、"兼职教师储备基地"四大功能的16个专业教师企业工作站，拓展校企合作渠道，打造校企合作新平台；通过引企入校，联合大通（广州）机械有限公司、广州大森机械有限公司、广州德创电子科技有限公司等8家企业，共建了8个"真设备操作、真项目训练、真环境育人"的生产性实训车间，形成了促进科技成果转化的"大通"、"德创"等模式，校企双方根据企业用工需求，共同制定人才培养规格和用工标准，共同制订、修订学院的教学计划和企业的培训计划，真正实现了专业人才培养方案与产业的配套，解决了工与学、产与教的结合问题。

三、校企联动，合力推进人才培养模式改革

学院遵循高职教育发展规律，根据产业结构调整升级对高端技能型人才的素质能力要求，紧紧围绕"培养什么样的人才、如何培养人才"这两大根本问题，按照企业用人标准修订人才培养方案，以资源优势互补为原则，以制度建设为保障，以政校企三方共建为突破口，引进企业生产线和项目，联合企业共建生产性实训教学设施，探索实践"产教一体、寓学于工"的人才培养模式。

在示范园里，教学对接企业的生产过程，分段组织实施，以企业产品为课程教学的项目载体，校企合作开发生产性实训课程，共同构建"教学与生产一体、教师与师傅一体、学生与员工一体、作业与产品一体"的运行机制。示范园还开展社会化技能鉴定、行业企业考评、职业中介机构评价、专业能力

考核等人才培养评价方式，实现"评价标准多元化、评价方式多样化、评价主体多极化"，全面发挥集生产、实训、培训、技术研发和技能鉴定"五位一体"的综合功能，达到"人才培养质量高、企业生产效益好"的互利共赢目标。由此，示范园"校企合作体制机制建设、生产性实训基地建设、人才培养模式改革"三项工程得以全面、深入、长效地发展，形成良性循环。

四、"产教一体、寓学于工"人才培养模式结硕果

如今，示范园已成为联系地方政府与企业的纽带，成了省市技术服务的窗口、科技创新的基地、成果转化的平台、人才培训的摇篮。

示范园的1700多名学生在各类技能竞赛中获得省级以上奖励76项，获取各类专利49项；广铁集团、广州地铁、深圳地铁、珠江钢管有限公司、广东美的制冷设备有限公司等众多名优企业上门预定毕业生或开设订单班，学生总就业率达99.85%；示范园的建设成果受到《人民日报》、《中国教育报》、《中国青年报》、新华网、中国高职高专网、《南方日报》、广东电视台等多家权威媒体的广泛报道，受到社会好评；示范园建设得到了广东省教育部门的充分肯定，省教育部门领导考察示范园后指出，这是对高职院校"校企合作、工学结合"一个很好的实践，学院提出的"产教一体、寓学于工"的人才培养模式是对"校企合作、工学结合"的进一步具体化和可操作化，定位准确，方向正确。

案例四 创新商英"校中企",孵化外贸"特种兵"
——商务英语专业外贸电商孵化基地建设与创新实践[①]
(广州市财经职业学校)

广州市财经职业学校商务英语专业创新校企合作的人才培养模式,创设"校中企"——外贸电商孵化基地,组建外贸"特种兵"订单班,引入企业导师,开发订单课程,开展真实项目,定制培养外贸电商人才,显著提升学生职业能力。

一、外贸电商孵化基地建设背景

(一) 传统外贸衰落和外贸电商崛起

近几年来,世界经济整体放缓,国际买家采购意愿下降,传统外贸形势较为严峻。商务部发布的2010—2011年度的《中国电子商务发展报告》显示,越来越多具有开拓精神的中国中小外贸企业利用电子商务模式对经济增速不敏感的特点,发展出口业务,在整体不利的传统外贸环境中实现逆势增长。2012年中国网上出口交易额约为1400亿元。

2013年,中国外贸进出口呈现逐步回落态势,外贸订单零碎化和小单化,传统贸易企业发展举步维艰。而全球最大的国际贸易电商平台易趣2013年发布的《大中华区外贸电子商务报告》显示,大陆地区的易趣大卖家和贝宝(相当于支付宝)大商家的年销售额逆势而上,分别增长了93%和48%,有84%的大卖家计划在未来一年内招募更多员工。据《中国经营报》(2014-04-30)对第115届中国进出口商品交易会的报道,素有经济"风向标"之称的广交会,本届参展企业展位变小、人员变少,传统贸易模式遭遇短板,跨境电商成外贸新宠。艾瑞咨询集团发布的统计数据显示:过去3年,跨境电商复合年均增长率达31.1%,远远高于线下传统外贸交易的增幅。

此外,据中国外贸电商网数据显示,目前电子商务外贸人才缺口100万人。广东作为外贸大省,中小外贸企业多,需要大量外贸电商人才从事跨境电商业务。

---

① 编写人员:刘福英、陈星涛、鲍静、卢景。审核:何效慈。

(二) 中职商务英语专业人才培养模式改革需求

本校商务英语专业开设于1997年,一直致力于人才培养模式创新,力图在产教融合、校企合作方面有所突破,培养适销对路的初级外贸人才。2009—2012年对2006—2013届实习生和毕业生进行了连续4年的动态跟踪和行业企业调研,结果显示,毕业生在外贸类岗位就业的比例逐年下降,学生对口实习、对口就业难,就业层次较低,能够从事外贸电商的更少。

因此,商务英语专业必须适应社会发展需求,立足学生未来的发展和应具备的核心职业能力,适时调整专业人才培养方案,加强专业建设与产业发展、学校育人标准与社会用人标准的对接和融通,以职业能力为导向,改革教学内容,创新校内外教学环境,培养学生"应用英语+国际贸易+电子商务"有机融合的核心能力和职业素养,满足产业转型升级对人才结构调整和人才标准提高的需要,满足现代职业教育体系多样化路径培养人才的需要,为人的全面发展和终身发展服务,实现学校、学生与企业的多方共赢。

二、外贸电商孵化基地建设主要目标

(1) 显著提升商务英语专业学生从事外贸电商业务的职业能力,并为外贸"特种兵"订单式培养提供教学环境支撑。

(2) 学校携手外贸电商企业,共建外贸电商孵化基地,营造校内企业文化氛围,创新"校中企"的校企合作模式。

(3) 改善专业实践教学条件,打造商务英语专业"生产实训+顶岗实习"理实一体化教学的新路径。

三、外贸电商孵化基地建设过程

(一) 外贸电商孵化基地建设内涵

外贸电商孵化基地建设旨在构筑外贸电商的文化氛围,孵化校企合作新模式、实践教学新模式和育人育才新模式。将基地学员打造成具有外贸电商基础知识和岗位技能、抗压能力强、追求进步和卓越、愿意接受挑战的外贸"特种兵"。

(二) 筑巢引凤,创设企业入校条件

商务英语专业建设团队经过对毕业生访谈和行业企业调研,结合目前专业

发展的实际需要,研究提出建立"校中企(外贸电商孵化基地)"设想,主动与广州、深圳多家外贸企业接洽,进行外贸电商孵化基地可行性分析。根据企业要求,配备实训场地,调整教学安排。

1. 配备实训场地

学校提供约 300m² 场地,配备相关教学、生产性实训办公设施,功能上分为教学区和企业区。教学区配备日常的教学设备、多媒体、投影仪、折叠桌椅等,方便集中教学和培训。企业区按照外贸电商企业岗位设置约 40 个工位,配备交换机、电脑、耳机、打印机、网络传真机、互联网、办公桌椅、货架、展示柜、摄影棚、沙发茶几等设施,方便企业带领学生开展项目实战、产品展示、图片制作、客户接待等。

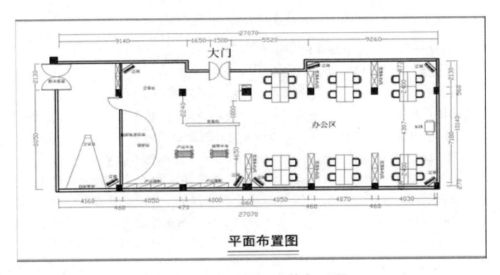

图 3-10 外贸电商孵化基地平面图

2. 调整教学安排

为解决国际时差问题,配合国外客户工作时间,学校顺应企业要求调整教学安排,将专业课程调整到上午进行,下午和晚自修时间由基地安排。学员上午回到自然班完成学校课程学习,参加相应考试,下午至晚上参加基地订单班企业课程学习和项目实战。

(三)引企入校,成立外贸电商孵化基地

1. 合作企业筛选

筛选的条件是:(1)中小型外贸企业,有现代外贸电商理念和前瞻意识。(2)一年以上外贸电商业务经验。(3)外贸业务面广,产品丰富,岗位齐全。

(4) 有行业、企业协会支持。(5) 有社会责任感，有校企合作、实现共赢的意愿。(6) 距离学校近，方便学生实习、就业和联系。

2. 项目工作组成立

校企双方委派人员成立项目工作组。学校安排 5 名专业教师进行项目对接，共同规划、实施和协调，负责日常营运工作。

3. 合作企业入驻

企业入驻，带入真实外贸电商资源和企业文化，包括外贸电商平台账号（阿里国际站主账号）、外贸推广网站（阿里巴巴国际站、谷歌、速卖通、EBAY 等）、外贸业务、样品、人员以及方案等，确保外贸电商业务顺利进行。外贸电商孵化基地的创建过程如图 3-11 所示。

（四）破壳而出，炼就外贸特种兵

"外贸特种兵"订单培养过程如图 3-12 所示。

1. 组建"外贸特种兵"订单班

商务英语专业与多家外贸电商企业接洽，共同商讨"校中企"建设方案，重点选择广州飞尚贸易有限公司（简称"飞尚公司"）携阿里巴巴橙功营白云区十营网商协会进行合作。商务英语专业邀请飞尚公司入校宣讲，在学生中选拔 2012 级商务英语专业学生 33 人、电子商务专业学生 3 人，共计 36 名学员，组成首届"外贸特种兵"订单班。订单班在遵守学校相关管理制度的前提下，实行企业化统一管理，拟定《孵化基地管理制度》、《办公室卫生及安全标准》，组长通过推选和自荐方式产生，分组管理。企业派遣 4 名教员常驻学校，指导学生；校企共同制定教学目标、安排教学计划、开展日常实践教学和管理。引进企业文化，设置梦想墙，学员写出梦想以及未来目标；带领学生参加黄埔军校拓展训练等，开展心态调整和团队建设。

2. 设计订单班课程

订单班课程设为学校课程、企业课程、实战项目三大模块。学校课程安排在上午，由学校双师型教师指导，侧重于英语和国际贸易知识与基础技能；企业课程安排在下午，由企业专家训导，侧重于外贸业务和电商技能技巧；按岗位设计的实战项目安排在晚上，由企业业务人员引导，学员分组实战。外贸电商订单班课程模块如图 3-13 所示。

3. 订单班运行

(1) 订单班岗位设置。外贸电商主流是阿里巴巴集团的阿里国际站（批发定做）和速卖通（零售），其次是独立网站。订单班学员按外贸电商企业的需求分成了外贸推广组、速卖通组、平台组、询盘组 4 个组。推广组负责阿里

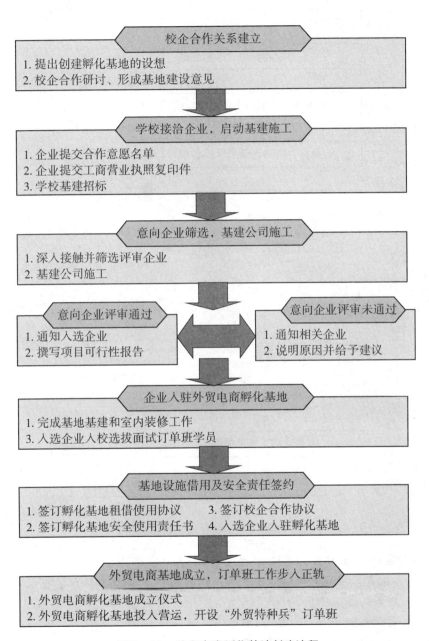

图3-11 外贸电商孵化基地创建流程

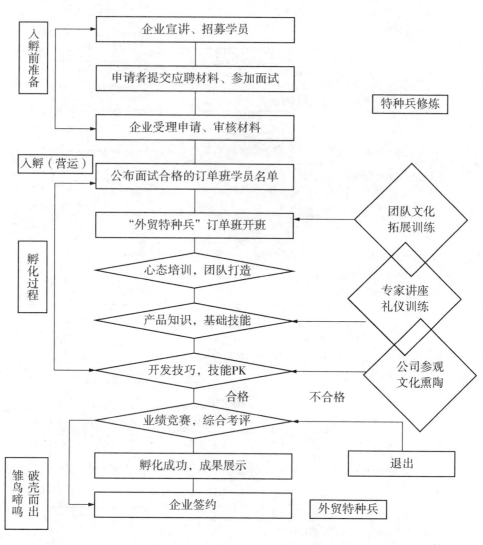

图 3-12 "外贸特种兵"孵化流程

巴巴国际站的后台操作；速卖通组负责国外的零售业务，俗称为"海外淘宝"；平台组负责独立网站的运作技术；询盘组则负责前三种方式进店来的客户谈判和业务促成。

（2）订单班师资团队。除了飞尚公司派驻学校的 4 名教员，基地还从协会中先后引入 10 多家企业开设专题讲座，进行心态调整、礼仪培训、产品介绍以及业务指导，发挥企业各自的业务长处，保证订单班优质实践教学资源兼收并蓄。

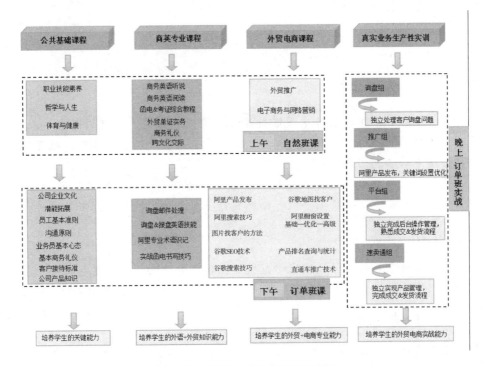

图 3-13 外贸电商订单班课程模块

(3) 订单班技能竞赛。技能竞赛亦称"赛马会",是阿里巴巴外贸圈的一种技能分享选秀活动。学员通过现场演讲和独特表达,展示某一项技能或者经验,总结所学所获,交流分享擅长或者实用的特种兵经验,将可产生生产力、可操作实行、可互相启发提升的内容评为优秀。"赛马会"上学员的显著进步得到了企业认可和高度评价,"赛马会"成为订单班的结业成果展示会,同时成为用人企业的招聘会。

(4) 订单班学业评价。订单班的目标是把学员打造成外贸电商人才——外贸"特种兵"。订单班采取奖励和淘汰机制,实行绩效考核。优秀学员给予嘉奖,不合格学员予以淘汰,回原班级。订单班除了培训知识考试、上机操作考核、技能竞赛计分外,还出台了孵化基地实习生积分登记表、积分排行榜,对学员进行综合考评。对于管理能力突出的组长,给予"团队杰出者"称号奖励;对于上机操作推广过程中表现优异的学员,设有"每月询盘王"称号评选和奖励;对于整个学期考核优异的学员,飞尚公司优先录用,或者联合学校举办外贸电商企业专场招聘会,优先向阿里巴巴橙功营白云区十营、广东省电子商务发展促进会旗下企业推荐就业。

四、外贸电商孵化基地条件保障

（一）组织保障

学校组织专家组对项目建设进行论证、检查和指导。学校的财务、教务、实训、基建等管理部门参与项目工作，相关责任人负责层层抓落实，确保项目的建设质量和顺利实施。

商务英语专业成立项目工作组，负责项目的规划、实施和日常运行工作。并与飞尚公司建立了月度例会制，回顾总结上月工作，规划讨论下月任务。

（二）经费投入

商务英语专业作为学校国家示范校重点建设专业之一，外贸电商孵化基地属于"校企合作共建实训基地"项目，获得中央、地方及学校资金的支持。

（三）专业基础

商务英语专业在 2004 年被确定为广东省重点建设专业，拥有一支双师比例达 94% 的优秀教师团队，拥有校内实训室 9 间、校外实习基地 3 个。

（四）合作企业

阿里巴巴橙功营白云区十营隶属广东省电子商务发展促进会，由 62 家中小型外贸企业组成，具有强烈的跨境电商意识，拥有专业的外贸电商团队、丰富的中小型外贸参展和业务实践经验，产品行销全球各地，涉猎鞋业、皮具、服装、电子等 10 多个行业。

广州飞尚贸易有限公司成立于 2010 年，是一家以批发贸易为主体，以电子商务渠道为发展导向的专营女鞋外贸电商运营企业。飞尚公司定位于中高端高跟鞋市场，旗下品牌 Merlogaga（中文名：魅珞）是其核心品牌。飞尚公司发展快速，2012 年销售收入达 3000 万元，是广东电子商务发展促进会副会长单位、阿里巴巴橙功营白云区十营营长单位。飞尚公司希望借助校企合作共赢平台，不断增加产业附加值，追求卓越，成为中国最受尊敬的时尚企业之一。

五、外贸电商孵化基地建设成果成效

（一）成果突出

（1）产教融合，校企合作，定制培养外贸电商人才。学生从事外贸电商业务的职业能力显著提升，两个月即达成111笔订单，交易金额超过3000美元，客户遍及英国、美国、法国、德国等多个国家。"特种兵"孵化成功，订单班学员100%被外贸企业录用，彰显商务英语专业"生产实训—顶岗实习—对口就业"直通车效应，很多企业因未能抢到学员而遗憾不已。

（2）引企入校，创新了"校中企"的校企合作模式，实现校、企、生三方共赢。学校在校企合作中与时俱进，企业在校企合作中发展转型，学生在企业真实业务项目实战中提升飞跃。

（3）外贸电商孵化基地的落成及营运，改善了商务英语专业理实一体化教学条件，成为师生实践的重要阵地。

（4）开发了"外贸特种兵"订单班校本课程。如国际站运营实务、速卖通运营实务等。

（二）效益显著

（1）基地实现"教学做一体"，提升了学校的办学能力和条件，提高了学生的职业素养、专业技能、综合实践能力以及就业竞争力。

（2）基地成为商务英语专业师生"企业认知"平台、实训实习平台和技能竞赛平台。

（3）基地成为企业的人力资源储备库。第二期48人的订单班已成功组建开班。下一步飞尚公司将联合10多家外贸电商企业组成"九鸣联盟"，加盟该校牵头的广州财经职教集团，为更多外贸电商企业对接培养更多人才。

（4）基地示范辐射效应明显，吸引了来自社会各界的关注，两年来共接待太原市教育局等领导、同行100多人次参观交流。同时，这种基地建设模式已被广东科贸职业学院、广东对外贸易职业技术学校借鉴和应用。

六、体会和思考

本项目的建设实施，适应了当前外贸发展的最新形势和职教改革的迫切需求，得到了学校的鼎力支持，企业的给力合作，师生的通力配合，占尽"天时地利人和"。本项目成效显著,但也存在隐忧和不确定性。

(1) 项目后续发展是否仍有资金支持,是否能继续吸引企业常驻,是否能建立校企合作长效机制,让企业有想头、有甜头、有盼头,愿意投入更多产品、人力、精力和资源与学校继续合作。

(2) 学校如何建立相应的考核激励机制,吸引更多教师自觉参与外贸电商孵化基地建设与实践,培养"双师型"的外贸电商专业教师队伍。

案例五 "校企双制"办学模式下现代学徒培养的探索与实践

（广州市工贸技师学院）

近年来，广州市工贸技师学院锐意改革创新，率先提出并探索实践的"校企双制、工学一体"被称为中国特色技能人才培养模式，构建出一套符合现代企业用人需求和关注学生职业生涯发展的一体化课程体系。在此基础上，学院进一步深入探索"校企双制"现代学徒培养方面的做法，2013年开始陆续创办了13个校企双制试点班，专业涉及广东省的文化创意、先进制造、信息技术、交通服务、财经商贸五大优势产业，为"校企双制"办学模式下现代学徒培养的实践提供了典型范例。

一、校企双制：中国现代学徒制的内涵

为了适应现代生产的需要，许多国家在吸收传统学徒制的优点以及融合现代学校职业教育优势的基础上，发展了现代学徒制。现代学徒制是传统学徒培训与现代学校教育相结合、企业与学校合作实施的有效的职业教育制度。这种强调在真实的工作背景当中以经验活动学习为主的现代学徒制已成为实施职业教育的一种重要形式，并成为进一步加强学生与工作世界联系的桥梁。现代学徒制重点关注五个方面：一是学生、学校、企业的自觉约定——构建校企合作平台；二是课程体系的重构、课程内容的重组——重建学习载体；三是"工"与"学"的交替——变革教学组织和管理模式；四是专兼结合教学团队的协作和互补——集聚教学团队的目标；五是针对性与发展性相协同的学习评价——可持续发展的价值取向。目前，大部分欧洲国家、拉美国家都在积极发展适合本国特点的现代学徒制模式，如德国的"双元制"、英国的"现代学徒制"、澳大利亚的"新学徒制"、美国的"合作性学徒制"等。现代学徒制对国家经济的发展、青年失业问题的解决以及校企合作教育形式的建立起到了积极的推动作用。

学院借鉴德国的"双元制"，探索适合于我国技能人才培养的现代学徒制——"校企双制"。所谓"校企双制"，就是在政府的支持、协调、指挥下，从技能人才的培养、使用规律出发，通过整合学校和企业双方资源，发挥学校育人机制和企业用人机制的耦合作用，建立人才培养和使用紧密结合的新机

制。其核心是通过实现学习目标更加明确、学习手段更加多元、学习动力更加充足、学习效果更加明显,最后实现人力资源的优化提升和有效配置,促进经济和社会的发展。其外延是促进学生职业生涯与企业发展共成长,从职业学校起步对其进行企业归属感培养。校企双制的内容特征主要体现为"校企双制八个共同",即校企共同制订招工招生计划、校企共同制订培养计划、校企共同参与专业建设、校企共同开发课程体系、校企共同组建教师队伍、校企共同实施教育教学、校企共同搭建管理队伍、校企共同开展考核评价。可见,校企双制和现代学徒制的特点均为校企结合、工学交替,其核心内涵异曲同工,行动目标步调一致。校企双制是现代学徒制的有益探索,可以算是现代学徒制的"中国版本"。

二、校企双制:中国现代学徒制的探索与实践

(一)选取龙头企业行业代表作为合作企业

在校企双制办学模式的探索中,学院选择合作的企业基本上都是龙头企业行业代表,例如:与学院合作创建机电一体化机械装配精英班的广州江森汽车内饰系统有限公司隶属世界500强美国江森自控集团;汽车营销雷克萨斯4S服务人才精英班的广州长悦雷克萨斯汽车销售服务有限公司是广汽集团汽车销售板块的第一家豪华品牌店,为目前中国最大、设备最豪华的LEXUS雷克萨斯豪华会所式4S店等。它们均是行业中有人才储备战略思考的知名企业。此外,还有招聘学院毕业生,用工情况良好的或送职工到学院接受培训的企业(如广东凤铝铝业有限公司);参与过学院一体化课改的企业(如广州电缆厂有限公司);经营状况良好的优质中型企业(如广州正团信息科技有限公司);代表产业发展转型的新兴企业等。

上述与学院合作的企业的用人规模相对稳定,课程开发过程中企业提出的岗位要求、技术工艺标准等能代表一定的行业标准,培养学徒(学生)的方式也带有行业代表性。与这些龙头企业、具有行业代表性的企业合作,能确保合作项目具有良好的可持续性和推广性。目前,广州电缆厂有限公司已与学院着手商洽第二期、第三期的合作,并明确将与学院进行长期合作。

(二)确定学生"双重身份"的角色

校企双制试点班自成立起,校企双方签订协议,确定学生"在校生和准员工"的双重身份和"招生即招工、招工即招生"的合作定位,学生十分明

确自己"入校即入企"。企业更是不遗余力地塑造学生的"准员工"身份。例如：13机电一体化生产主管骨干班、13机电一体化机修成才班、13汽车维修合赢汽修综合人才精英班、13计网网络安装员精英班的学生穿上了合作企业的岗位工作服，准员工的身份让学生自豪、充满信心。校企双制班的课室布置也加入企业元素，营造了企业文化和学校文化相融的学习氛围。

在此基础上，校企共同严格把关学生生源质量，学院通过安排企业人员到校宣讲动员、学生到企业参观交流等，让学生和家长在对企业充分了解、对项目充分知情的状态下做出选择，并着力培育学生对企业的信任与归属感。

（三）构建"工学结合、校企交替"的课程模式

校企双制班明确培养的是技术含量高、综合能力强、能胜任企业核心工作任务、从事企业管理工作的高技能人才，如机电一体化生产主管骨干、模具制造技术工程师（技师）、电商经理人、电子商务店长等。每个校企双制班的人才培养定位均体现在班级名称上，如表3-4所示。

表3-4 校企双制试点班班级名称与对应的合作企业一览表

序号	合作企业	班级名称
1	广州电缆厂有限公司	13机电一体化生产主管骨干班
2	广州江森汽车内饰系统有限公司、广州东风江森座椅有限公司	13机电一体化机械装配精英班
3	广东百安机电消防安装工程有限公司	13机电一体化机修成才班
4	广东凤铝铝业有限公司	12模具制造技术工程师储备班
5	广州正团信息科技有限公司	13电商经理人成才班
6	广州市聚惠星互联网科技有限公司	13电子商务店长管理班
7	广州广汽商贸长佳汽车销售有限公司	13汽车营销传祺4S服务人才精英班

续表 3-4

序号	合作企业	班级名称
8	广州长悦雷克萨汽车销售服务有限公司	13 汽车营销雷克萨斯 4S 服务人才精英班
9	广州合赢教学设备有限公司	13 汽车维修合赢汽修综合人才精英班
10	广州茗氏形象设计室	12 形象设计整体造型精英班
11	广东省电信工程有限公司网优维护分公司	13 计网网优（4G）精英班
12	长城宽带网络服务有限公司广州分公司	13 计网网络安装员精英班
13	广州正团信息科技有限公司	14 电商经理人成才班

遵循现代学徒制从初学者到专家的职业能力发展逻辑规律等教学特征，以一体化课程教学为核心，以职业领域典型工作任务为载体，校企双方共同制订人才培养方案和教学计划，共同梳理开发核心课程。例如：工贸—正团电子商务经理人成才班的课程是由广州正团信息科技有限公司、波派集团电子商务部和广州市聚惠星互联网科技有限公司等多家电商企业的实践专家通过共同分析电子商务行业高技能人才的职业生涯发展规律，提取电子商务职业典型工作任务而设置的。机电一体化生产主管骨干班根据企业岗位的需求增加的"电缆工艺"、"电缆材料"和"电缆专机"三门专业课是由企业师资主导，校企师资共同开发的。这种校企共同开发的一体化课程得到了企业的高度认可，适合企业的需求。

在教学安排上，校内课程和企业工作任务交替并行、有效衔接。企业需提供真实、多个关键岗位给学生，校企共同实施"在工作中学习、在学习中工作"的一体化课程教学。我们认为，一体化课程体系是实施"校企双制"学徒培养的基础，"校企双制"使一体化课程实施更深入、有效。目前学院校企双制班校内课程和企业任务课时占比为 6∶4。

（四）建立"双主体"的柔性教学管理模式

学院与企业共同建立了校企"双主体"的柔性教学管理模式，搭建了校企双重管理的教学质量管理与监控组织架构，明确学校和合作企业都是育人主体，双方责、权、利通过协议或制度明晰和规范，双方全程参与人才培养各环节，共同实施和管理教学。主要体现为：

第一，在学校学习期间，借鉴企业管理模式，学院管理为主，企业管理为辅。例如：在"工贸—正团13电子商务经理人成才班"上，学生上课按企业模式打卡考勤；在"工贸—电缆厂13机电一体化生产主管骨干班"上，班级的管理架构按照企业标准构建，设置车间主任、班组长等不同职位和优秀员工等荣誉评选。

第二，在企业学习期间，企业管理为主，学院管理为辅。企业设立项目业务办公室——培训部，负责合作班级企业学习阶段的管理，并配备各岗位经验丰富的师傅为指导老师，全面负责学生的职业岗位实际操作知识和技能传帮带，以及生活的指导和管理。校企共同制定标准对学生在企业完成的实际操作工作和岗位任务培训进行考核，企业师傅主导考核评价。

此外，学院还制定了《校企双制办学试点班管理制度》、《企业走访制度》、《教师下企业实践管理办法》、《试点班教学质量监控要点》等相关管理文件，在制度上为校企合作班工作的顺利开展保驾护航。

（五）建设"校企共组互融互补"的师资队伍

在学院校企双制试点班中，企业人员均被学校聘为企业兼职教师，享受该职位的津贴待遇，同时也要接受授课期间的学校管理；在企业上课的师资由企业管理，配实习指导教师跟班协助，双方师资必须根据既定的教学计划组织教学实施。另外，双方师资共同参与课程开发和计划的编制，使不同背景的双方师资在策划环节相互融合，一方面增强了企业师资对学校授课任务的责任感，另一方面对学校师资到企业实践的内容更有针对性和目的性。目前，约有80名教师参与了13个校企双制班的教学工作，其中学校师资44名，以各专业带头人、骨干教师为主；企业兼职教师有36名，由各企业的内训师、技术主管、人力资源经理等构成。调查显示，学生对校内教师的满意率是94%，对企业兼职教师的满意率是96%。

（六）采用"能力导向校企共评"的教学评价

所有校企双制班均采用过程性考核、终结性考核、职业能力测评等方式进行考核；评价方式有学生自评、师生互评、企业人员参评。测评模式符合人力资源和社会保障部一体化课程考核标准。在考核中我们抓好两个关键点：一是测评内容是在真实的工作环境完成真实的工作任务，由企业进行考核，给予学生一个综合评价。二是关注学生职业能力，并积极尝试职业能力测评方式。例如，按照德国职业能力测评模式对学生进行了职业能力测评，关注了校企双制班的学生在关键岗位应具备的专业知识、团队合作能力、表达能力等职业能力。

三、校企双制：中国现代学徒制的成效

（一）探索出现代学徒制"工贸版本"创建路径

13个校企双制试点班创建以来，学院与合作企业共同制定人才培养目标、人才培养方案、实施性教学计划、校企双制班核心课程、教学文本、教学评价，在一年多的组织实施过程中，建立了一套行之有效的校企双制班创建技术规程，为中国现代学徒制探索了路径和模板（见图3-4）。

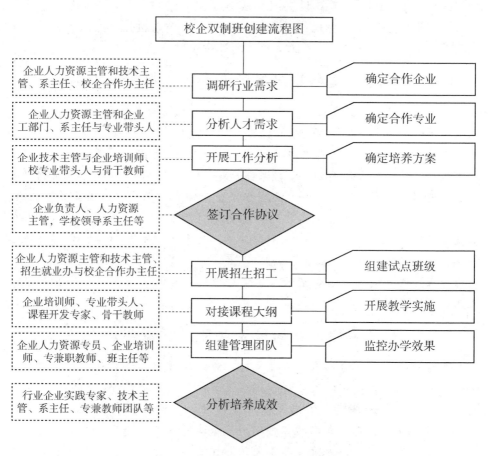

图3-14 校企双制班创建技术路径

（二）深化了技能人才培养模式改革

学院通过选取典型的行业企业代表，掌握顶级行业企业技能人才标准，并及时将标准转化为学院一体化课程设置实施内容，校企共育人才，使人才培养紧贴产业发展和企业行业要求，切实有效推进现代学徒制技能人才培养模式的深化改革，还可作为学制技师培养的有益探索。

（三）提升了校企合作的广度和深度

校企双制班的创建成为校企合作跨越发展的引擎，学院育人机制和企业用人机制的耦合作用得到充分发挥，校企合作范围和内容不断扩大，合作模式不断丰富，校企合作由顶岗实习和就业服务合作逐渐转为紧密型的人才培养方面的深度合作，合作项目涵盖了共建校企双制试点班、研发产品、培训师资、建设校内外实训基地、培养世界技能大赛选手以及中英职业课程与国际职业标准转化等方面，并取得良好效果。

（四）缓解了企业"技工荒"和"稳工难"问题

通过校企双制班的组建，为企业开展多层次的校企合作，提供多形式、多层次的人力资源服务。一方面，校企双制班的学员较早与企业接触，加快了对企业生产技术的学习把握，克服了学校与企业要求脱节的状况，缓解了企业关键岗位"技工荒"的问题；另一方面，通过"招生即招工"，有效培养了在校学生对企业文化的认同感，通过"招工即招生"，有效培养了企业员工专业技能的针对性，缓解了企业"稳工难"问题。

四、结语

学院下一步将通过加大校企双制班教学实施与管理的力度，定期组织分析校企双制班教学实施过程质量监控措施与试行效果，按学期进行考核评价组织与实施，总结梳理运行管理特征，探索出"校企双制"不同专业、不同阶段、不同层次的教学组织形式及技能人才评价方式和评价标准，最终形成可示范、可推广、可引领的中国现代学徒制经验。

此外，虽然目前国家陆续推出了推进现代学徒制的若干具体思路和顶层设计，但如何将顶层设计落地，仍需出台更多的办学指导意见；而学生、企业和学校的利益该如何保障，也急需相关部门和专家根据我国现阶段实际情况，出台相关法规政策予以指引。

案例六 高等学徒从学校到工作的过渡
——学制技师培养成功破题[①]
（广州市技师学院）

近年来，我国高技能人才短缺问题不但没有得到缓解，反而供需矛盾进一步加大。据中国人才报告统计，目前我国技能人才队伍的突出问题有：一是数量短缺且结构不匹配，现有技能人才队伍的等级构成、职业工种构成、知识和技能结构等不能适应产业结构调整；二是技师、高级技师面临断档，青年高技能人才严重短缺。这些问题成为制约企业持续发展和阻碍产业升级的"瓶颈"，严重地影响了国民经济的发展。

一、承担重任——技师学院是高技能人才的摇篮

破解技师培养难题，做好专业设置与产业需求对接、课程内容与职业标准对接、教学过程与生产过程对接，最终实现人才培养与企业需求对接，是技师学院高技能人才培养的战略目标。

自 2010 年起，广州市技师学院积极研究高等学徒（技师）培养，并进行试点改革，首届数控机床装调与维修专业技师班正式开班，至 2014 年底，学院技师班已扩展到 4 个专业，共计学员 158 名。目前，首届技师班已有 6 名学生通过企业高技能人才评价，取得技师职业资格。

二、开拓创新——高等学徒从学校到工作的过渡

（一）招生、招工一体化，学生、雇员双身份

根据国家职业资格框架，学院以培养高等学徒（技师）为人才培养目标，通过遴选具有高级工职业资格的在校生或社会人员，与区域内典型企业（广州市机床厂有限公司）共同组建实践学习共同体——校企双制数控机床装调与维修专业技师班，该班学徒既是学校学制内学生又是企业雇员，受相关教育法、劳动法保护。学徒正式进入 3 年培养期。

[①] 执笔人：李宗国、翟恩民、陈林生、吴浩。

（二）学校教师、企业师傅"双导师制"，学徒职业意识扎土生根

三年学徒期间，根据校企双方共同制订的培养方案，学徒每周有4天要在企业导师的带领下，完成轮岗期的职业领域生产任务、岗位工作，在为企业创造经济利益和社会信誉的同时，完成工作过程知识的学习；学校导师每周安排1天送教到企业技师班，帮助学徒进行相关理论知识学习；学徒利用周末2天时间返校，进入学校实训车间，重点进行机床实操练习，从而最大化减少企业非生产性学习消耗。通过"4+1+2"的工读交替，学徒由学生向技术工人平滑过渡，学徒职业意识、认同感逐步形成。

（三）课程设置对接工作岗位任务，工作体系主导化

课程体系建设是"企校双制、工学一体"的核心内容和落实载体，课程内容必须是以真实生产为载体的动态课程，所"学"内容必须针对企业真实生产项目、流程、工艺。在具体建设步骤上，学院采取"两步走"的方式确认课程内容。一方面，学院课题组开展企业调研，分析企业典型生产活动，了解企业生产情况，确定企业典型生产岗位及任务，为以工作为主线的课程开发提供基础。如广州机床厂有限公司数控机床装调与维修专业，课题组对数控安装车间、加工中心安装车间、工程分公司、试制车间、部装车间、机加工车间等车间进行调研，共总结出33项关键岗位工作，其中具有技师能力的岗位工作有12项，属于学徒（高级工）能力的岗位工作有21项。另一方面，通过采用国际流行的实践专家访谈形式开发工学一体化课程，邀请职教专家赵志群教授亲临学院主持课程开发，与企业实践专家、骨干教师共同通过探索典型工作任务，确定了12项数控机床装调与维修专业典型工作任务。

结果证明：实践专家访谈会得出的典型工作任务与学院企业调研形成的典型生产任务基本吻合。同时，开展职业生涯规划，搭建学生校外自我管理平台。

（四）工作场所学习过程化管理，过程评价与终结评价相结合

在"企校双制"技师班的管理上，一方面，采取工学日志管理，要求学生根据具体生产任务，撰写工学日记，记录每天的工作任务、技术要求、工艺步骤等，教师及时对工学日志加以批改，掌握学生学习情况等。另一方面，实施月度考核，为了做好双制班学生技能学习的规范与经验总结，学院每隔一个

月就对学生开展一次评价,评价内容包括职业素质、车间现场、工余学习3个维度14个项目,最终由企业师傅点评后反馈给学生本人,以便学生总结经验、改掉缺点。同时,实施业绩记录制度,学生要及时地对生产任务进行总结,记录工作业绩,作为技能成长的重要措施。业绩记录内容包括主要生产项目简介、本人所起的作用、所解决的现场技术问题或现象、作业过程采取的措施或解决方法、项目的技术评价、车间评价等内容。

(五)利益相关者共同制定学徒鉴定方案,共同实施学徒综合职业能力评价,实现高等学徒雇佣

政府职业资格鉴定部门、雇主企业、行业协会、学校等利益相关者共同协商制定了高等学徒综合职业能力鉴定方案、鉴定标准。三年学徒期满,针对学徒的理论知识(工学日志、业绩记录等)、工作过程知识(答辩和实操)、关键能力(导师评价、学徒自评、互评等)开展综合鉴定。最终,该班参与鉴定的6名学徒全部顺利通过考核,取得了技师职业资格,成为广州机床厂有限公司的优秀雇员,并被安排到相关车间担任技术骨干。

三、效益辐射——技师培养受到社会广泛关注

(一)"零"的学制技师突破

学院在技师培养过程中以企业为主导,通过多元整合构建课程体系,实施双导师制,加强过程管理,采取企业标准评价技师的系列改革实践,推动学院站在高技能人才培养的最前沿。目前,首届数控机床装调与维修技师班已有6名学生通过企业评价,取得了技师职业资格,由此证明了技师学院培养技师是可行的、有效的。

(二)"国内到国际"的社会影响

国际著名职教专家大师、德国不来梅大学菲利克斯·劳耐尔教授在北京师范大学赵志群教授、教育部职教所原副所长吴秀方教授陪同下,考察了学院与广州机床厂有限公司合作的技师班后,认为学院"企校双制"技师培养模式在中国是首创,很有价值,(这种)以企业为主,通过真实的生产环境和规范的教学管理和学生管理、双导师制以及人才评价体系来培养技师的案例是成功的,非常有价值,希望进一步完善,做好探索提升,争取再拿到国际职教论坛上作经验介绍。韩国首尔国立大学职业教育CEO研修团42人来学院参观考察

技师班，并对企校双制人才培养模式给予了肯定和关注。成都市人力资源和社会保障局领导带队专程到学院考察工学一体学制技师培养情况。

（三）"点到面"的校企合作深化

在技师培养的过程中，学院感到"点对点"合作对培养过程的全面性和稳定性还有潜在的影响，因此，学院目前力推开展以行业协会为桥梁的"企业联盟"为合作方式的"点到面"合作，实现"企校双制"上升为"校盟双制"，提升人才培养的全面性和稳定性。为此，在广州市模具协会的支持下，学院牵头成立模具联盟，整合行业的信息、资源，实现"共育共用"高技能人才，并在模具工业协会六届四次会员大会上宣布我该院牵头的广州市模具人才培养"校协企联盟"正式成立，为下一步技师培养奠定了"双制"基础。

（四）"政、校、企"的认同

在2011年广州市人力资源和社会保障局技师培养课题结题鉴定会上，学院技师培养作为典型案例，在鉴定会上进行了专题研讨。期间，广州市职业技能鉴定中心领导指出：广州市技师学院这次有6名学生通过企业技师考评，可见技师培养是收获颇丰的，在接下来的工作中，要加强该方面的研究，寻找技师培养成本、质量、效益的平衡点。

技师班学生代表揭锡红同学说："刚进入技师班的时候，心情是很激动的，在慢慢地进入工作状态之后，逐渐接触到了所有的岗位，这样理论和实践就结合到一起了，还有就是学习师傅的技能，慢慢地获取师傅的经验，在企业的工作是很重要的，另外，学院老师每周到企业的指导也是很有用的，我感觉企校双制的方法是很好的。"

广州机床厂有限公司人力资源部部长说："这种校企合作的人才培养方式对我们企业来说非常有价值，培养出来的技师一进企业就可以上岗，到生产线工作，不用再经过企业培训，可以大胆地讲，我们广州机床厂有限公司培养的技师走出去，周边的企业都是争着要的。"

广州市企业高技能人才考评组组长说："以前，我也觉得学校是不可能培养出技师的，因为技师是'干出来'的，而不是'念书念出来的'。广州市技师学院开展的这个双制技师班，我很感兴趣，理论可以在学校先培养，经验的学习就在工厂中'做出来'，这两方面的结合我就觉得可能培养出技师。在这次的考评中，我当组长，有6名学生通过了考评，这些学生走出来后都是可以直接在工厂上岗的，是可以解决生产问题的。"

案例七　巧借他山之石，构建本土化模拟公司教学模式

（广州市番禺区职业技术学校）

教育部《关于推进中等和高等职业教育协调发展的指导意见》（教职成〔2011〕9号）明确提出要"强化学生素质培养，改进教育教学过程"，要求职业学校"重视实践教学、项目教学和团队学习"、"加强学生就业创业能力和创新意识培养，促进职业学校学生人人成才"。模拟公司教学模式是一种适应区域经济发展需要，满足多元的财经商贸类专业人才需求的教学模式，以模拟公司的形式对财经商贸类专业人员进行训导，是行为导向教学法的成功探索。

一、基于"模拟公司"的发展特征，开展教学改革实践

（一）国内外"模拟公司"发展现状

"二战"后的德国最先创建了模拟公司，它是将商业与贸易职业培训放在一个真实企业环境中的实践性教学模式，其核心是通过模拟一个贸易或生产型企业真实的经营活动，以委托培养方式培养学徒的职业能力和岗位技能。

从1994年起，我国上海、北京、浙江等地的一些院校，在丹麦和德国专家的帮助下，引入了"商务模拟公司"实践教学的形式，比较熟为人知的主要有郑州大学以学生为主成立的"模拟公司"，并开展了部分实际经营；上海南湖职业学院将实践教学按照模拟公司化运行；温州商业学校成立学校"模拟公司管理中心"，为所有"模拟公司"提供商贸活动支持和发布、交换信息等服务。

（二）该校模拟公司教学改革情况

该校2006年首次前往德国培训模拟公司教学模式，便开始探索模拟公司实践性教学改革，2008年基于财经商贸类专业毕业生就业呈现"就业企业小型化、就业行业服务化、就业岗位基层化、毕业去向多元化、职业活动同质化"五大特征，该校成立了模拟公司平台整合财贸专业课题研究小组，并通

过师资培训、调研分析、环境建设、课程开发与实践、资源建设等工作,开展了模拟公司教学本土化改造的实践。2010 年,由该校牵头联合广州市中职财经商贸教研会、广东用友软件公司及其他 4 所市内中职学校,开展了首批模拟公司综合实践课程开发与实践试点工作。2012 年,在国家示范性中等职业学校建设的推动下,模拟公司相关研究成果日趋成熟,模拟公司教学模式得到更广泛的推广应用。主要做法有:

(1) 以示范校物流、电子商务重点专业建设为契机,拓宽真实企业运营平台,完善虚实结合的教学环境和经营条件,营造"不出校门,身在企业"的文化氛围,加强学生就业创业能力和创新意识培养。

(2) 牵头组建模拟公司教学联盟,系统探索模拟公司教学实践本土化的理论基础、教学目标、活动程序、师生角色、方法策略、评价标准、支持条件等,建成市级精品课程,提升实训的规范性和标准化程度。

(3) 依托省市各级乃至全国教育教研协会平台,举办培训、研讨、交流、技能竞赛等活动,拓宽本土化模拟公司教学辐射及服务范围。

(4) 加强校企合作,借助国内龙头企业力量,推动虚拟商务实训中心的建设及运行,完善外部交易(校校之间、国内外之间)及常年运营的管理。

(三) 模拟公司发展中存在的问题

纵观国内的"模拟公司",各方规模不一、档次不同,实践内容也各有侧重,尽管该校在前期实践性教学中取得了一些成绩,但与国外模拟公司相比,仍有较大的差距,主要表现在以下三个方面:

(1) 缺少虚实结合的教学环境和经营条件,大部分局限在校内公司之间交易,仿真性不高,受训者很难完全进入角色。

(2) 缺少院校教学联盟共同开发课程和教学资源,缺乏统一标准,规范性不够。

(3) 缺少政府支持,没有统一的"管理中心"进行协调,以学校为单位组建各自的模拟银行、工商局等机构,人、财、物等没有得到高效利用。

二、基于现代职业教育观,构建模拟公司综合实践平台

(一) 借鉴国外经验,深入学习德国模拟公司模式

在上级教育主管部门的大力支持下,该校与德国 ASG 公益教育集团签署

合作协议,该校先后送了三批教师到德国学习培训,通过观摩、体验、讨论、交流,明晰了模拟公司教学的理念及运作模式,并根据我国国情和地域特点将这一独特的教学模式引入学校。

(二) 突出职业环境熏陶与职业个性培养,创设模拟公司仿真环境

教学的环境建设是营造新型教学生态的基础。学校投入 200 多万元将图书馆二楼 1000 多 m^2 室内场地建设成中德模拟公司商务实训中心、模拟公司管理中心、模拟公司综合实训室、企业经营—沙盘模拟职工培训室、会议接待与交流中心等仿真公司环境。示范校建设期间,设置公司展示橱窗、公司宣传墙、岗位标识,添置职业工服等,营造仿真的职业环境氛围,让学生时刻获得企业文化的熏陶。

(三) 确定课程模式,明确课程地位

引入模拟公司教学模式,并把该模式的实训名称确定为"模拟公司综合实践",进而确定模拟公司综合实践是以行动为导向的综合型项目课程,是一种以工作任务为中心,选择、组织课程内容,并以完成任务为主要学习方式的课程模式。其目的在于加强课程内容与工作任务之间的关联性,整合理论与实践,提高培养学生综合职业能力的效率。

在确定课程模式的基础上,明确该综合实践课程在财经商贸类专业项目式模块化课程体系中的地位(见图 3-15)。

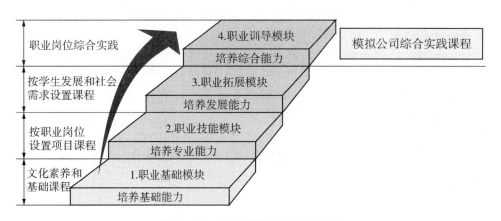

图 3-15 项目式模块化课程体系

（四）参照国外"模式"，确定模拟公司内外部实训环境

模拟公司综合实践课程的外部实训环境参照了外国的"模拟公司管理中心"模式。我们的模拟公司管理中心功能架构如图 3-16 所示。

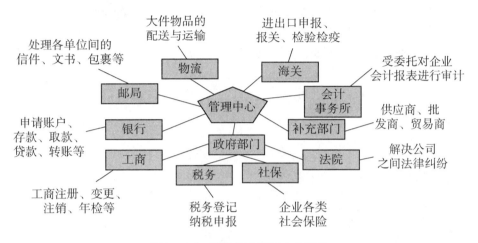

图 3-16 模拟公司管理中心架构

模拟公司综合实践课程的实施更离不开对现实公司内部架构的模拟。在教学过程中，我们根据学生的多少将班级分成小组，按岗位训练，并实行轮岗制。

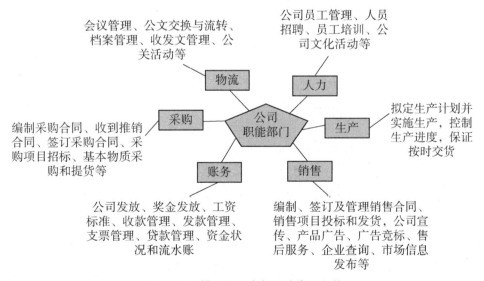

图 3-17 模拟公司内部职能岗位架构

（五）以职业活动为导向，以职业技能模块式组合设计课程结构

新的课程体系是营造新型教学生态的关键。根据模拟公司运作规律及其教学对象的特点，通过职教专家指导、企业调研、实践专家访谈会、往届毕业生调查等方式，构建从成立模拟公司开始，并围绕模拟公司内外部运营业务活动展开一系列的项目任务的训练及其评价。课程以职业技能模块式组合形式设计课程结构，即"模块—项目任务—活动—工作事项"，具体如图3-18所示。

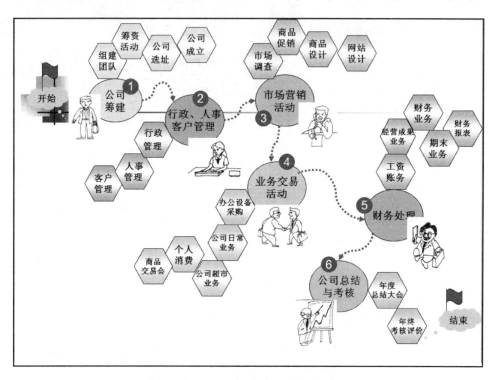

图3-18 模拟公司综合实践课程结构

（六）以行动为导向，将职业素养的养成和职业能力的训练融入教育、教学全过程

模拟公司运作的基本方式是在"工作岗位"上的学习，学生以公司雇员的身份，以团队合作的方式完成公司内外部各种经营任务、活动，教学过程贴近真实的工作过程。采用的正是行为导向教学常用的几种方法：模拟训练法、项目教学法、体验式教学法、角色扮演法等等。教学模式活动程序如图3-19

所示。

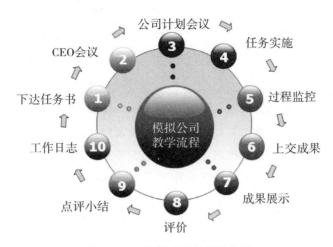

图3-19 模拟公司教学流程图

（七）以学生发展为目标，制定多元立体的课程评价体系

多元立体的课程评价体系如图3-20所示。

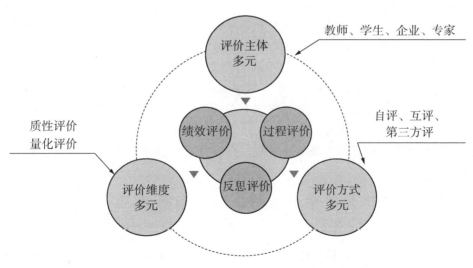

图3-20 多元立体的课程评价体系

（八）适应教学需要，开发课程立体化教学资源

在多年探索和实践的基础上，由该校牵头促成广州市教育局教学教研室、广州市教育信息中心、用友新道科技有限公司、广州市中等职业学校财经商贸专业教研会，以及广州市财经职业学校等单位共同开发课程的教学资源，包括由余久宏校长担任主编的《模拟公司综合实践（组建·行政·人事·客户）》和《模拟公司综合实践（营销·交易·财务）》两本公开出版教材，模拟公司环境规划方案1份、教学光盘两套；建成了中高职虚拟商务实训中心，模拟公司教学联盟网站等，精品课程网站也全部完成并正式投入使用。

课程资源凝结了广州市中等职业学校在中外交流、校企合作和教学实践中的经验和教训，为开展财经商贸类专业教学活动提供了较为重要的参考价值。

三、丰硕成果出成效，推广应用显示范

（一）探索了本土化模拟公司教学模式改革，形成系列教学成果

围绕模拟公司教学，该校完成了市级精品课程1门，省级课题2项，市级课题4项，其中已结题课题3项，公开出版教材2本，获省级论文一等奖5篇，市级论文一等奖3篇，公开发表论文4篇，获市级教学典型案例一等奖3项，市级创新教具竞赛一等奖2项，等等。其中模拟公司教研成果作品获2013年全国职业院校学生技能作品展洽会优秀学生技能作品（项目）三等奖。模拟公司研究成果荣获2014年国家教学成果二等奖。同时，此项目代表学校参与广州市职业教育代表团前往北京参加2014中国（北京）服务贸易交易会的展示，获得了高度评价。在校内电子商务、物流等重点专业建设中，开展了形式丰富的模拟公司教学改革和实践，在财贸类专业课程建设中发挥引领和示范作用。

（二）培养教学骨干力量，助力教师专业成长，成就学生职业梦想

2010年9月至2013年12月期间，累计共组织模拟公司教学试点学校骨干教师培训及研讨会42次，面向全国师资培训1次，面向省级师资培训3次，在广州市组织培训及研讨会38次，累计培训及研讨会人数达1000多人，为广州市乃至广东省、全国培训了一批模拟公司教学骨干教师。该校课程开发组成

员成长迅速，在多项教育教学教师竞赛、论文发表、课题研究中取得丰硕成果。如蔡琼、许卓、邝锦甜等教师分别获得中职教师会计电算化技能竞赛、财经类说课比赛、物流信息化教学竞赛的国家级竞赛一等奖；黎红艺、莫翠梅、周红泉等教师分别在广州市中小学特约教研员课题结题中获得一等奖、二等奖和三等奖。学生在课程学习过程中体验充实和愉快，收获就业、创业梦想。如毕业于物流专业的唐志峰同学凭借在模拟公司实训中担任CEO所培养的自信与魅力赢得了一份很不错的仓管工作。又如电子商务专业的几个学生在模拟公司实训中成立了一家"渔珍海鲜干货有限公司"。在教师的指导下，他们大胆创建了一家淘宝网店——"渔珍海鲜干货直营店"，直到现在，这个网店还在一届又一届模拟公司实训的学生中传承。

（三）竭诚服务本土职教，分享教学改革经验，发挥示范辐射作用

构建更开放、更完整的模拟公司教学体系，加大模拟公司教学模式推广到其他专业的力度，以此引领财经商贸类专业改革其他课程教学。依托学校的示范建设所带来的强有力支持，在原有模拟公司的基础上结合学校重点建设专业和资源优势，与德国ASG教育集团进一步深度合作，按照企业的需求培养合适的人才，通过量身定制的培养方案，为企业节省成本、创造价值，解决基础性生产培训与服务岗位素质提升的烦恼。

学校承办省市中高职虚拟商务实训中心项目建设暨中职学校模拟公司综合实践课程开发成果展示会、广东省创新教学模式改革论坛、全国"中等职业教育商务模拟公司教学模式"高级研修班等活动；余久宏校长、王力先老师等人多次在全国校长论坛、精品课程建设、教学研讨会等活动中分享课程建设经验；两年来共接待近30批次全国同行来校参观考察模拟公司教学，积极传播模拟公司教学理念。

（四）建设成果备受认可，上级多方给予充分支持，受益学生面甚广

广州市教育局、广州市信息教育中心、广州市番禺区教育局等在政策和资金上均给予模拟公司项目大力支持，累计投入专项资金300多万元；广州市教育局教研室专人指导并组织模拟公司课程在广州市13所中职学校试点及推广工作，促成虚拟商务实训中心项目的建设及运作；广州市中等职业学校财经商贸教研会组织参与广州市模拟公司教研活动，广东用友新道公司提供技术支持等，广州市13所中职学校累计近2000名师生参与试点教学；中国职业技术教

育学会教学工作委员会、高等教育出版社、广东省职业技术教育学会、中国职教专家吴全全等的指导、推进及支持,使得课程建设很接地气、培养能力全、受益学生面甚广。到目前为止,模拟公司教学模式已在省内外近20家中职学校实施,直接受益的教师200余人,学生10000余人。

四、"三个保障"是项目顺利实施的关键所在

(一)学校决策提供了政策上的支持保障

学校充分支持引入模拟公司教学,余久宏校长挂帅担任"模拟公司综合实践课程开发与实践"试点学校开发组组长,课程纳入精品课程建设,从制度、人、财、物各方面提供建设保障。

(二)教学软硬环境提供了物质上的有力保障

争取吸纳全国各地更多的模拟公司开展仿真交易,使更多的学校参与到模拟公司训练体系之中,丰富模拟公司教学资源平台,进一步扩大其影响力,使模拟公司成为走向国外的宣传推广平台,让世界职业教育界了解"中国式模拟公司"教学。为此,学校在软硬环境上均提供了有力保障。如图3-21与图3-22所示。

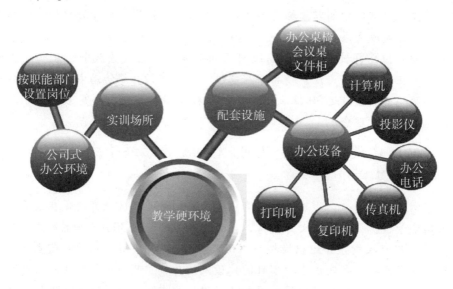

图3-21 教学硬环境建设

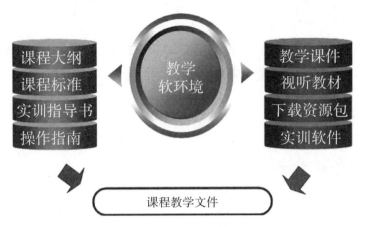

图 3-22　教学软环境建设

（三）优质师资队伍提供了人才的软实力保障

满足课程跨专业、综合实践的教学需要，整合财经商贸类不同专业师资力量，遴选综合型、双师型、多才多艺的教师担任课程实训指导教师，严格执行教师继续教育培训制度和贯彻学校教育教学质量检查制度，保证课程改革与实践顺利进行。

案例八　创建国际时尚设计学院，打造国际化协同育人平台

（广州番禺职业技术学院①）

一、改革背景

时尚创意产业是珠江三角洲尤其是广州市和番禺区重点发展的新兴产业。《珠江三角洲地区改革发展规划纲要》提出，优先发展现代服务业的会展产业、文化创意产业和动漫产业；中共广州市委、市政府《关于推进"三个重要突破"率先转型升级建设幸福广州的实施意见》要求加快发展时尚创意产业；学校所在的广州市番禺区定位为"时尚都会区"。为适应珠江三角洲尤其是广州市和番禺区时尚创意产业的发展要求，提升时尚设计类专业国际化水平，广州番禺职业技术学院依托学校艺术设计学院联合国内外高校、时尚设计企业和科研机构成立了广州国际时尚设计学院，构建多主体国际化协同育人平台，系统培养时尚设计类技术技能人才，探索构建包括中职、高职、本科直至研究生教育在内的时尚设计类专业现代职业教育体系。

二、主要措施

（一）探索"多元共治"的现代院校治理结构

1. 内部治理理事会制

组建由主办方广州番禺职业技术学院、指导方广州时尚行业协会、承办方广州时尚企业集团组成的理事会。理事会负责学院发展规划、专业设置、招生计划和重大建设项目、人才培养方案的审定，负责学院院长及相关项目负责人的推荐和考评，以及其他重大事项。通过理事会制，建立多元利益主体参与机制，形成"多元共治"局面。（见图3-23）

2. 办学活动"双主体"

广州国际时尚设计学院以"优势互补、互惠互利、共同发展"为原则，

---

① 执笔人：张来源、查吉德。

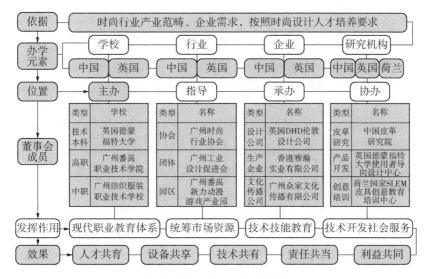

图3-23 理事会治理结构

探索学校主办与企业承办相结合的"双主体"办学,实现"六合一",即学生与学徒合一、教师与师傅合一、课堂教学与职场训练合一、技能培养与职业鉴定合一、作品与产品合一、就业与创业合一。(见图3-24)

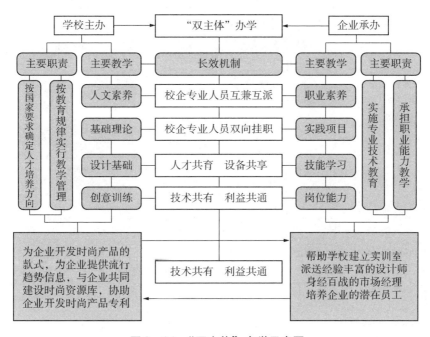

图3-24 "双主体"办学示意图

(二)深化专业人才培养模式改革

1. 构建适应不同学习者需求的"模块化"时尚设计类课程体系

发挥理事会作用,联合国内外院校、时尚设计企业和科研机构,根据时尚领域的国际性、品牌性、创新性、时效性、市场性特点,针对时尚行业的发展趋势,开发具有时尚市场前沿的"模块化"课程,包括时尚品设计专业课程模块群、时尚品形象包装与动画传播专业课程模块群和时尚品商业环境设计专业课程模块群。通过模块化课程建设,实现各专业间"基础课程互通"、"专业课程互补"、"核心课程互联"(见图3-25)。另外,借助中国文化优势和特有的市场背景,集中各方优势打造有国际水准的特色课程,积极向国际推出有中国特色和本院特点的优势课程,吸引国外留学生来本院学习深造。开放"手工鞋工作坊"、"手工包工作坊"、"艺术陶瓷工作坊"、"手工配饰工作坊"、"工艺品工作坊"、"艺术灯饰工作坊"等专项技能的学习体验课程,采用周课程短期留学班、月课程中期留学班、年课程长期留学班的形式,为国外留学生培训专项技能,增进中外学生的交流,提升本院的国际影响力。

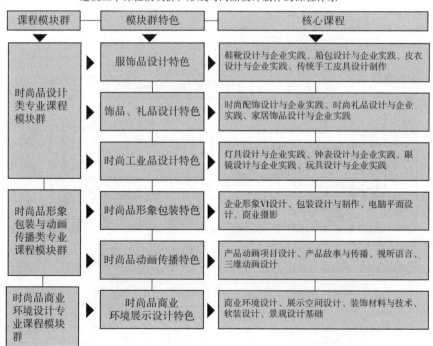

图3-25 "模块化"时尚设计类课程体系示意图

2. 开发具有时尚领域特色兼具教学与培训的教材

注重工学结合特色教材开发，与中国化工出版社、中国轻工出版社、高等教育出版社等合作开发《时尚包袋设计制作》、《时尚鞋靴设计制作》、《手工配饰设计制作》、《手工时尚灯具设计制作》、《时尚眼镜设计》、《时尚服饰搭配与形象设计》等教材，突出学习者、制作者、使用者普遍关注的"创意图库、工艺图纸、名品鉴赏、价格比较、制作心得"需求特色，成为时尚设计专业教学与时尚行业企业培训的实用教材（见图3-26）。

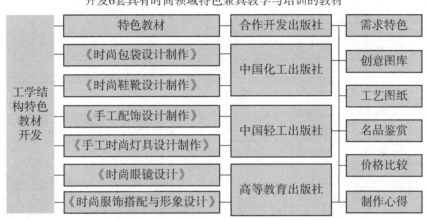

图3-26　时尚设计类课程教材建设示意图

3. 建设国家级精品资源共享课教学资源库

围绕时尚设计专业群，以时尚行业企业设计开发应用为重点，以学校时尚设计专业教学为目标，建设"设计色彩"、"电脑平面设计"、"包装设计"、"室内设计与策划"四门涵盖教学设计、教学设施、教学评价的数字化特色专业教学资源库（见图3-27）。

4. 建立校企"双向同步情景、远程实时交互"信息化平台

采用现代信息化教学手段，打破传统教学的时空界限。利用现代教育技术，将广州红成鞋业有限公司、广州市凌品皮具有限公司等企业的生产过程与皮具设计专业的实训教学过程实现数字化同步，企业兼职教师在生产、工作现场直接与在校学生进行双向互动教学，实现校企数字化双向同步实训与指导，达到虚拟与现实同步，更好地发挥企业兼职教师现场教学优势。（见图3-28）

5. 建设数字化媒体教学案例素材库

根据时尚设计专业群的核心课程特点，开发1个从概念到创意、从改良到创新的创意微课程素材库，积累1个包含备课、授课、课程总结等资源的教案

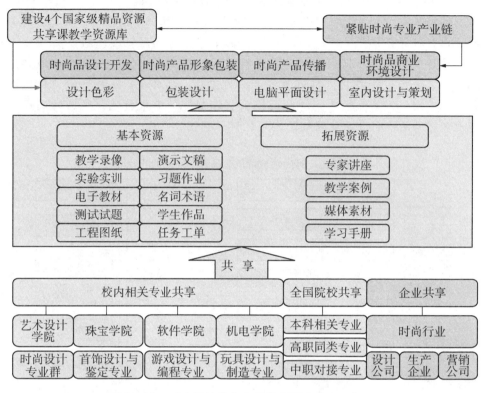

图3-27 时尚设计类专业教学资源库建设示意图

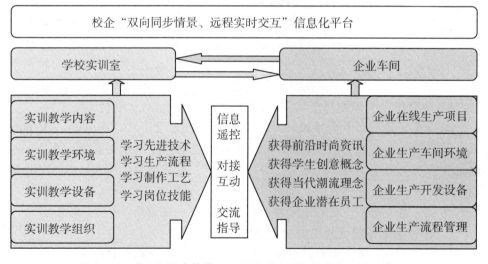

图3-28 "双向同步情景、远程实时交互"信息化平台示意图

素材库,建设 1 个涵盖草图手稿、效果图手稿、电脑效果图、设计作品等资源的作品素材库,建设 1 个包含练习题、测试题、考试题等资源的试题素材库,建立 1 个包含鞋包、服饰、配饰、眼镜、灯具、钟表等产品资源的产品素材库,建设 1 个涵盖外观设计专利、实用新型专利、发明专利、著作权等资源的创新专利素材库。(见图 3-29)

数字化媒体教学案例素材库建设

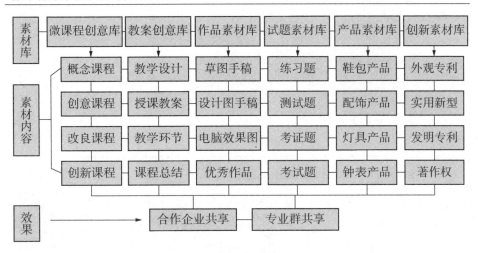

图 3-29 教学案例素材库建设示意图

6. 探索"校中厂,厂中校"的教学模式

依据时尚设计专业人员的"视野宽广、潮流感强、表现快速、制作新潮"等职业要求,改革传统知识型、学校型的教学培养模式,建立适应时尚设计工作过程的生产型、市场型的教学模式;在广州皮都皮具发展股份有限公司建设一个国际时尚设计分院,在广州番禺电子商务园建立时尚品电子商务教学点,在广州番禺动漫游戏产业园建立动漫游戏教学点,使教学过程和企业的生产过程紧密结合,学生作品与市场商品相结合。另外,根据时尚设计专业群相通的"审美素养、专业基础、设计创意、制作工艺"等共性特点,实现实训室共享需求,整合相关专业实践教学资源,开发皮具产品设计—制作—营销一体化实训教学项目,开发时尚品设计—制作—营销一体化实训教学项目。

(三)强化基础能力建设

1. 建设一支学缘结构合理、工作经历丰富的国际化"双师"教学团队

聘请国际时尚流行研究机构的专家、国外专业设计公司设计师、国外专业

院校的教授，引入国内时尚企业的专业设计师、技师、市场经理，建设一支学缘结构合理、工作经历丰富的"高校教师+高级技师+企业设计师"三结合的国际化教学团队；加强专业带头人、骨干教师培养和兼职教师队伍建设，专业带头人在全国同类院校同类专业有较大影响、骨干教师在区域有较大影响、兼职教师深受学生欢迎；安排青年教师每年到行业兼职锻炼1～3个月，提升教师实践能力和技术创新能力。

2. 建设具有国际水准的现代化实训基地

按照时尚产业的"时尚品设计开发—时尚产品包装—时尚品牌传播—时尚品商业环境设计"系统性特点，建设集时尚品设计开发的实训模块、时尚产品包装的实训模块、时尚品牌传播的实训模块、时尚品商业环境设计的实训模块等于一体的专门化、系统化的实训体系，形成资源的充分共享与有效利用。（见图3-30）

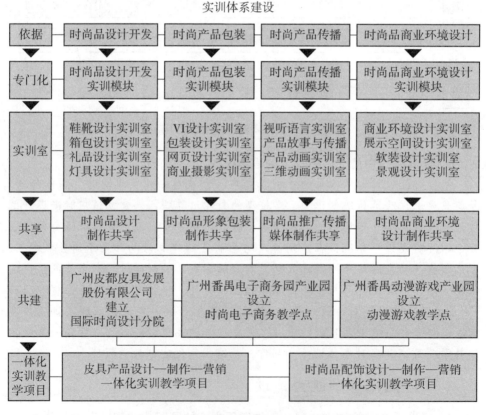

图3-30 时尚设计类专业实训体系建设示意图

三、改革与建设效果

(一) 学生就业质量高,国际视野与创新能力突出

时尚设计类专业连续多年毕业生就率达100%,且学生专业对口率高、用人单位满意度高;近三年,学生在中国真皮标志杯等国内外大赛中,获专业奖数百项,享誉全国;企业选用学生设计的样品数百件,如皮具专业学生有200余件设计产品参加德国杜塞尔多夫GDS、荷兰国际设计周等国际知名会展,赢得良好的国际声誉;2012—2013年度在校学生获国家外观专利近200件。

(二) 专业改革与建设成果丰硕

装潢艺术设计专业被评为国家示范性重点建设专业、皮具设计专业教学成果获国家教学成果二等奖;2门课程被评为国家级精品课程,"设计色彩"等4门课程被评为国家级精品资源共享课程,"产品设计手绘"入选为"工业设计"国家资源库核心课程;专业团队编写的《设计色彩》、《设计手绘》等8部教材入选国家"十二五"规划教材;师生共获国家实用新型与外观设计专利700余件;皮具设计专业骨干教师段娜已连续五次出任德国TUV莱茵技术监督ISO9001、ISO9004皮革外审专家;2位专业带头人获评国家级教学名师,1人获评省级教学名师,1名专业带头人获国务院政府特殊津贴。

(三) 专业发展辐射全国高职同类专业

专业教学改革成果已推广到学院所有设计专业,并被广州市确立为首批特色学院建设项目;来自全国100余所院校的300余名专业教师前来学习交流,部分成果已被兄弟院校同类专业运用。

(四) 改革成果获国际同行认可

皮具专业"工作坊"大模块训练课程影响辐射到国外相关院校。新加坡南洋理工学院把一体化训练的"手工皮具设计与制作"、"时尚饰品设计与制作"等工作坊课程确定为全院海外选修课,并记入学分;荷兰SLEM培训中心把"陶艺与皮具小品制作"工作坊课程引入其培训内容;2013年,150余位国外大学生前来皮具工作坊学习,并获得广州番禺职业技术学院课程结业证书。另外,专业建设成果作为中国职业教育改革发展的重要案例之一,参加了中国—东盟职业教育展,获得了东盟各国领导和专家的好评,向东盟国际展示了我国职业教育的成功经验。

案例九 站在巨人的肩上共育工业机器人技术人才
——广州工程技术职业学院与ABB合作典型案例
（广州工程技术职业学院）

一、实施背景

早在2010年，广州工程技术职业学院就洞察到产业转型升级改造对工业机器人技术人才需求的广阔前景，在全国率先开设了机电一体化技术（工业机器人技术）专业，培养工业机器人生产集成、工业机器人编程、调试与维护、工业机器人系统集成的高技术技能型人才。广州工程技术职业学院的办学理念以及其工业机器人技术专业的人才培养模式引起了世界500强企业ABB有限公司的关注。ABB是工业机器人技术的开拓者和领导者，早在1974年就发明了世界上第一台工业机器人。ABB拥有当今最多种类的机器人产品、技术和服务，是全球装机量最大的工业机器人供应商。从2012年开始，双方紧密合作、共育人才，工业机器人技术专业建设水平省内领先，取得了可喜的成绩。

二、主要目标

（一）借鉴国外先进经验，以行业龙头企业为桥梁，探索构建适合地方区域经济发展的现代学徒制人才培养模式。

（二）联合名企名校，建设资源丰富、开放共享、技术先进、持续发展的国家职业教育工业机器人技术专业教学资源库。

三、校企合作过程

（一）建设"项目引领、岗位实境"工学结合人才培养模式，引领专业建设发展

本专业秉承该校培养"有教养、有本领"的高技术技能型人才宗旨，积极与ABB、佛山利迅达机器人有限公司等企业共同制定工业机器人应用人才培

养目标,围绕工业机器人应用共同开发虚拟项目、仿真项目和真实项目,共同建设一体化教室、仿真车间和企业课堂,共同实施课程教学、共同进行教学评价,将工业机器人编程员和维修电工(中级)等职业资格标准融入教学内容,实行双证书制度,构建实施"项目引领、岗位实境"工学结合人才培养模式(见图3-31)。

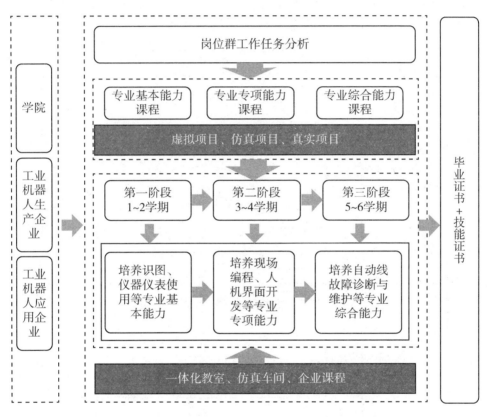

图3-31 "项目引领、岗位实境"工学结合人才培养模式

根据人才培养要求,工业机器人技术专业与ABB(中国)有限公司等企业共同设计项目载体。第1~2学期,通过虚拟项目,培养学生的识图、元器件安装、仪器仪表使用等专业基本能力;第3~4学期,通过搬运工作站、弧焊工作站等项目培养学生的现场编程、人机界面开发等专项能力;第5~6学期,通过企业真实项目培养学生工作站系统集成、维护、调试等能力。为了培养学生对工业机器人典型工作站(搬运、压铸、弧焊、点焊、CNC上下料和装配等工作站)编程、维护、安装、调试能力,学院与企业共同开发2门专业核心课程,从而实现"项目引领"。

(二）校企合作共同开发工学结合的专业课程，培养学生职业技能

人才培养模式改革的核心是课程开发，工学结合的专业课程开发则是本专业与上海 ABB 工程有限公司进行校企合作的另一重要内容，课程开发流程如图 3-32 所示。专业建设指导委员会、行业、企业及专业教学团队多方联合，针对装备制造业产业升级和广东省机器人及智能装备产业发展，对工业机器人

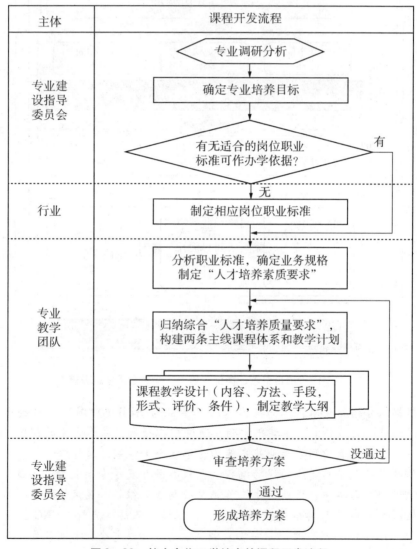

图 3-32　校企合作工学结合的课程开发流程

制造及应用企业进行广泛调研，通过工作任务分析，明确主要工作任务领域是工业机器人示教编程、工作站系统安装调试、工作站系统集成，从而确定专业基本能力、专业专项能力、专业综合能力和职业素质要求。

针对本专业培养目标的能力结构要求，围绕如何达到所要求的职业能力，根据职业成长及认知规律，建立"以学生为中心，以能力为主线"的模块化、进阶式、双证书制课程体系。课程体系由基本素质与能力课程和职业能力课程构成：基本素质与能力课程重在培养学生的思想政治素质、人文和科学素质及身心素质；职业能力课程是体现本专业职业对知识和技能以及职业素养要求的课程，由"职业通用能力课程、职业专门能力课程、职业综合能力课程和职业拓展能力课程"组成的理论课程体系及以"分层培养，层层把关，先易后难，层层递进，逐步提高"的实践技能教学体系组成（见图3-33、图3-34）。

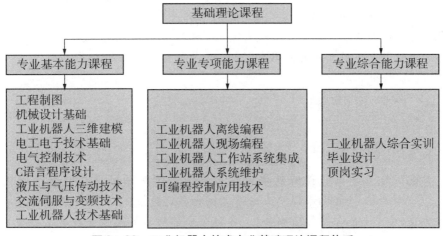

图3-33 工业机器人技术专业基础理论课程体系

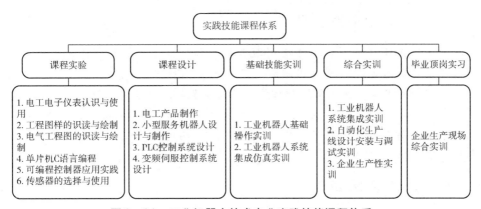

图3-34 工业机器人技术专业实践技能课程体系

（三）校企合作共建 ABB 工业机器人创新工程应用中心，打造先进技术实训基地

根据《教育部 财政部关于支持高等职业学校提升专业服务产业发展能力的通知》（教职成〔2011〕11 号），引导市属高职院校根据自己的办学定位和发展目标，重点建设若干个适应区域经济社会发展和产业转型升级的专业，提高人才培养质量和提升专业服务产业发展、服务广州新型城市化发展需要的能力，广州市教育局开展了广州市高等职业教育特色专业学院建设工程，该校先进制造技术学院被确立为广州市特色专业学院。

为配合广州市特色专业学院建设，工业机器人技术专业与上海 ABB 工程有限公司、佛山利迅达机器人系统有限公司、广州恒洋电子科技有限公司等数十家行业标杆企业开展深入的校企合作，联合投资 800 余万元共建华南地区唯一的 ABB 工业机器人应用创新中心。目前创新中心一期工程已经完成，二期工程投入 260 余万元如期进行之中，三期规划投入 500 余万元。依托该中心可完成所有关于工业机器人应用、安装、调试、系统集成等项目培训及创新研发。

四、条件保障

（一）制度保障

学院围绕工学结合课程的实施先后编制了《工学结合课程教学管理机制》、《工学结合一体化课程学业成绩考核和评定办法》、《学生顶岗实习成绩评价方案》、《校企合作管理办法》、各校企合作项目的学生管理规定、项目的运作方案等一系列的规章制度。

（二）合作企业保障

学院与 ABB（中国）有限公司联合投资 800 余万元共建华南地区唯一的 ABB 工业机器人创新工程应用中心、工业机器人综合实训室、工业机器人仿真实训室等实训室。实训基地能初步满足日常教学、技能竞赛及对外技术服务等需求。为培养和提高学生创新精神和能力，鼓励学生开展创新创业活动，ABB 工业机器人创新工程应用中心正在进行二期建设。创新工程应用中心三期规划投入 500 余万元。

（三）教师队伍保障

经过近几年的建设和发展，本专业拥有一支包括南粤优秀教师、市级教学

名师、企业高工在内的高水平、高素质的能够胜任工学结合一体化课程教学的校内外专兼职双师型教师队伍（见图3-35）。本专业现有教师19人，其中专任教师11人、企业兼职教师8人。教师队伍中，高级职称6人，中级职称12人，初级职称1人。专任教师中具有双师素质的教师有9人，占专任教师总数的81.8%。

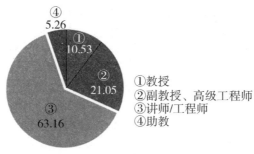

图3-35　工业机器人技术专业教师队伍结构

教学团队中专任教师的职称、学历结构的高中组成和年龄结构的老中青搭配合理，部分教师有多年企业实践经历，使得他们在具有较高理论水平的同时具备较丰富的生产实践经验。专业教师队伍数量足够，能充分满足本专业教学的需要。

五、校企合作主要成效

通过与上海ABB工程有限公司的深入合作，经过几年来的发展，该校工业机器人技术专业建设取得了显著的成绩。

（一）校企协同共建专业教学资源库，引领专业建设和发展

2014年11月，该校作为主要成员之一参与了"全国机械行业工业机器人与智能装备职业教育集团"的建设工作，该职教集团由国内44家高职院校和ABB（中国）有限公司、欧姆龙自动化（中国）有限公司等24家行业龙头企业组成，旨在更好地发挥职教集团的作用，服务全国工业机器人及智能装备产业的快速发展。校企协同的职教集团在工业机器人专业建设、人才培养、实训室建设等方面给予成员单位大力支持和指导。2014年，该校与常州机电职业技术学院在职教集团的推动下联合申报并获批教育部"国家职业教育工业机器人技术专业教学资源库建设"项目，该校承担了其中"工业机器人离线编

程（ABB）资源库"子项目建设。

产业的转型升级对工业机器人的需求日益增长，同时也推动了工业机器人技术专业的建设和发展，而工业机器人技术专业资源库的建设则适应了工业机器人产业发展的需要；建设一个达到国家级水平、满足多样性需求的开放共享型专业教学资源库，将带动全国职业院校相关专业教学模式和教学方法改革，提升专业建设水平，全面提升职业教育人才培养质量和社会服务能力，使专业教师、全国职业教育学校在校生能享受高质量的专业资源并从中受益，进而引领专业建设和发展。

（二）建设 ABB 工业机器人创新工程应用中心，促进专业建设和发展

2011 年，该校与世界 500 强、行业标杆企业 ABB（中国）有限公司联合投资 800 余万元共建华南地区唯一的 ABB 工业机器人应用创新平台，目前创新平台一期工程已经完成，二期工程投入 260 余万元如期进行之中，三期规划投入 500 余万元。

依托该中心可完成所有关于工业机器人应用、安装、调试、系统集成等项目培训及创新研发。自创新工程应用中心建设以来，成为首届全国职业技能大赛工业机器人技术应用赛项师资培训中心，与 ABB（中国）有限公司共同举办全国职业院校工业机器人技术相关专业师资培训班；承办全国职业技能大赛广东省选拔赛工业机器人技术应用赛项、历届广州市属高职院校机器人技术应用技能竞赛；多次承担广州市从化机器人科普活动等工作，实现实习实训教学、师资及企业职工培训、技能竞赛、技能考核、产学研一体化服务等功能的"五位一体"。

（三）借鉴国外先进经验，初步构建适合地方区域经济发展的现代学徒制人才培养模式

以行业龙头企业为桥梁，探索工业机器人应用人才培养现代学徒制（见图 3-36）。通过 ABB、广州数控、华数机器人等行业龙头企业，收集客户人才培养需求信息，面向公司现有客户及未来客户，招工招生，签订学徒培养协议，在学校、企业、广东机器人及智能装备应用技术研究中心等单位，工学结合，交替培养。学生毕业后，直接到相关企业就业。

（四）人才培养质量稳步提升，品牌效应已经显现

经过近四年多的建设和发展，该校工业机器人技术专业的人才培养质量稳

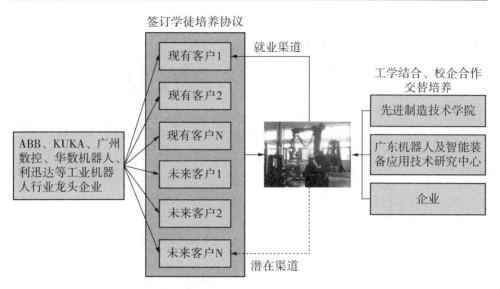

图 3-36 工学结合、校企合作的现代学徒制探索

步提升,品牌效应已经开始显现。该专业学生近年来在国家及省市工业机器人技能竞赛中屡获大奖。其中,2015 年 6 月,该专业学生作为广东省参赛代表队之一,获得全国职业院校技能大赛工业机器人技术应用大赛二等奖,实现广东省高职院校此赛项零突破并取得广东省最好成绩;2013 年,该专业学生获得 ABB "全国工业机器人仿真大赛"一等奖;2012 年获全国第一届探索者杯机器人创新大赛二等奖;2013 年和 2014 年连续两年获得广州市属高职院校机器人技术应用技能竞赛一等奖。

该专业毕业生受到用人单位热烈欢迎,目前该专业已有 68 名学生顺利毕业,就业率 100%,专业对口率 85.2%。ABB(中国)有限公司、珠海格力电器股份有限公司、上海松盛机器人系统有限公司、佛山利迅达机器人系统有限公司等企业都要提前到校预约。毕业生工作待遇优厚,2011 级的黄培威同学目前在上海松盛机器人系统有限公司就业,月薪已达万余元。学生就业前景广阔,预约毕业生企业达到 28 家,共需技术人才 180 多人,远超过该校专业毕业生数量。

六、体会与思考

广州工程技术职业学院站在巨人 ABB 公司的肩上共育工业机器人技术人才,并已经取得了显著的成绩,但由于工业机器人技术专业属于新兴专业,可供参考的案例和示范并不多,建设和发展还有很多困难和问题需要解决。在今后的合作中，还需要在以下几个方面进行改革和完善：①工学结合课程教学资源还需丰富，教学资源库有待进一步完善；②学生学业评价机制还需在实践中检验、改善，尤其在如何评价学生的关键能力方面需深入研究；③实训设施和实训场地不能充分满足日常教学和对外技术服务、职业培训的需求，还需要进一步扩大场地和完善设备；④现代学徒制人才培养模式还处于探索阶段，招生制度、教学流程、教学管理与运行机制等方面还需要进一步改革和完善；⑤需进一步完善能力培养机制，培养学生创新精神和创业能力。

社会服务案例

　　社会服务是职业院校的重要职能。职业院校引领和服务于地方经济建设的社会服务功能应该成为其内涵式建设的重要内容。职业院校利用师生资源和各种教学资源可以为社会和企业开展多方面的培训与咨询服务，提供研究开发和技术支持服务，同时，这也能为其自身的发展提供更多的支持、更广阔的发展空间。项目组收集的有关广州市职业院校社会服务方面的案例较少，经筛选和提炼，这部分由三个典型案例构成，分别为："与政府合作共同推进社区教育发展"（广州城市职业学院）和"建设大师工作室，扬岭南传统文化，创轻工传承基地"（广州市轻工高级技工学校）以及"积极探索服务形式，不断创新服务成效"（广州市机电技师学院）。广州城市职业学院主动承担广州市社区教育发展重任，为推动广州市学习型社会建设和新型城市化建设，与广州市政府合作取得了社区教育的实践成果。广州市轻工高级技工学校设立"大师工作室"，传承岭南特色工艺，传播岭南特色文化，在工艺技术和特色文献传承、艺术类高技能人才培养与鉴定方面做出了特殊的贡献。广州市机电技师学院依靠优越的地理环境、优秀的师资队伍、优良的教学仪器设备，为区域企业提供了良好的职业技能培训服务、技术研发服务、技能大赛服务和国际人才培养服务。

案例一　与政府合作共同推进社区教育发展

(广州城市职业学院)

一、合作背景

根据政府赋予的功能和任务，广州城市职业学院明确"服务产业、服务社区、服务市民"的办学定位，实行高职教育与社区教育联动发展，依托高职教育资源优势，主动承担广州市社区教育发展任务，积极推动广州学习型社会建设，促进学院的办学模式创新和人才培养质量提升。

二、合作机制

经广州市编制委员会和广州市教育局批准，广州城市职业学院先后成立了"广州社区学院"、"广州市社区教育服务指导中心"、"广州市社区教育工作者继续教育培训基地"等实体机构，承担广州市社区教育的指导、服务和培训职能。

健全社区教育的组织工作架构，建立相应的管理制度和运作机制，形成校、企、社、政共同推动社区教育发展、合作共赢的工作体系和长效机制。学院专门组建了社区教育研究中心，并配备专职人员，承担广州市社区教育服务指导中心职能。成立社区教育专家咨询委员会、社区教育工作委员会，与白云区、花都区等共同组建社区分院合作发展理事会，与各区签订合作共建发展的战略协议。

深入探索高职教育与社区教育联动发展的新机制。该校将社区教育与服务功能融入学院创新发展与人才培养的全过程，大力开发与社区教育服务相关的专业和课程，依托实践基地推动社区教育网络建设，与社区街道共建学习型社区，面向社区全面开放教育资源，组织师生深入社区开展市民教育、继续教育和社会服务，在满足社区群众终身学习需求、服务社区建设的同时，促进了学生的社会责任感、组织活动能力和综合素质的提升，实现了高职教育与社区教育的融合互动发展。

三、主要成效

(一) 开展广州社区教育发展研究

根据社区教育工作的需要，广州城市职业学院组建了以院长为带头人、中青年学者为骨干的"社区教育理论与实践"科研团队，深入开展广州市社区教育发展研究。

(二) 承担国家教育体制改革试点项目

广州城市职业学院承担了国家教育体制改革试点项目中的社区教育发展任务，广泛调动校内外各方面的力量，组织各区社区分院（分校）、高校、中小学、社工机构、协作单位和校内各部门等实施社区教育项目200多项，参与人员达3000多人次。深入探索社区教育的资源整合、购买服务、开放学习等机制，有效整合了社区教育资源和力量，共同推动广州社区教育的发展。

(三) 推动广州市社区教育网络建设

广州城市职业学院先后与广州市12个区和市团校合作成立了13个社区分院，初步建立了覆盖全市的区县—街镇—村居三级社区教育网络，组建了一支专兼结合的社区教育工作队伍和专家指导队伍，建立了推进广州市社区教育发展的工作体系和运作机制。在广州城市职业学院的指导和帮助下，越秀、花都等多个区成功申报了国家社区教育示范区和省级社区教育实验区。

(四) 组织师生深入开展社区教育活动

组织师生结合专业特色和优势，广泛开展商贸知识进社区、计算机知识进社区、英语知识进社区、食品营养知识进社区、旅游知识进社区、汽车维修知识进社区、法律知识进社区等各类社区教育活动。同时，结合各类主题教育活动，广泛组织学生参加读书活动月、科教文卫"四进"社区、文明社区、文明家庭创建、国学进社区、亚运会亚残运会等各类社区教育志愿服务。全院师生参与社区教育活动达48万人次，覆盖全市12个区县，服务社区居民达百万人次。

(五) 开发社区教育课程和学习资源

组织开发职业技能、生活休闲、文化素养三大系列的社区教育课程200多门，建设食品安全、就业创业、国学等35个资源库，建成面向全体市民的社区教育网站，引进2000多门优质社区视频课程。组织教师深入社区直接为居民授课，受到社区居民的热烈欢迎，形成了社区本位、需求导向、动态生成的社区教育课程开发模式。

（六）加强社区教育工作者培训

根据社区教育工作者专业发展的要求，研制了社区教育工作者能力标准和培训课程模块。依托"广州市社区教育工作者继续教育培训基地"，与各区和相关机构紧密合作，开展全市社区教育工作者业务培训，邀请省内外专家学者为基层社区教育工作者授课，先后培训各类社区教育管理干部、基层教师和志愿者1万多人次，促进了广州市社区教育工作队伍的素质提升和能力建设。

（七）向社区居民开放教育设施

广州城市职业学院主动上门为附近机关干部、企业员工、社区居民办理借阅证，免费开放图书借阅和电子资源服务，共建社区图书室13个，赠送各类图书、期刊2万多册，同时赠送书架、期刊架、阅览桌椅、门禁系统等图书设备。充分利用学院的国学资源特色和优势，以学生社团为依托，积极推进国学进社区活动，与多个社区街道共建国学社区，共同开展国学讲座、经典诵读、茶艺表演、古筝演奏等活动，建设具有岭南文化特色的国学幸福社区。

（八）获得政府肯定和社会认同

经广东省教育厅推荐，由广州城市职业学院具体承担和组织实施的"推进广州社区教育发展"项目2012年被广东省社会工作委员会列入广东省第二批社会创新观察项目，2014年被广东省社会工作委员会确定为省社会创新试点项目，并荣获广东省成人教育优秀科研成果一等奖。学院先后应邀在全国社区教育资源建设推进会和省市相关会议上做了经验介绍。教育部职成司蔡妍处长、全国社区教育专业委员会理事长陈乃林教授等对其社区教育工作给予高度评价，认为其在职业院校服务社区教育和终身学习的实践中走在了全国前列。《人民日报》、《光明日报》、《羊城晚报》、《广东省情内参》等也先后报道了学院的社区教育工作等。

案例二 建设大师工作室，扬岭南传统文化，创轻工传承基地

（广州市轻工高级技工学校）

一、大师工作室发展历程

为打通工艺美术行业高技能人才的晋升通道，2006年开始，在广州市职业技能鉴定指导中心的大力支持和指导下，广州市轻工高级技工学校与行业协会携手，创先打破传统的职业技能鉴定"理论、实操"的考证模式，对工艺美术行业中底蕴深厚、技艺精湛、业绩突出、行内口碑好的准"大师"，以"不看学历，不考外语水平，但求技艺精湛等"的方式评定出首批工艺美术行业技师。

为了服务于"传统工艺传承和传统文化传播"，广州市轻工高级技工学校大力培养岭南工艺美术高技能人才，建成了以大师工作室为核心的岭南特色工艺传承基地，形成了"四位一体、双核驱动"的工艺美术职业能力培养体系。大师进校园将岭南文化融入课堂，特色课程覆盖全部班级；深入课题研究，固化传承成果；师生走进社区传授技艺；定期组织大师作品展览；工艺传承与电子商务专业结合，成立云商工作室推广岭南文化电商模式；校企协同共建人才创业孵化基地——岭南文化旅游产业一条街，实现"产学研销展"一体。岭南特色工艺传承基地成为广州市传承岭南文化的重要阵地，影响力辐射佛山和肇庆，为行业培养了440位高级技师、技师，占整个广州工艺美术行业人才总量的90%以上。学校师生作品在国家级、省级展览或大赛中屡获金奖，学员曹锋明多幅作品入选中国文明网"讲文明、树新风"公益广告。

作为"国家级技能大师工作室"的"司徒宁广彩技能大师工作室"，其代表的技工院校现代技能人才创新培养机制成为学校一大特色，有效助力广州市轻工高级技工学校通过了国家"中等职业教育发展改革示范学校"的验收。目前，大师工作室的建设已集学历教育、职业培训、技法研究、作品创作等功能为一体，成为致力于弘扬传统工艺、传承岭南文化的职业建设品牌工程（见图3-37）。

图3-37 岭南特色工艺传承基地大师工作室发展历程

二、大师工作室建设与成效

(一) 筑巢引凤,引进工艺美术大师建立工作室

广州市轻工高级技工学校从创新人才评价培养模式入手,依托行业优势,通过校协企合作形式,加快高技能人才培养。目前,该校已聘请53位国家级、省级工艺美术大师担任客座教授,组建核心大师团队,建立起玉雕、牙雕、木雕、骨雕、榄雕、广彩、广绣、陶塑、剪纸、宫灯、掌画等工种的13个大师工作室,工艺大师欧福文、周承杰作为特殊人才被学校引进。

2012年6月,广州市轻工高级技工学校岭南特色工艺传承基地司徒宁广彩技能大师工作室被人力资源和社会保障部、财政部认定为"国家级技能大师工作室",这是广东省第一家国家级工艺美术技能大师工作室,成为弘扬传承岭南文化的一面旗帜。2014年,广州市轻工高级技工学校岭南特色传承基地客座教授、中国工艺美术大师张庆明的端砚设计技能大师工作室入选国家级技能大师工作室。

(二) 建章立制,创设大师工作室保障机制

广州市轻工高级技工学校成立了以校长为组长,相关部门负责人为组员的工作小组;建立了《大师室管理制度》、《技师(高级技师)聘用与管理办

法》、《引进人才管理办法》、《特色课程建设方案》等各类规范有效的管理制度;加大对高技能人才的培养及表彰奖励力度;加大对高技能人才建设的经费投入,为大师工作室建设和工艺与文化传承基地建设提供完备的保障。

(三) 传承教学,建设工艺美术人才培养体系

广州市轻工高级技工学校结合行业特点,形成"四位一体、双核驱动"工艺美术人才培养体系,即政府、学校、行业协会和企业、个人共同培养相结合,学生通过大师的言传身教和职业指导课程的学习,提升职业从业能力,养成良好的职业道德和行为习惯。

广州市轻工高级技工学校组建技艺传承精英班,由工艺美术大师言传身教,教授广彩、广绣和雕刻等技艺,学生通过试学—初级学徒—中级学徒—学徒满师—个人提升五个阶段的学习和实践,从初学者提升为取得相关工种的高级职业资格证书的高技能人才。

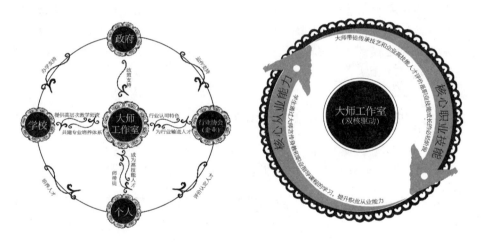

图3-38 四位一体,双核驱动

(四) 文化育人,传播岭南特色工艺文化

广州市轻工高级技工学校聘请大师开设岭南传统工艺传承班、兴趣社团并担任技师、高级技师培训班教师,举办讲座展览,组织各类学术交流活动,推动了岭南传统技艺文化精髓的宣传与传播。2014年1月,全校范围内开设特色课程教学,制定了《特色课程建设方案》,将岭南文化传承推进一个新的里程,使在校学生更加全面系统地学习吸收中华传统文化精髓,做到文化育人。

（五）提升理论，探索非物质文化遗产校园传承路径

在广州市文化广电新闻出版局开展的2013年非物质文化遗产研究课题申报评审工作中，广州市轻工高级技工学校申报的课题"非物质文化遗产校园传承的研究"成功立项；在2013年海珠区文化项目评选工作中，广州市轻工高级技工学校申报的项目"非遗保护示范区——广州市轻工高级技工学校非遗（岭南工艺）传承基地"成功入选，获得2013年广州市海珠区资金扶持，充分展示了该校的办学实力和研发能力。2014年10月，广州市轻工高级技工学校申报的课题"非物质文化遗产校园传承"获得了广东省人力资源和社会保障厅的立项。

（六）建立实体，实现产学研销展一体化经营

广州市轻工高级技工学校依托工艺美术高技能人才评价优势，建设岭南文化广场工艺品展示销售一条街，实践了融合岭南传统工艺非遗传承与高技能人才"技师后"创业孵化的创业模式，形成以"非遗"高技能人才生产经营性保护传承的创业模式。目前，13个工作室全部对社会营业，产生良好的社会和经济效益。

三、大师工作室服务社会的贡献

（一）服务人才培养，形成了现代学徒制新模式

广州市轻工高级技工学校形成了以大师工作室制为核心的现代学徒制培养模式（见图3-39）。大师带徒完成传承教学，培养学生核心能力和职业技能两种能力，建立弹性学制、学历教育、社会培训三个机制，通过政府大力支持、学校机构体系培养、行业协会评价认定、学徒提升技能四方参与，实现产学研展销五大职能培养高技能人才。该培养模式符合教育规律、具有行业特色，与职业技能鉴定部门结合建立的科学评价方式极大促进学员职业能力发展，人才培养成果丰硕。

（二）服务技能鉴定，建立了工艺美术行业职业标准研发新高地

广州市轻工高级技工学校已逐步建立起体系完善的工艺美术各工种各级的职业鉴定标准，确保了人才培养的质量。岭南特色工艺传承基地大师工作

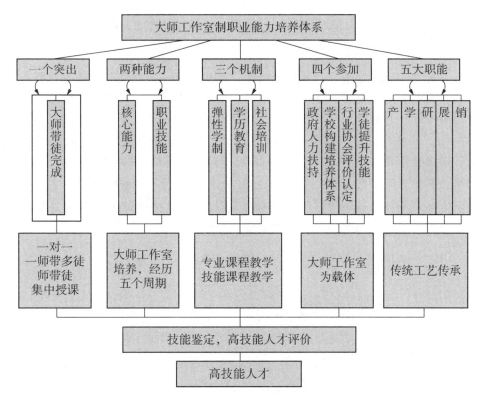

图 3-39 大师工作室制职业能力培养体系

室建成后,开展了一系列的标准制定和课题研发,承担起重要的社会职能,成为广州、佛山、肇庆三地工艺美术从业人员创作、交流、实践活动的窗口,成为三地培养工艺美术技师、高级技师的主阵地,占领了行业技能人才培养的高点。

(三)服务工艺传承,推动了岭南特色传统工艺的新发展

广州市轻工高级技工学校工艺大师们积极参与特色课程教学,向全校师生展示岭南特色文化的魅力,所举办、参加的各项活动从体验、认知、爱好至文化认同上着力,参与师生达到1万人次以上,在文化传承方面具有深远的意义。学校和大师们共同探索了几十种典型工作任务,如广彩专业的构图技法,广绣专业的简单花草绣、书法作品绣、双面绣技巧,雕刻专业的泥塑基本技术、透雕技法等,使传统工艺走进课堂。

（四）服务文化弘扬，促进了岭南特色工艺文化的新传播

学校与广州工艺美术行业协会一起，通过协会年会或展会，进行作品展出公示，向社会展示大师和学员创作成果，提升大师工作室的文化影响力。工艺美术专业学生先后参加了第十一、十二届中国国际人才交流大会高技能人才展（深圳）、广东省民俗文化节、广州庙会、乞巧节作品展等活动，现场展示技艺；学校传承活动还走进小学、幼儿园，向孩子们传授讲解剪纸、广彩技法，积极播撒传统工艺的火种。2014年5月28日，第二届亚太经合组织青年技能夏令营广东第一站就被学校独具岭南特色的校园文化吸引而来，营员在校学习体验岭南传统工艺，积极参与弘扬岭南传统文化。

案例三 积极探索服务形式，不断创新服务成效
(广州市机电技师学院)

广州市机电技师学院创建于1958年，是国家级重点技工学校、首批国家中等职业教育改革发展示范建设学校、首批国家高技能人才（机电项目）培养培训基地、首批国家数控技术应用专业领域技能型紧缺人才培养培训基地、全国职业教育管理创新学院、全国教育科研先进集体、广东省技工学校竞争力20强单位、职业技术教育学硕士研究生实习基地、广东省唯一一所向社会输送学制技师的院校。该校师生在各级技能大赛中屡创佳绩，先后在数控车、加工中心、机电一体化等项目的全国技能大赛中荣获金奖，有4名师生代表国家分别参加了第41届和第42届世界技能大赛并获得了优胜奖。近年来，该校依靠优越的地理环境、优秀的师资队伍、优良的教学仪器设备，为区域企业提供了良好的职业技能培训服务、技术研发服务、技能大赛服务和国际人才培养服务。

一、构建职业培训联盟，开展职业培训服务

校企合作是职业教育发展的"生命线"。根据广州市经济社会发展的形势和产业转型升级的要求，广州市机电技师学院积极推行校企合作办学，坚持改革创新，不断强化内涵建设。在探索校企合作模式的路上不断推陈出新。在校企合作模式探索取得显著成效的基础上，经2010年12月18日第一次常务理事会讨论，学院牵头成立"广州机电校企合一职业培训联盟"，简称STF（技能人才工厂）。广州机电校企合一职业培训联盟成立至今，共吸收7家企业成为联盟常务理事单位，19家企业成为成员单位，联盟企业拓展到53家。该联盟的组织结构如图3-40所示。联盟以理事会为核心，把各类社会组织成员纳入联盟之中。理事会下设常务理事会，常务理事会是在理事会闭会期间的顶层决策机构。常务理事会下设秘书处，秘书处是一个处理联盟日常事宜的工作机构。联盟秘书处下设三个部，即综合部、项目部和资信部，分别对联盟的合作、项目和信息交流三个领域进行管理。广州机电校企合一职业培训联盟按照章程运行，定期组织工作会议和年会。

广州机电校企合一职业培训联盟，是广州市机电技师学院继精密制造产学

研创新联盟①和先进制造工业技术培训联盟②之后,缔结的第三个校企合作联盟。职业培训联盟和技术培训联盟面向珠江三角洲地区,整合政校企行多方资源,紧紧围绕机电行业技能人才的需求,提供职业培训整体解决方案,为新型工业化和产业结构优化升级提供技能人才支撑,为珠江三角洲地区许多机电企业提供了大量的员工培训,为打造南方先进制造技能人才工厂做出了贡献。

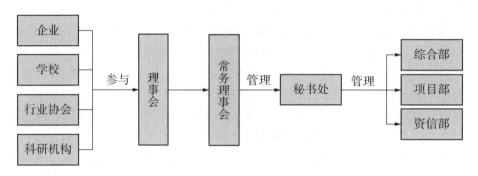

图3-40　职业培训联盟架构

广州市机电技师学院三大联盟使办学体制由学校单一办学转向组建政府主导、学校主体、企业参与的职业培训联盟,使传统意义上的技工院校转型为高端的、灵活的、开放的高技能人才培养体系。学院三大联盟各自的特点和优势,形成教育教学、职业培训、技术服务三足鼎立的良好局面,为珠江三角洲地区经济发展和产业转型升级做出了力所能及的贡献。

二、加强合作研发,拓展对外技术服务

广州市机电技师学院通过自主研发和合作研发,不断提升教师服务企业技术研发的水平,先后为华南精密制造技术研究开发院、广州俊华机械设备有限公司、日立电梯有限公司、佛山开信光电有限公司等9家企业解决技术问题,提供技术服务,为企业解决了生产工艺难题,为企业的新产品开发提供设计思路。该校技术中心与浙江大学和杭州博洋科技有限公司联合成立了"技迪工

---

① 精密制造产学研创新联盟是全国第一个以政府为主导、以企业为主体、以高等院校和科研机构为技术依托、以公共创新平台为运作载体、以社会力量为支撑、以项目为纽带的精密制造产学研联盟。

② 先进制造工艺技术培训联盟是由学院牵头,集合德国DMG机床公司、瑞典山特维克刀具公司、瑞典system 3R公司三家国际知名企业的培训联盟。培训联盟旨在为企业提供技术工艺整体解决方案。

作室",先后为泰国富德汽车配件有限公司提供了实地数据采集,设计了车灯、门把手、脚踏板、雨挡等汽车配件的装饰件;为东莞三星提供了整个设备的数据采集和逆向造型,为美国 Durasein 中国分公司提供了工具盒等设备的逆向造型和再设计;为广州日立电梯有限公司提供了涡轮的逆向造型和设计;为杭州博洋科技有限公司进行了三坐标手持控制器的设计;为东莞电镀厂提供了电镀产品的造型和设计。

2011年6月22日,泰国TFP国际集团中国研究中心在该校挂牌成立"技迪工作室",广州市机电技师学院技术研发能力迈上了新台阶。2013年至今,巨轮股份有限公司投放零件产品项目到广州市机电技师学院车间进行生产,带动师生进行"产教学研"工作的研讨,进一步提升了该校的技术服务能力。

三、积累参赛经验,承办企业技能大赛

为推动职业院校深化教育改革、加快高技能人才培养,提高"中国制造"竞争力,近几年,广州市机电技师学院非常重视学院竞赛选手的培养。在参加国内外各级各类技能大赛的过程中,广州市机电技师学院认真观察赛事过程、努力学习办赛技能、持续积累办赛经验,为学校承办各类技能大赛奠定了基础。近年来,广州市机电技师学院承办了多项各级各类技能竞赛,包括第42届、43届世界技能大赛多个项目的选拔赛以及企业的技能竞赛项目。

2012—2014年,广州市机电技师学院连续三年承办广州电气装备集团公司机械制造业技能竞赛。技能竞赛项目有普通车工、数控车工、普通铣工、数控铣工、加工中心操作工(四轴)、电工、机修钳工等机械行业中的七大工种。广州电气装备集团有限公司王信皋副书记对该校拥有的先进设备和承办竞赛的能力表示赞许。

2013—2014年,广州市机电技师学院连续两年成功协办了广州广日集团有限公司职工技能竞赛,圆满完成了冷作钣金工、维修电工、电梯安装维修工、物流师、叉车司机五个工种的技能竞赛活动。广州市机电技师学院为广日集团有限公司职工技能竞赛提供了策划、申报、组织、培训、考评等服务。竞赛选手全力以赴,认真参赛,严格按照比赛的要求,赛出了自己的水平与风采,并取得了较好成绩。考评专家们根据竞赛规则与要求,公正、公平、公开地严格把关,顺利地完成了当天的考评工作。广州市机电技师学院成功承办了这次技能竞赛,赛事得到了广日集团公司有关领导的赞许与好评。

四、三方合作,为企业培养国际化人才

新西兰以其世界一流的教育和经济实用的生活方式,每年吸引着成千上万的国际留学生。新西兰国立联合理工学院(Universal College of Learning, UCOL)是一所由新西兰政府出资的科技院校。2013年,新西兰国立联合理工学院(UCOL)布鲁斯·奥斯本主任、广州联合办事处负责人陈广俊先生、校方代表戴进芳女士一行三人莅临广州机电技师学院白云校区,参观了广州市机电技师学院智能装备产业系与先进制造产业系,对该学院的先进实训设备与软件建设水平给予了极高的评价。双方就合作模式进行了探讨并在共同推动合作方面达成了共识,签署了合作备忘录。2014年以来,广州市机电技师学院与新西兰方面进行了多次商谈,力求通过与新西兰国立联合理工学院的合作,可为学生增加国际交流、技能认证和就业通道,使学生有机会在新西兰、澳大利亚、加拿大和欧盟各国就业。

与此同时,广州市机电技师学院积极与合作企业——快意电梯股份有限公司展开磋商,双方商议合作开设订单班,以出国就业就目标,为快意电梯的国外售后服务体系配套技能人才。这样,广州市机电技师学院通过与新西兰国立联合理工学院、快意电梯股份有限公司的三方合作,既为合作企业培养了国际化人才,又推动了该校电梯专业的建设,还促进了广州市机电技师学院的国际合作办学、拓展了学生的海外就业市场。

第四部分 附录

附录一 广州市颁布的相关政策文件

广州市职业技术教育发展总体规划
（2006—2020年）

职业技术教育是现代国民教育体系的重要组成部分，是经济社会发展的重要基础。大力发展职业技术教育，是落实科教兴市战略、加快我市经济结构优化升级和经济增长方式转变的重要途径，是加快社会主义新农村建设、推进农村富余劳动力转移就业的重要举措，是构建终身教育体系、提高劳动者职业能力、促进充分就业、建设和谐广州和现代化大都市的必然要求。根据《国务院关于大力发展职业教育的决定》、《中共广东省委广东省人民政府关于大力发展职业技术教育的决定》、《广东省大力发展职业技术教育实施纲要（2006—2020年）》、《广州市国民经济和社会发展第十一个五年规划纲要（2006—2010年）》，本规划对我市职业技术教育发展的方向、目标、任务和重大举措作出了总体部署，是我市职业技术教育发展的战略性、纲领性规划，是编制职业技术教育发展专项规划及制定有关政策、发展计划的依据。

第一章 全面进入发展新阶段

"十五"时期是我市改革开放和现代化建设取得重大成就的五年，经济持续快速增长，社会事业蓬勃发展，现代化大都市建设迈上新台阶，为今后一段时期的职业技术教育发展奠定了坚实的基础。

一、发展基础与环境

（一）发展基础

改革开放以来，市委、市政府高度重视职业技术教育的发展，采取积极有力措施,推进职业技术教育上规模、调结构、出效益,为促进我市经济社会协调发展做出了重要贡献。

一是发展规模稳步扩大。"十五"期间,围绕调整经济结构,推动职业技术教育快速健康发展。2005年,广州地区高等职业院校43所,在校生25.17万人,其中市属公办高等职业学院从2000年的1所发展到6所,在校生从2000年的0.25万人发展到2.04万人;各级各类中等职业学校(含民办)202所,在校生31.36万人,其中市属中等职业学校120所,在校生19.6万人,比2000年的14.7万人增长33.3%。

二是发展水平明显提高。"十五"期间,我市以优秀重点院校、实训中心和"双师型"(同时具有讲师以上教师专业技术资格和工程师以上工程专业技术资格或技师以上国家职业资格)师资队伍建设为重点,加强职业技术基础能力建设,促进了职业技术教育水平全面提高。至2005年底,有1所高职院被评为全国优秀高职院校,5个专业被评为省级以上示范专业,42所中等职业学校被评为省级以上重点中等职业学校。职业院校毕业生初次就业(含升学)率达90%以上,在职培训、再就业培训和农村劳动力转移培训成效斐然,中等职业技术教育发展水平达到全国同类城市领先水平。

三是调整改革全面推进。高等职业院校改革发展成效初显,高职生占普通高校在校生比例达66.7%。中等职业教育布局结构调整与改革工作扎实推进,市属公办中职学校由43所整合为21所,高中阶段普通教育与职业技术教育比例(广州户籍生源)基本稳定在5.5∶4.5左右。专业结构逐步优化,符合产业结构升级和现代城市发展需要的汽车制造与维修、数控技术、机电一体化、信息技术、城市燃气、旅游服务和物业管理等专业得到加强。公办和民办职业技术教育共同发展的格局初步形成。"订单式"培养模式广泛推行,校企合作机制进一步完善。招生管理和教育管理体制改革成果明显,职业技术教育可持续发展能力进一步增强。

(二)面临环境

随着我市经济社会的快速发展,职业技术教育进入了新的发展阶段。今后一段时期,既是职业技术教育全面发展的重要战略机遇期,也是解决各种结构性、体制性矛盾的挑战期,总体上看,机遇大于挑战。

1. 发展机遇

一是发展环境更好。国家和省先后出台了一系列促进职业技术教育发展的重大决策,为职业技术教育发展指明了方向、提供了政策保障。各级政府部门高度重视职业技术教育发展,社会大众对职业技术教育有了全新认识。职业技术教育布局调整与改革发展工作取得了新成效,为职业技术教育发展创造了良好条件。

二是发展动力更强。泛珠三角（9+2）经济合作的加强，使我市地缘优势更加突出，城市发展空间和腹地进一步拓展。我市全面推动经济社会发展模式转型，大力调整优化产业结构，加快转变经济增长方式，走新型工业化道路，必然需要大量的技术技能型人才，从而为职业技术教育的改革和发展提供了强大动力。

三是发展空间更大。中心镇发展和新农村建设使农村富余劳动力需通过职业技术教育与培训实现向城镇就业转移，城镇失业人员、城乡退役士兵和进城务工农民也需要通过职业技术教育来提升就业能力，为职业技术教育发展提供了广阔的空间。

2. 面临挑战

一是发展观念相对滞后。适应经济社会发展要求的现代职业技术教育发展理念尚未广泛形成，重普教、轻职教，重学历、轻技能，重理论、轻实践，重规模扩张、轻内涵发展等观念仍然存在。

二是发展基础相对薄弱。职业技术教育还不能满足经济社会发展对高技术技能人才的需要，尤其是市属公办职业院校中，既缺乏在职业技术教育、创业培训、技能鉴定和就业服务等方面起综合示范作用的学校，又缺少设施设备先进、"双师型"教师队伍过硬的实训中心。校园面积较小、校区分散、资金相对不足一直阻碍着职业技术教育的发展。高职和中职、公办和民办教育发展水平参差不齐，加强高职和民办教育发展尤为紧迫。

三是办学格局相对单调。目前，企事业单位、社会团体、公民个人办学相对薄弱，布局结构、专业结构和生源结构不尽合理，国际合作规模小、层次低，未能充分适应广州经济社会发展的需求，还需积极开拓培训市场，吸收社会资金，增强自我发展能力，形成多元化的办学格局。

二、指导思想、发展原则和发展目标

本世纪头二十年是我市职业技术教育发展的重要时期，必须牢牢把握发展机遇，充分发挥综合优势，调动一切积极因素，促进职业技术教育全面、协调、可持续发展。

（一）指导思想

坚持以邓小平理论和"三个代表"重要思想为指导，全面贯彻落实科学发展观，以服务我市现代化大都市建设为目标，以培养大批适应经济社会发展需要的高技术技能人才为宗旨，以市场需求和劳动就业为导向，以提高劳动者职业技能为根本，进一步调整布局结构，优化资源配置，创新体制机制，逐步建立创新型现代职业技术教育体系，为实现富民强市、建设和谐广州、创新型广州做出新的贡献。

（二）发展原则

一是与现代国民教育体系建设的要求相适应。要把职业技术教育放在与基础教育、高等教育同等位置，统筹兼顾、协调推进，并在教育资源配置上适当向职业教育倾斜。二是与我市经济结构调整、发展方式转变相适应。要以市场需求和劳动就业为导向，进一步调整优化办学结构，创新办学体制机制，提高办学质量，推动职业技术教育与经济发展相融合。三是与高技能人才需求相适应。要办好高等、中等职业教育的骨干专业，夯实硬件基础，增强实训效果，提高师资水平，着力培养高技能人才。四是与扩大就业、改善民生相适应。认真总结职业技术教育"校企结合、订单式培养"等有特色的经验和做法，积极推动职业院校与企业密切合作，加强各类形式的培训，促进充分就业。

（三）发展目标

近期目标（2006—2010年）：

"十一五"期间，按照巩固、调整、提高、发展的原则，市属高等职业院校办学规模适当扩大，学科专业结构进一步优化，教育水平明显提升，在保证现有各院校达到国家高职高专院校人才培养工作水平评估合格的基础上，使其达到全国同类城市先进水平；中等职业教育规模稳步发展，教育质量和效益明显提高，继续保持全国同类城市领先水平。

——到2010年，市属高等职业教育全日制在校生总规模达到4万人，其中广州户籍生源在校生达2.4万人以上，占市属高等教育招生规模的60%以上；市属中等职业教育全日制在校生总规模（含民办学校）达到22万人，其中广州户籍生源在校生达12万人以上，招生规模与普通高中招生规模大体相当。建设1所国家示范性高等职业院校、8所国家级示范性中等职业学校。

——到2010年，构建覆盖全市城乡的职业培训网络，形成市、区（县级市）、镇（街道）、村（社区）四级职业培训网络，各级各类职业技术教育和培训达100万人次以上。全市拥有技能人才190万人，高级工水平以上的高技能人才占技能劳动者的比例达到25%以上。

——到2010年，建立一支高素质的师资队伍。市属公办高等职业学院具有研究生学位教师占专任教师的比例达35%，具有高级职务教师占专任教师比例达25%，70%的专业课教师成为"双师型"教师。市属公办中等职业学校具有本科学历教师占专任教师的比例达80%，具有研究生学位教师占专任教师的比例力争达15%，具有中级以上职称教师占专任教师的比例达70%，60%的专业课教师成为"双师型"教师。

中期目标（2011—2015年）：

市属高等职业教育稳定发展，充实提高，形成结构合理、机制灵活、产学结合、特色突出、自主发展的与中等职业教育相衔接的高等职业教育体系，教育质量和水平位于全国同类城市前列；中等职业教育继续稳定办学规模，进一步提升办学质量和效益，完善可持续发展的机制。

远期目标（2016—2020年）：

根据我市经济社会发展对高技术技能人才的需求，围绕我市2020年基本达到发达国家和地区发展水平以及建设成为带动全省、辐射华南、影响东南亚的现代化大都市的总目标，大力发展高等职业教育，整合职业教育资源，到2020年全面建成充分满足市民终身教育需要的总量适当、结构优化、布局合理、特色鲜明、专业门类齐全、国际合作程度高、办学质量和办学效益好、适应我市经济社会发展需要的创新型现代职业技术教育新体系，职业技术教育整体水平和综合实力居全国同类城市领先地位，达到世界发达国家和地区水平。

第二章　优化布局结构

按照集中发展与合理布局相结合的原则，进一步优化职业技术教育布局结构，使其与产业布局相协调。适应产业结构高级化和产业布局集群化发展趋势，加大职业技术教育战略性结构调整。

一、优化布局

（一）建设职教聚集区

根据经济社会发展和职业技术教育发展的需求，通过建设与城市功能配置、产业布局协调统一的职教聚集区，适度集中高等职业院校、技师学院和国家级示范性中等职业学校，集教育、培训、实训、技能鉴定和职业教育研究等功能于一体，促进职业技术教育院校优势互补、资源共享、共同发展，努力打造全国职业技术教育的聚集区和示范区，使其成为全省乃至华南地区的职业技术教育基地。积极争取省的支持，配合做好职教聚集区规划选址等工作，将省的高职聚集区设在广州。

吸引中央和省属高等职业院校、技师学院进驻职教聚集区。对于财政性投资易地新建的市属高等职业院校、技师学院和国家级示范性中等职业学校项目，原则上需进入职教聚集区。

建立专门机构，具体负责协调推进职教聚集区建设和相关的校区资源整合。

（二）整合校区资源

积极推进市属公办职业院校校区整合，除以社区教育为主的职业院校外，各职业院校校区原则上不超过2个。按照适度集中、"板块"发展的方针，鼓励职业院校在政策引导下，由主管部门将规模小、条件差等不适合办学和不符合全市布局调整原则的校区通过划转、拍卖、置换等方式筹集资金，集中资源抓好主校区建设。

二、调整结构

按照高、中等职业技术教育协调发展的思路，进一步优化职业技术教育结构，促进职业技术教育可持续发展。

（一）高等职业教育

积极促进民办高等职业院校的发展，加大扶持力度，加强指导和管理，支持在穗民办高等职业教育的调整发展。大力支持在穗中央、省属高等职业院校的发展建设，建立合作协调机制，协助做好发展和建设工作。

市属高等职业院校要进一步明确发展定位和办学规模，优化资源配置，形成专业规模效应和品牌优势，确保达到国家高职高专院校人才培养工作水平评估合格要求，建立分工合理的市属高等职业教育体系。加大市、区共建力度，将番禺职业技术学院建成具有鲜明地方特色的国家示范性高等职业院校。将广州城市职业学院建成以社区职业教育为主的城市学院，通过进一步优化资源配置和多渠道合作办学，满足广州学习型城市发展需要。将广州铁路职业技术学院更名为广州工业交通职业技术学院，实施易地建设，并加强与市属有关中等职业学校合作，将其建设成为工业交通运输特色鲜明的高等职业技术学院。将广州工程技术职业学院建设成主要为我市工业产业发展服务的高等职业学院。将广州科技贸易职业学院建设成主要为我市高新技术产业和现代生产服务业服务的高等职业学院。广州体育职业技术学院要按照教育部设置标准，加快职业技术教育、训练基础设施建设，加强师资队伍建设，推进学科专业建设，在确保体育竞技特色的同时，确保通过教育部办学评估。

根据国家、省的有关政策和我市经济社会发展需要，选择办学实力强、质量高的高级技工学校，建设成为大专层次的高级技工学院（高等职业技术学院）。努力争取国家和省的支持，加强高、中等职业技术教育合作办学，选择一批高等职业院校和中等职业学校联合开展5年制（3+2）对口招生专业试点，架设高、中等职业技术教育之间的发展桥梁，打通阻碍职业技术教育发展的"瓶颈"。

(二) 中等职业教育

在中等职业学校调整改革的基础上,根据广州产业结构优化升级的要求,对市属中等职业学校进行重组、优化,进一步整合教育资源。已经举办职业技术教育的区、县级市政府要集中力量办好1~2所省级以上中等职业学校。鼓励基础条件较好的市属公办中等职业学校根据地域和专业相近的原则,与区属实力较强的公办职业技术学校加强合作,实现强强联合,或通过市、区共建等方式,提升职业技术教育发展薄弱区、县级市的整体实力。加强对民办中等职业学校的管理和指导,确保规范有序发展。

(三) 专业结构

高等职业院校重点建设15个省级以上示范性专业,中等职业学校重点建设8个国家级示范性专业。大力发展我市产业优化升级大量需求的汽车制造与维修、数控技术、机电一体化、现代物流、先进制造、模具制造、信息技术、医药化工、生物技术、软件动漫等专业,积极发展社区服务、高级护理、轨道交通、旅游服务和物业管理等符合现代城市发展需要的新兴专业,努力改造、优化建筑工程、纺织服装、现代农业、市政园林和包装装潢等一批传统、特色专业,打破学校间的界线,对专业进行统筹优化,根据专业需求,在学校间调配设备和师资。

第三章 创新体制机制

进一步完善政府主导、依靠企业、充分发挥行业作用、社会力量积极参与、公办与民办共同发展的面向社会、面向市场的多元化办学格局。实施体制机制创新,建立健全灵活开放、高效有序的职业技术教育新体制,进一步增强职业技术教育活力。

一、创新办学体制

创新以公有制为主导、产权明晰、多种所有制并存的办学体制。公办职业院校经批准可以采取多种方式与企业和社会力量合作办学,积极利用社会资源吸纳民间资本,或与国外名校合作办学。对具备办学条件、办学水平较高、具有鲜明专业特色和发展潜力、能面向社会开展职业技术教育和培训的国有企业办职业技术教育机构,可探索通过吸收社会资金参股实行股份合作制的方式进行改制,使之成为相对独立的办学实体。

将民办职业技术教育发展纳入经济社会发展总体规划,支持民办职业技术教育发展。鼓励行业组织举办职业院校和开展职业技能培训。鼓励和引导企业和社会力量采取多种形式举办职业技术教育。

结合我市产业发展需要,培育以高等职业院校为龙头、以企业集团为依托、由相关职业院校联合组成的职业技术教育集团。

积极扩大职业技术教育对外开放,鼓励外资在国家法律、法规和政策允许范围内参与我市职业技术教育,引进优质职业技术教育资源和先进管理经验,推进职业技术教育国际化。

二、创新管理机制

(一) 招生管理机制

根据国家政策适时开展本科或研究生层次职业技术教育试点,在条件好、实力强的高等院校开展技术本科教育,在技师学院建设一批3~4年制预备技师、技师试点专业,提高职业技术教育层次。积极鼓励普通高校学生毕业前进入高等职业院校或技师学院进行技能培训,或是考入高等职业院校进行研究生层次学习。

进行高职院校招生考试改革,加快中等职业学校与高等职业学院和技师学院招生专业的衔接,高等职业学院和技师学院在招收普通高中毕业生的同时,要逐渐扩大从中等职业学校招生的比例。鼓励普通高中学生转入职业学校学习。进一步完善高中阶段招生录取机制。

建立健全市属职业院校接收一定比例广州户籍生源的机制,充分满足本市居民的学习需求。

(二) 教育教学管理机制

推进职业院校学分制改革,实施弹性学制,为学生半工半读、工学交替、分阶段完成学业创造条件,满足求学者就业、转岗、升学准备、更新知识、增强技能等多种需求。推进中、高等职业技术教育课程衔接和学历教育教学内容与国家职业标准相衔接,加快构建中、高等职业技术教育贯通的课程体系。

深化职业技术教育的教学内容、教学方法改革,建立和完善以技能水平、创新能力和就业质量为导向的符合职业技术教育规律要求的教育教学评估制度。健全职业技术教育信息共享平台。

加强职业院校学生德育工作,突出诚信、敬业为重点的职业道德教育,使学生树立正确的人生观、世界观和价值观。

(三) 就业和创业指导机制

加强职业指导和创业教育,建立和完善职业院校毕业生就业和创业服务体系,做好学生就业指导、推荐和服务工作。鼓励和引导学生到生产、服务第一线工作或自谋职业、自主创业,促进学生充分就业。设立职业院校毕业生创业发展资金,支持职业院校毕业生自主创业。

三、完善人事管理与分配机制

(一)深化人事制度改革

加快推进公办职业院校的人事制度改革。按照按需设岗、公开招聘、平等竞争、择优聘用、合同管理的原则,全面推行全员聘用制和岗位管理制度。

健全人才引进、培养、使用、选拔机制。重点引进具有硕士以上学位或高级职称的符合我市人口准入条件的高层次人才。按照德才兼备的原则,大胆选拔、使用人才。积极从社会聘用工程技术人员和高技能人才到学校担任专、兼职教师,充实实训指导教师队伍。

在重点院校、骨干企业设立职业技术教育师资培训机构,加强师资培养。采取经费资助等措施,选送优秀骨干教师到职业技术教育发达的国家进修培训,积极鼓励在职教师参加各类业务培训和学历进修。

(二)深化分配制度改革

按照市的统一部署,对公办职业院校实施教职工收入与所聘岗位、个人工作绩效挂钩,建立总量控制、内部搞活的分配办法。充分发挥基础工资和绩效工资的导向作用,建立有效的激励和约束机制。依法保障职业院校在职和退休教师的待遇,提高专任教师、骨干教师的待遇。

第四章 加强基础能力建设

通过加强职业院校基础能力建设,新建和扩建一批项目,从根本上改善职业技术教育基础条件相对薄弱的状况,进一步夯实职业技术教育的发展基础。

一、推进职业院校项目建设

根据国家、省有关职业院校建设的标准,结合我市实际,制定职业院校基础设施建设标准规范和实训设备设施配置标准规范,重点建设一批专业特色突出、综合实力强、与产业关联度高、发展前景好的高等职业院校、技师学院和国家级示范性中等职业学校。

二、加强实训鉴定基地建设

重点建设10个省级以上中等职业技术教育实训中心、2个高技能公共实训基地和8个企业实训基地,新建1个集聚公共实训和职业技能鉴定功能的高技能人才综合公共实训鉴定基地和1个农民工岗前综合教育基地。积极改善设在职业院校和企业的职业技能鉴定所的基础条件，提升技能鉴定能力。

依托市劳动力中心市场，建设农民工岗前综合教育基地，强化政策法规、安全知识等职前教育。

三、加快实训中心项目建设

按照先进适用的原则，重点配置市属高等职业学院、技师学院和国家示范性中等职业学校实训设备装备。重点支持和促进办学条件好的民办职业院校和实力强、技术先进的企业建设实训基地。所有市属公办职业院校均要建立相应的实训中心，满足学生基本技能训练的需要。通过更新和装备一批先进适用的实训设备，进一步改善实训条件，提升受训学员实际操作能力。

第五章　推动合作交流

加强职业院校与行业企业合作，推动职业技术教育与产业发展融合，拓展职业技术教育发展空间，发挥经济发展对职业技术教育的带动力，增强职业技术教育对经济发展的支持力。

一、推动校企合作

大力支持职业院校与企业开展多种形式共建，促进学校与企业在人才培养、就业信息共享等多方面合作。

职业院校要建立校企合作组织，加强与企业的沟通与联系。积极鼓励企业直接参与职业院校专业建设和课程开发。建立企业接收职业院校师生实践制度和保障机制。

大力开展"订单式"培训，增强人才培养的针对性。实施企业技术能手导师制度，发挥导师对实习学生的传、帮、带作用。推行"学校即企业、课堂即车间"的工学结合人才培养模式，"零距离"实现学生到企业员工身份的转变。

高等职业院校要根据产业的发展，积极加强与企业的产学研合作，企业为高等职业院校教研提供实践平台，高等职业院校为企业技术革新提供智力支持。

积极培育校企合作中介机构，充分发挥中介机构在校企合作中的桥梁和纽带作用。

二、推动行业合作

依托各产业的行业协会，成立职业技术教育行业指导委员会，开展本行业人才需求预测，制订职业技术教育培训规划，指导行业职业技术教育与培训工作，参与制定职业技术教育专业系列课程标准和培训机构从业人员资格标准，促进职业院校与生产企业、社会服务单位的紧密联系。

三、推动区域和国际交流

进一步与泛珠三角等区域加强在职业技术教育信息、教育教学改革、师资培养、学生管理、招生就业等方面的交流与合作。支持职业院校开展形式多样的中外合作办学，借鉴国外有益经验，加强师资培养、专业建设、理论研究等方面合作，努力开拓职业院校毕业生国内外就业市场。

第六章 推进职业技术培训

充分发挥职业院校和各类职业技术培训机构的基础作用，积极开展多层次、多形式的职业技能培训，提高新增劳动力的就业能力、失业人员的再就业能力、农村富余劳动力的转移就业能力和在岗人员的创新能力。

一、智力扶贫培训

按现行有关规定，继续通过市财政资助方式，每年在从化、增城分别招收200名农村贫困家庭应届初中毕业生入读中等职业学校。从2007年秋季入学起，扩大智力扶贫覆盖面，免除广州户籍农村贫困家庭和城镇困难家庭应届初中毕业生入读中等职业学校的学费。从2011年起，逐步免除广州户籍农村贫困家庭和城镇困难家庭应届毕业生入读职业院校的学费。

通过政策引导，鼓励企业和社会力量在职业院校设立扶贫奖学金，对家庭困难、综合表现好的学生进行资助。

职业院校要完善奖励资助和勤工俭学制度，按国家规定从学费收入中安排一定比例用于奖励优秀学生和资助贫困家庭学生、选学艰苦专业学生，并组织学生参加勤工俭学，完善职业技术教育扶贫机制。

二、技能型人才培训

各企业要强化自主培训功能和责任，建立工学结合的职工教育和培训体系，完善职工在岗和转岗培训制度，培养一大批适应我市经济社会发展急需的高级工和技师，建设学习型企业。

积极落实资助政策，鼓励职业培训机构开展新劳动力和失业人员培训，提高他们的就业再就业能力和职业转换能力。对应届毕业的大中专院校和技工学校的学生、具有专长特殊技能的人才、自主知识产权拥有者等开展创业培训，提高其创业能力，帮助其成功创业。

三、农村劳动力转移培训

加强农村富余劳动力转移就业培训，实现劳动力的登记、培训、职业介绍、就业指导全程跟踪服务。重点抓好农村贫困户劳动力培训，提高其职业技能，实现向城镇转移就业。促进农村劳动力合理有序转移，帮助他们在城镇稳定就业。加强对外来进城务工农民的职业技能培训，提高其职业技能和就业能力。

四、农村实用人才培训

高度重视农村实用人才培训，促进"农科教"结合，完善区（县级市）、镇、村三级农民文化科技教育培训体系，制订农村实用人才培训计划，通过资金和政策扶持等手段，充分发挥农村各类职业学校、农业类职业学校和农村成人文化技术学校、农村技术推广培训机构的主体作用，扩大农村初、高中毕业生的招生规模和农业从业人员的培训量，开展形式多样、灵活实用的面向农村、面向农民的农村实用人才职业培训，普及农业先进实用技术尤其是都市型农业技术，为建设社会主义新农村、实现城乡和谐发展提供人才支撑。

五、成人继续教育和退役士兵培训

充分利用以社区教育为主的广州城市职业学院、以远程教育为主的广播电视大学和各级就业训练机构的资源与优势，通过自学考试、举办夜校和周末学校等形式，逐步将职业技术培训延伸到企业、街道、社区和家庭，构筑社区居民终身学习平台，提高职业转换能力及创业能力，尤其是失业人员和就业困难人群的再就业能力，努力满足居民多样化学习需求，促进学习型社会建设。

积极贯彻落实省委、省政府有关政策，认真落实《中共广州市委办公厅广州市人民政府办公厅关于印发〈广州市退役士兵职业技能培训实施方案〉的通知》精神，通过资助符合我市安置政策的城乡退役士兵进入中、高等职业院校接受职业技能培训，提高他们的职业能力。

第七章　保障措施

认真落实国家和省有关法律、法规，科学制定相关配套措施，为我市职业技术教育健康有序发展提供政策保障。

一、组织领导保障

(一) 建立联席会议制

充分发挥党委和政府对职业技术教育发展的领导作用。建立和健全市职业技术教育联席会议制度,由分管市领导任召集人,各相关部门作为成员单位,发挥联席会议制度在推进职业技术教育发展中的统筹、指导、协调作用。

(二) 建立责任考核制

建立职业技术教育责任制,把职业技术教育发展纳入各级党委、政府主要领导干部政绩考核范围;国有及国有控股企业要将高技术技能人才培养纳入企业经营管理者业绩考核范围。

(三) 健全督导检查制

进一步健全职业技术教育评估督导和定期巡视检查制度,并接受教育督导部门和各级人大、政协的检查、监督和指导。

二、政策法规保障

积极贯彻国家和省职业技术教育相关法律法规和政策规定,认真落实我市职业技术教育发展政策措施。认真落实国家规定的技能人才待遇政策。进一步落实职业院校办学自主权,中等职业技术学校可依法依规支配办学经费、聘请教师、任命中层干部、设定教师津贴、设置学校专业和安排教学内容。

落实就业准入和劳动预备制度,严格执行"先培训、后上岗"制度。强化职业资格导向作用,全面推行"双证书"(学历证书和国家职业资格证书)制度。完善并落实职业技术培训补贴政策,实现政府购买职业技术教育成果的突破。加强执法监察力度,纠正和处理违法违规行为。

三、经费投入保障

(一) 财政投入

加大财政对职业技术教育发展的支持力度。设立职业技术教育发展专项资金,主要用于职业技术教育基础能力建设的投入,促进职业技术教育发展。从2007年起,城市教育费附加安排用于职业技术教育的比例继续不低于30%,在配套设施建设费返还用于教育的资金中,职业技术教育所占比例到2010年要达到50%以上。

公办职业院校经费按照学校类别和现有的财政预算关系,根据学校培养广州户籍学生的数量与财政核拨经费数额挂钩的原则,以广州户籍学生为基数,实行生均综合定额为主的预算管理。

建立职业院校效益评估机制。对办学水平高、效益好、适应广州发展的职业院校、实训中心（基地）和专业，职业技术教育发展专项资金和其他补助资金给予优先安排。对民办职业院校，主要以政策鼓励为主。

（二）企业投入

企业必须按规定足额提取占职工工资总额2.5%的培训经费，依法承担对职工的岗位技能教育和培训任务。市、区（县级市）人民政府可统筹其中的0.5个百分点，用于促进职业技术教育和职业培训均衡发展，其余由企业用于职工特别是一线职工的教育和培训。

鼓励年产值超过10亿元人民币的企业在职业院校设立技能人才培养基地或自行在企业内设立职工培训中心。对积极开展校企合作、承担实习、见习任务、培训成效显著的企业，政府可给予适当奖励。

（三）其他投入

提高职业院校自有资金的筹措能力。各职业院校要积极开拓培训市场，通过扩大招生和培训规模，或加强与企业合作、自己创办实业和开展社会服务，增强资金筹措能力，充分吸纳社会资金，积极推动学生宿舍、食堂等后勤服务设施社会化。

职业院校在条件许可的情况下，积极开拓思路，争取金融机构贷款支持和接受社会捐资，广开筹资渠道。

四、营造发展环境

（一）加强宣传引导

加强舆论宣传和引导作用，充分发挥各类媒体作用，大力宣传职业技术教育在经济社会发展中的重要地位，宣扬优秀技能人才和高素质劳动者的社会贡献，转变重学历、轻技能、鄙视职业技术教育的观念，引导全社会树立正确的职业技术教育观。充分发挥职业院校技能竞赛和穗港澳技能大赛等职业技能竞赛活动的作用，扩大职业技术教育影响力。

（二）加强理论研究

高等职业院校和技师学院要设立职业技术教育研究机构，进一步发挥职业技术教育研究会的作用，加强职业技术教育理论研究，了解和掌握国内外最新职业技术教育研究成果、先进经验，研究我市职业技术教育发展趋势，为制定相关政策提供依据。

五、规划实施

把本规划的目标和主要任务分解，落实到相关的部门规划及年度发展计划中，引导各级各类职业院校及培训机构有序发展。各相关部门规划及学校发展规划须与本规划衔接。

由市发改委牵头制定近期市属职业院校基础能力建设规划，积极推进市属职业院校进相关教育园区建设，加快一批支撑职业院校持续发展的重点基础设施项目建设。

开展地方政府促进高等职业教育发展
综合改革试点实施方案

为深入贯彻落实《国家中长期教育改革和发展规划纲要（2010—2020年）》和《珠江三角洲地区改革发展规划纲要（2008—2020年）》，积极推进教育体制改革，加快建设我国南方重要的职业技术教育基地，主动适应广州市作为国家中心城市、区域文化教育中心的客观需要，根据教育部《关于组织申报国家教育体制改革试点的通知》（教改函〔2010〕1号）的精神，我市结合自身实际，向教育部提出了在广州建设高等职业教育综合改革试验区的申请。

根据《国务院办公厅关于开展国家教育体制改革试点的通知》（国办发〔2010〕48号）和国家教育体制改革领导小组办公室《关于报送国家教育体制改革试点项目实施方案的通知》（教改办函〔2010〕2号），我市获批"开展地方政府促进高等职业教育发展综合改革试点"（编号03-119-170，以下简称"改革试点项目"），现就"改革试点项目"提出实施方案。

一、改革的必要性

《国家中长期教育改革和发展规划纲要（2010—2020年）》（以下简称《纲要》）提出："大力发展职业教育，到2020年，形成适应发展方式转变和经济结构调整要求、体现终身教育理念的现代职业教育体系，满足人民群众接受职业教育的需求，满足经济社会对高素质劳动者和技能型人才的需要。"《纲要》要求政府切实履行发展职业教育的职责，统筹高等职业教育发展，把职业教育纳入经济社会发展和产业发展规划，健全多渠道投入机制，加大职业教育投入，促使职业教育规模、专业设置与经济社会发展需求相适应。《纲要》还要求把提高质量作为重点，以服务为宗旨，以就业为导向，推进教育教学改革，实行工学结合、校企合作的人才培养模式；调动行业企业的积极性，建立健全政府主导、行业指导、企业参与的办学机制，制定促进校企合作办学法规，促进校企合作制度化。《纲要》要求加快发展面向农村的职业教育，增强职业教育服务"三农"能力。这些都为我市开展高等职业教育发展综合改革试点提出了新的要求，也提供了良好的政策依据。

广州作为"国家中心城市"、"综合性门户城市"和"区域文化教育中心"，在国家区域战略发展格局中具有举足轻重的地位。近年来，我市高等职业教育以迎接教育部人才培养工作评估为契机，积极贯彻教育部《关于全面提高高等职业教育教学质量的若干意见》（教高〔2006〕16号）文件精神，深化校企合作与工学结合的人才培养模式改革，积极推进产学研结合，大力加强教学基本建设，扎实推动专业建设，优化结构，形成了鲜明的人才培养特色，市属高等职业院校建设取得了显著成效。

但是，我市高职教育还存在着以下问题，亟须通过深化改革、创新机制加以破解：一是高职院校规模、结构、质量、效益还不够协调，创新能力和影响力与国家中心城市的定位还不相符；二是办学定位、管理水平、教学水平、专业设置重复等问题，制约着进一步快速、有序的发展；三是市属高职院校的高水平专业带头人的数量和水平与广州市国家中心城市的新定位仍有较大差距；四是行业企业与学校共同培养的有效运行机制有待进一步完善；五是高等职业教育的国际化程度还不够高；等等。如何通过改革创新，促进我市高职教育的高水平发展，是广州高职教育发展面临的一项重大课题。在此背景下，我市推进"改革试点项目"，具有重要而深远的意义。

一是通过"改革试点项目"，以提高办学质量为核心，发挥区域职业教育的集群效应，促进校校合作，整合力量，建立具有更加鲜明特色的广州高等职业教育人才培养新体系。

二是通过建立校企合作长效机制，充分调动政府、行业、企业参与职业教育的积极性，形成合力，促进政、校、行、企资源整合与共享。

三是通过教育观念、管理机制、课程体系、教学内容、实践环节和社会服务等方面的创新，探索适应国家中心城市建设需要的人才培养新模式，增强职业院校服务区域经济社会发展的能力，增强市属高职院校在珠江三角洲、华南地区乃至全国的辐射力与影响力，在经济发展方式转变和产业结构调整中有所作为。

四是通过制定和完善高等职业院校人事制度及师资培养培训、校企合作、招生就业、管理体制与模式等相关政策和制度，为我市高等职业教育持续健康、高水平发展提供保障，拓展我市高等职业教育发展空间，促进我市高等职业教育融入经济社会发展大局，增强高等职业教育对经济发展的支撑力，适应广东经济发展和产业结构调整对技能型人才的需求，适应现代社会人的职业生涯发展和终身教育的需求。

五是通过"改革试点项目"，先行先试，科学发展，为全国同类地区提供经验与借鉴。

二、改革的可行性

我市推进"改革试点项目"也具有可行性。

(一) 优越的地缘优势

广州已被国家确定为国家中心城市、综合性门户城市和区域文化教育中心，是珠江三角洲经济带的核心，是广东以至华南地区的多功能中心城市，是广东省的政治、经济、文化中心和交通枢纽，推进"改革试点项目"具有天然的示范性和辐射性。广州一直是华南地区最重要的教育中心、科技中心，也是广东最重要的、最大的人才培养基地。广州具有很强的经济发展潜力和市场竞争能力，除了在服务业领域的优势非常突出以外，广州信息产业、现代制造业、现代服务业的发展也异军突起，成为新的增长点，产业的特点决定着"改革试点项目"具有坚实的产业基础。

(二) 较高的办学水平

广州市有市属高职院校6所，在校生3.8万人，专任教师约1700人，校园总占地面积240万 m^2，建筑面积105万 m^2。近年来，我市高等职业教育依托示范性专业、精品课程、实训基地等教学基本建设，扎扎实实迎接教育部人才培养工作评估。目前，广州番禺职业技术学院已成为首批国家级示范性高职院校，同时也是首批广东省示范院校，广州铁路职业技术学院已列入国家级骨干高职院校建设计划，广州城市职业学院正在积极申报省级示范性高职院校，广州体育职业技术学院、广州工程技术职业学院、广州科技贸易职业学院先后通过了教育部人才培养工作评估。市属6所高职院校中，有教育部高职高专教育教学改革试点专业2个，有市级以上高职高专示范性专业和示范性建设专业34个；市级以上精品课程76门。多所学校还承担省"双转移"定点培训工作。市属高职院校教学质量和办学水平整体得到了提高，区域服务与辐射功能进一步加强，多年来市属高职院校毕业生总体就业率均在90%以上，一直稳居全省高校前列，为珠三角地区经济社会发展提供了高质量的技能型人才。

(三) 鲜明的办学特色

广州市属高职院校普遍重视校企合作与工学结合的人才培养模式改革，积极推进产学研结合，扎实推动专业建设，优化结构，形成了鲜明的人才培养特色。广州番禺职业技术学院围绕培养"一技之长+综合素质"的高技能人才培养目标，积极实施"双证书"制度，大力培养学生的职业技能，形成以素质为基础，以能力为核心，以就业为导向，产学研相结合的办学特色。广州铁路职业技术学院是广东省唯一一所培养轨道交通特有专业人才的高职院校，学院充分发挥行业优势，走特色立校、质量强校、优势兴校之路，积极引进企业合作建设花都工学结合基地，开展生产性实训，形成了"产教一体，寓学于工"的人才培养模式，把生产性的实训和学生的培养教育糅合到一个实践过程，使学生的学习和工作实现双向融合。广州城市职业学院从"就业导向、能力本位、校企合作、工学结合"的高职教育理念出发,实施"精平台、强专业、多方向、模块化"专业与课程体系改革,形成了"坚持文化塑校,植根社区发展,培养高素质技能型人才"为办学特色的社区职业教育新模式。广州体育职业技术学院、广州工程技术职业学院及广州科技贸易职业学院也分别在优秀竞技体育后备人才培养、现代制造业和服务业人才培养方面创出特色。

（四）旺盛的人才需求

广州开放程度高,各类型的企业多,人才需求旺盛。广州地区中小企业、民企所占的市场份额比北京、上海高出很多,创业的氛围浓郁,创业市场的成熟度高,对创业类型的人才吸引力大。IT 和通讯、零售、物流、金融、网络游戏、广告、房地产等行业的人才连续多年在广州走俏。此外,外贸企业、高科技非制造类企业,对相关人才的需求量也非常大。技能人才尤其是数控加工、模具、制鞋和汽车维修等各种高技能人才,依然供不应求。今后几年,随着广州产业结构转型和升级,应用型、技能型高端人才需要量将急增。

三、改革目标

（一）总体目标

根据《珠江三角洲地区改革发展规划纲要（2008—2020 年)》对广州市作为国家中心城市、综合性门户城市和区域文化教育中心的新定位,以及《国家中长期教育改革和发展规划纲要（2010—2020 年)》的要求,广州市推进"改革试点项目"的总体目标为:构建适应广州现代产业转型和升级以及城市新定位的市属高等职业教育体系,高等职业教育结构、专业布局更加合理,特色更加鲜明;出台促进校企深度合作的政策和制度,充分调动行业、企业参与办高等职业教育的积极性;深化校企合作、工学结合等多样化的人才培养模式改革;建立健全质量保障体系,促进教育教学质量全面提高;推动市属高等职业院校管理体制和办学机制的改革与创新,实现政府主导、行业指导、企业参与的办学体制与机制的重大突破,大力推进合作办学、合作育人、合作就业、合作发展,突出人才培养的针对性、灵活性和开放性,不断提高高职教育服务经济社会发展的能力。

（二）阶段目标

1. 近期目标（2011—2012 年）。

（1）探索以创建职业教育园区,大力促进职业教育结构优化、办学条件改善以及中高职教育的有效衔接与资源共享。以打造南方职教基地为契机,在若干重点领域成立广州高等职业教育集团;探索广州高职教育与企业、行业及其他社会组织等多形式共建高职院校的体制，建立利益相关方参与的广州高等职业教育集团理事会制度，发挥各自在产业规划、经费筹措、先进技术应用、兼职教师聘任、实习实训基地建设和吸纳学生就业等方面的优势；吸纳行业企业参与人才培养与评价，建立健全质量保障体系，促进校企深度合作。

（2）深化人才培养模式改革，提高人才培养质量。大力推行校企合作、工学结合的人才培养模式改革；探索市属高职院校与本科院校、国外高职院校或机构联合培养学生的模式；在部分市属高职院校试行多学期、分段式的教学组织模式，探索以学分制为基础的跨校学分互认、全日制学习与业余学习结合、面授学习与网络学习结合的学籍管理体制改革，鼓励和支持建立网络职业教育平台；大力推广生产型实训教学模式，大力扶持建立"校中厂"、"厂中校"的实习实训基地。

（3）探索高职院校以专业、课程、学分认定为基础的面向市属中职学校、市属技工学校自主招生制度改革，探索高职院校以学业水平考试和面试为基础的面向市属普通高中自主招生制度改革。

（4）加强市属高职院校实训中心的建设，强化社会服务能力，面向行业企业开展技术服务，面向区域开展高技能和新技术培训，为企业职工和社区人员提供多样化继续教育，为中职毕业生在岗学习提供高等学历教育。

（5）继续承担退役士兵教育培训与再就业的社会责任，为城乡退役士兵提供高职教育与技能培训；积极开展科技"三下乡"、农业技术推广、农村技术人员继续教育培训，服务新农村建设。

（6）逐步探索建立公办职业技术院校生均综合定额为主的预算管理体制。

（7）积极推动高职院校学历证书与职业资格证书对接，大力实施高职院校毕业生"双证书（毕业证书+职业资格证书）"制度。

2. 长远目标（2013—2015年）。

（1）制定《广州市促进职业教育校企合作办学指导意见》（暂定名），明确政府、行业企业和学校在校企合作办学中的职责和权益，实现政府主导、行业指导、企业参与的办学体制与机制的重大突破。

（2）架设高、中等职业技术教育之间的发展桥梁，打通阻碍职业技术教育发展的"瓶颈"，加快中等职业学校与高等职业学院招生专业的衔接，全面推进市属高等职业学院与市属中等职业学校的"三二分段"培养模式和面向市属普通高中的自主招生制度改革。

（3）建立符合高职教育特点的教师资格准入标准和制度，改革高职院校专业技术职务（职称）评聘办法。

（4）推进高职教育学制改革，积极探索举办本科层次的职业教育，构建高等职业教育与普通高等教育之间相互畅通的立交桥。

（5）落实和探索扩大学校在专业设置、人事管理、教师评聘、招生考试等方面的办学自主权。

（6）深入开展市属高职院校内涵建设，高等职业教育结构更加合理，特色更加鲜明，教育质量全面提高，高职院校服务经济社会发展的主动性和能力不断增强。

（7）整合优化职业技术院校资源，加快建设一批与我市现代产业体系建设相适应的职业院校。

四、主要任务

（一）建立高职教育办学新体制

1. 完善投入机制，逐步加大教育投入。

（1）实行以举办者投入为主、受教育者合理分担培养成本、学校接受社会捐赠等筹措经费机制，多渠道筹措教育经费，拓宽教育经费渠道，建立和完善高等职业教育阶段培养成本合理分担机制。

（2）加快建立公办高等职业院校生均综合定额拨款制度，构建涵盖齐全、导向明确、增长合理的生均拨款体系。

2. 推进高等职业院校办学机制改革，扩大办学自主权。

（1）推进广州高等职业教育与企业、行业及其他社会组织等多形式共建高职院校体制改革，建立利益相关方参与的高职教育集团和理事会制度。

（2）根据《中华人民共和国高等教育法》，高职院校按照专业布局，在核定的办学规模内，自主设置和调整专业，自主制定招生方案、调节系科招生比例；根据在校学生规模，在规定的内设机构限额内综合设置党政管理机构，自主设置教学、教辅和科研机构，并报机构编制部门备案，自主任免内部组织机构的负责人；在政府核定的各类岗位设置的框架内，根据各学院设定的岗位条件，按照相关程序聘任和解聘各级专业技术人员和管理人员。加强高职院校与企业之间的交流，吸引企业界的优秀人员到高职院校担任专职或兼职教师。建立激励机制，鼓励企业界优秀人员担任高职院校兼职教师。

（3）开展现代大学制度改革试点工作。制定、完善学校章程，探索学校理事会、学术委员会、教学委员会发挥积极作用的机制；全面实行聘任（聘用）制度和岗位管理制度；实行新进人员公开招聘制度；探索协议工资制等灵活多样的分配办法；推进管理人员职员制；完善校务公开制度等。

3. 建立高职教学管理新体制。

（1）改革教学管理制度，逐步实施学分制。

（2）以学分制为基础，在广州市属高职院校之间实施跨校学分互认制度，以提高教育资源利用率，满足学生个性发展的需要。

（3）以学分制为基础，建立全日制学习与业余学习相结合、面授学习与网络学习相结合的学籍管理制度，扩大学生在高职教育中的自主性和选择权。

4. 建立教师资格认证和专业技术职务评聘新机制。

（1）根据人才培养、科技开发和社会服务的实际需要，加强高职院校师资队伍建设，探索建立符合高职教育特点的教师资格准入标准和制度，探索建立符合高职教育特点的高职教师专业技术职称评审制度。在此基础上，探索市属高职院校间教师的自由流动。

（2）根据专业的不同，建立专业教师定期到企业学习锻炼的机制。

（二）探索校企深度合作、产教一体的人才培养新模式

1. 制定《广州市促进职业教育校企合作办学指导意见》（暂定名），明确政府、行业企业和学校在校企合作中的职责和权益，以校企合作为高职教育的发展动力，以校企合作育人作为人才培养模式，以校企合作办学为发展机制，以校企合作就业为导向，实现特色鲜明、面向广泛、内涵丰富的深度校企合作。

2. 出台相关政策和措施，以调动行业企业与其他社会组织或基层政府办学的积极性。

3. 制订校企深度合作方案，大力推行校企合作、工学结合的人才培养模式，推进校企深度合作，探索产学研结合的长效机制。

4. 深化行业企业参与人才培养的全过程，尝试选择一批紧贴广州地区经济社会发展需要的专业，参照职业岗位任职要求制订培养方案，引入行业企业技术标准开发专业课程；推行任务驱动、项目导向的教学模式；探索建立"校中厂"、"厂中校"实习实训基地，试行多学期、分段式的教学组织模式；引入行业企业参与人才培养质量评价，建立健全质量保障体系，全面提高人才培养质量。

（三）构建职业教育新体系

1. 落实《国家中长期教育改革和发展规划纲要（2010—2020年）》提出的"完善职业学校毕业生直接升学制度，拓宽毕业生继续学习通道"要求，加快中等职业学校与高等职业学院招生专业的衔接，全面推进市属高等职业院校与市属中等职业学校的"三二分段"培养模式改革，赋予市属高职院校面向广州市生源更大的招生自主权。以创建职业教育园区为契机，大力促进职业教育结构优化、办学条件改善及中高职教育的有效衔接与资源共享。

2. 鼓励市属高职院校积极探索以专业、课程、学分认定为基础的面向市属中职学校、市属技工学校自主招生制度改革，探索以学业水平考试和技能测试为基础的面向市属普通高中自主招生制度改革。

3. 根据《教育部关于组织申报国家教育体制改革试点的通知》要求，破除制约高职教育事业科学发展的体制机制障碍，从人才培养的需要出发，在市属高职院校中选择少数办学理念先进、办学时间长、条件好、水平高、有发展空间的专业，实施延长学制的改革试点，培养高层次的应用型人才。根据经济社会发展对人才培养的需要，探索与本科院校应用性强的专业联合培养专业学士和专业硕士的人才培养模式，为职业教育打破瓶颈制约，增强吸引力和培养高层次技术应用性人才积累经验。

4. 建立支持中外高职院校或机构联合培养学生的制度，拓展高职院校的国际视野，培养学生的国际竞争与合作意识，为高职院校招收国外留学生创设条件。

（四）拓宽服务社会新路子

1. 提高高职院校的科技开发能力，建立通过评估等手段引导高职教育服务经济社会发展的动力机制和保障机制。

2. 继续做好退役士兵的职业技能培训工作，建立退役士兵就业培训常规运行机制。

3. 探索建立农村实用人才培训和劳动力转移培训的长效机制，提高农民科学文化素质，培育有文化、懂技术、会经营的新型农民，为建设社会主义新农村提供人才支撑。

五、保障条件

（一）建立组织机构

为加强对我市开展高等职业教育发展综合改革试点工作的组织协调，建立广州市高等职业教育发展综合改革试点建设联席会议制度。以市政府分管领导为总召集人，市教育局、市发展和改革委员会、市财政局、市人力资源和社会保障局、市机构编制委员会办公室、市经济贸易委员会、市科技和信息化局、市人民政府国有资产监督管理委员会、市住房和城乡建设委员会、市国土资源和房屋管理局、市规划局、市体育局、市民政局、市总工会、市科学技术协会、市属有关高职院校等有关单位领导参加的广州市高等职业教育发展综合改革试点建设联席会议制度。联席会议日常工作由市教育局负责。

（二）加强组织管理

按照统一领导、分工负责的原则，积极稳妥推进综合改革试点工作。明确各有关单位在综合改革试点工作中的职责,建立主要领导为第一责任人的制度,实行目标管理。各政府相关职能部门和市属有关高职院校根据《广州市高等职业教育发展综合改革试点实施方案》,制定相关的制度和办法,积极推进改革试点工作。

(三) 形成工作机制

建立良性的运行工作机制和协调工作机制。每年至少召开一次联席会议全体成员会议,总结工作成绩与经验,审议年度工作计划,研究部署下一年度的工作安排,以及协调解决推进工作中存在的难题。

(四) 保障经费投入

进行高等职业教育发展综合改革试点建设是牵涉社会各方面的一项系统工程,需要充足的经费支持,市财政根据实际需要,统筹安排经费,保障高职教育综合改革试点工作的顺利进行。

(五) 建立考核办法

建立一套行之有效的工作考核评价办法,加强对综合改革试点工作进展情况的检查与考评,定期组织专家对改革试点工作成效进行考核评价。

(六) 加大宣传力度

通过各种社会媒体广泛宣传进行改革试点的重要性及建设工作的进展情况,动员广州市各政府部门和社会力量积极参与改革试点建设工作,努力营造有利于改革试点建设的良好社会氛围。

六、进度安排

"改革试点项目"建设工作的时间从2011年1月到2015年12月,周期为五年。

(一) 工作启动阶段:2011年1月—2012年2月

主要任务是:印发《开展地方政府促进高等职业教育发展综合改革试点实施方案》,正式启动改革试点工作。

(二) 改革试点阶段:2012年3月—2013年12月

主要任务是:全面开展综合改革工作,包括出台相关的机制、政策;制订组建高等职业教育集团方案,深入推进校企合作;制定引导高职教育服务经济社会发展的动力机制和保障机制,积极开展面向退役军人、农村地区的各种培训。

(三) 中期评估阶段:2013年6月—2013年12月

主要任务是:全面评估全市改革试点建设目标完成情况,认真总结改革试点工作的经验和存在问题,修改完善综合改革试点实施方案,调整改革试点内容，修正改革试点工作目标。

（四）试点深化阶段：2014年1月—2015年6月

按照修改完善后的综合改革试点实施方案进一步推进改革试点工作，完成改革试点建设的主要目标。

（五）验收总结阶段：2015年6月—2015年12月

全面评估综合改革试点工作的目标完成情况，全面总结综合改革试点的成果和经验，形成一套示范模式和创新机制，为全省乃至全国其他省市提供有益经验和借鉴。

七、配套政策

（一）广州市的配套政策

1. 制定并印发《开展地方政府促进高等职业教育发展综合改革试点实施方案》。

2. 把广州市高等职业教育发展综合改革试点项目作为广州重大项目，具体由广州市教育局等部门组织实施落实。

3. 逐步探索建立公办高等职业院校生均综合定额为主的预算管理体制。

4. 制定《广州市促进职业教育校企合作办学指导意见》（暂定名）。

5. 在教师资格认证、人才引进、技术职务评聘、专兼职教师聘用制度改革方面给予政策支持。

（二）需要向省争取的政策支持

1. 向省教育厅争取市属地方高校与省属高校在高等职业院校内涵建设、资金投入、人才引进等方面享有同等的待遇与政策支持，予以优先安排。

2. 在市属高等职业院校自主办学机制改革方面给予先行先试的政策。

3. 在中等职业学校与高等职业学院招生专业的衔接，全面推进市属高等职业学院与市属中等职业学校的"三二分段"培养模式和面向市属普通高中的自主招生等方面给予更大的政策支持。

4. 在举办本科层次高职教育，与本科院校应用性强的专业联合培养专业学士和专业硕士的人才培养模式改革方面给予先行先试的政策。

5. 对中外高职院校或机构联合培养学生给予更大支持。

6. 在探索建立符合高职教育特点的高职教师专业技术职称评审制度及赋予正高职称评审权方面，给予先行先试的政策。

（三）需要向国家争取的政策支持

1. 向教育部争取广州市高等职业教育享受与5个国家中心城市同等的地位，教育部在政策、计划、项目等方面予以指导和扶持。

2. 向国家争取，使作为国家中心城市的广州能够享有必要的省级高等教育的管理权限。

3. 向教育部争取充分落实《中华人民共和国高等教育法》赋予高校在教学活动、科学研究、内部收入分配制度、招生、专业设置、自主管理学校的经费和财产、开展国际交流七个方面的自主权，激发办学活力。

八、风险防范

（一）风险分析

1. 在改革试点过程中，由于涉及面较广，需要改革多种旧体制，处理不同层面的关系，要取得共识，形成合力并非易事，有可能出现推进受阻的局面。

2. 改革试点的建设涉及校、企、政多个主体，关系到人、财、物等多个环节，需要的建设资金量大。如果政府没有按实施方案对建设予以大力支持，建设工作将面临较大困难。

（二）应对措施

1. 建立强有力的领导、组织协调机构。为了研究和解决改革试点工作中遇到的矛盾和问题，在工作启动的同时，同步建立由市领导任召集人、多个部门参加的改革试点建设联席会议制度，强化试点工作的统筹和协调，保障建设工作的顺利推进和有效实施。

2. 明确阶段工作目标和重点，切实按试点工作要求，坚持从实际出发，遵循改革试点—评估反思—改善方案—深化改革试点的建设路径，以科学态度和创新精神，扎扎实实地推进改革试点工作。

广州市教育局

广州市人民政府办公厅关于促进我市职业教育校企合作工作的意见

各区、县级市人民政府，市政府各部门、各直属机构：

为深入贯彻《国家中长期教育改革和发展规划纲要（2010—2020年）》（中发〔2010〕6号）、《关于进一步加强高技能人才工作的意见》（中办发〔2006〕15号），结合我市实际，经市人民政府同意，现就促进我市职业教育校企合作提出如下意见：

一、指导思想和目标要求

校企合作是指我市高职院校、职业学校、技师学院和技工学校等职业类院校（含公办和民办、市属和区属，以下简称"职业类院校"），与相关企业在人才培养与职工培训、科技创新与技术服务、资源共享与共同发展等领域开展的合作。我市职业类院校众多，具有较强的办学能力和较高的办学水平，同时随着经济社会的转型升级，广大企业对技能人才的需求越来越迫切。开展校企合作办学，既是加快职业教育改革和发展，增强服务经济和社会发展能力，打造广州职业教育品牌，建成我国南方职业教育与培训基地的迫切需要，也是促进企业转型升级，增强企业的人才实力和市场竞争力的重要举措。

我市校企合作的指导思想和目标要求是，根据市委、市政府"12338"的决策部署，围绕战略性主导产业发展及其对高技能人才的需求，以"政府引导、校企互动、行业协调"为工作原则，以市场需求和促进就业为导向，充分整合社会各方面教育培训资源，探索建立职业教育、产业发展、促进就业紧密结合的职业教育人才培养新机制和产学研合作新模式。职业类院校与企业在自愿协商的基础上，通过建立紧密型的合作办学体制机制实现优势互补、资源共享，推进生产、教学、科研相结合，产业链和教育链、产品链和教学链的深度融合，全面提升培养对象的综合素质、实践能力和就业竞争力，实现职业类院校和企业共同发展，达到"双赢"、"多赢"的目的。

二、主要内容和方式

（一）开展合作办学

支持企业与职业类院校开展多种形式的联合办学，发挥政府、企业、学校各自在产业规划、经费筹措、先进技术应用、兼职教师选聘、实习实训基地建设和学生就业等方面的优势，形成政府引导，行业组织、企业、学校等各方合作办学，跨部门、跨地区、跨领域、跨专业合作育人的长效机制。鼓励职业类院校或企业牵头或参与组建职业教育集团，充分发挥职业类院校、行业组织、企事业单位各自的优势，在政府的引导下，按所属行业联合职业类院校与企业结成校企利益共同体，推进政校企三方集群联动，成立相应职业教育集团合作办学董事会（理事会），形成共建共享的办学体制、建立校企深度合作的长效机制，实现职业类院校办学模式的多元化。

（二）共同培养技能人才

职业类院校应适应经济社会发展和产业结构调整要求，面向社会开展高技能和新技术培训、成人学历教育，提高社会服务能力。主动与企业在学生实习、专业设置与课程开发、订单培养与就业推荐、师资交流与培训、职工培训与继续教育等方面开展合作，积极参与企业技术改造、产品研发等。对企业的"订单培养"需求，职业类院校按照学历教育人才培养标准，结合企业岗位工作标准和国家职业资格标准与企业共同制订技能型的"订单培养人才"培养方案，为企业定向培养、输送人才，并可以企业名称命名班级。企业要发挥主体作用，积极参与和支持校企合作培养高技能人才，并将其作为建立现代企业职工培训制度的重要内容，更多地通过校企联合办学、"订单式"培养，录用新员工，满足生产、经营、服务对人才的需求。

（三）合作推进内涵建设

职业类院校要建立有职业院校负责人、企业负责人、行业专家和对口科研院校专家参加的校企合作指导委员会和有企业专家参加的课程建设和专业教学指导委员会，试行校企互派人员挂职制度，联合推进职业教育课程改革，优化专业设置，加强专业建设，合作共建课程。职业类院校要聘请有实践经验的合作企业专家担任专业教学和技能训练的兼职教师，建立兼职教师师资库，合作企业每年从库中定期派遣中高层管理人员或技术人员到职业类院校参与人才培养。职业类院校和合作企业共同制订教师能力建设计划，建立教师定期到企业实习锻炼的制度，联手培养"双师型"教师，把与企业合作共同培养教师专业实践能力作为教师培训工作的重要途径。企业要依靠相关专业优势，积极参与职业教育发展和教学相关环节，做好职业教育发展规划、专业布局、课程体系、评价标准、教材建设、实习实训、兼职教师选派等方面的工作指导和咨询，在职位晋升、工资福利待遇等方面切实保障到学校培训的职工的权益，对到企业实习锻炼的教师，安排其在生产、管理、技术、研发等岗位顶岗实习或参与有关工作和活动，帮助其完成实习课题。

(四) 共同建设实验实训基地

职业类院校要与企业合作建设实验实训基地或实训中心，按照互惠互利原则，明确校企双方职责和利益，采用接受企业设备赠送、设备推介、为企业提供设备场地、与企业合股等形式，积极引进企业先进生产设备、产品、资金、生产线、生产车间或技术创新机构用于实训、生产和研发，共同将实训基地或实训中心建成企业的生产、研发基地和学校的教学工厂、对外培训中心及技能考核鉴定场所，有效保证学生和对外开展生产性实训，企业通过合作建设实训基地或实训中心实行设备、人才资源共享配套，促进实训、培训、生产和研发相结合，提高生产效益。支持企业提供场地吸引职业类院校带着技术与资金到企业建立"厂中校"、培训实训基地或教师企业工作站。

(五) 共同建立实习就业基地

职业类院校要通过与企业签订协议、在企业挂牌等形式，建立相对稳定的学生生产实习和就业基地，积极实行实习就业一体化。严格按照相关规定安排实习内容，建立和完善学生实习制度和实习管理制度。合作企业要积极接受职业类院校学生到企业相应岗位实习，安排对口专业的实习岗位，安排带教师傅，做好岗前培训、安全教育，提供劳动保护。学生实习前，学校与学生或学生家长、学校与企业应该以书面形式分别签订学生实习协议，明确各自权利、义务和责任，不得通过中介机构代理组织、安排和管理学生实习工作。实习可根据专业需要灵活安排，要积极探索工学结合、半工半读、学校学习和企业实习分阶段、交替式学习等模式。禁止安排实习学生在风险较大、非本专业对口行业或者其他不适宜学生实习的岗位顶岗实习，学生每天顶岗实习时间不得超过8小时。对实习学生按有关规定和实习合作协议提供合理报酬，支付实习期间的意外伤害保险费用。对半工半读的学生可实行免费培养，所需费用经企业和学校协商，由企业合理分担。要根据需要，优先从实习学生中录用新员工，帮助学生就业。要积极开拓国际合作办学途径，开展境外实习、研修项目，提高实习档次和水平，开拓境外就业市场。

(六) 共同开展技术研发

职业类院校要把与企业合作开展技术研发作为提升学校服务地方经济社会发展能力和企业提升市场竞争力的重要举措，以政府为主导，整合研发机构、高科技企业和职业类院校科技创新资源，政产学研合作开展技术攻关，建设产业化孵化基地，汇聚、转化、转移技术成果。职业类院校要制定政策措施，培养骨干力量，确定研发项目，积极组织教师开展应用技术研究、技术革新与攻关、与新课程相配套的实训设备和实训平台的研发制作，并积极推进产业化经营服务，努力推进成果在生产实际和教学实训领域的应用。企业可充分利用职业院校场地、设备、教师资源,在职业院校建立产品研发基地,通过企校合作,建成新产品、新技术的培育孵化基地。

三、保障措施

(一)加强组织领导

建立职业教育校企合作运行指导机制,由市发展改革、教育、人力资源和社会保障部门负责指导和协调职业教育校企合作的有序开展,完善促进校企合作配套的政策、措施和办法,搭建校企合作对接和信息沟通的平台,评估校企合作的成效。各有关部门也要通力合作,履行相应职责,将职业类院校的发展纳入本地经济社会和产业发展规划,统筹谋划职业类院校发展规划、经费筹措、基础建设等重大政策措施,引导和鼓励相关企业与职业类院校开展校企合作,并积极指导解决校企合作工作过程中的困难和问题。

(二)形成共促合力

优化职业教育发展环境,建立和完善政府引导、行业协调、校企互助、企业参与、社会联动的校企合作长效运行机制。在政府引导下,行业组织要发挥在信息、人才和技术等方面的资源优势,鼓励、指导和规范本行业的企业和职业类院校开展合作,协调合作关系,推动合作项目的顺利实施,并及时发布和预测本行业技能人才的用人信息,参与实践教学标准及实习指导教师能力标准的制定等。学校和企业要发挥在校企合作中的双主体作用,要把校企合作纳入发展总体规划,建立健全各项规章制度,明确专责领导负责推动校企合作工作的组织和实施,鼓励学校和企业在合作协议中安排校企合作促进专项经费,校企合作产生的利润中应当预留部分资金作为校企合作项目发展资金。

(三)加大财政支持力度

市教育、人力资源和社会保障部门根据校企合作项目每年开展情况,申请有关项目资金支持或视财力列入部门预算。政府各相关部门应在当年度财政预算中按生均比例安排资金,并多渠道筹措经费,保证用于支持校企合作发展的资金随着经济社会的发展同步增长。

财政支持校企合作的资金主要用于职业类院校和企业联合建设职业教育实习实训基地及生产车间;支持企业办学和建立实训基地;合作开展企业技术改造、产品研发、科技攻关和促进科技成果转化;企业接纳职业类院校学生实习发生的物耗能耗,职业类院校学生实习期间意外伤害保险;职业类院校和企业联合开发地方特色教材,校企合作专题调研、专项研究和经验交流等活动。

(四)强化政策保障

1. 人力资源和社会保障部门要制定和完善职业教育专业领军人才引进的

激励政策，建立企业引进人员职称互认制度，落实企业人员调入职业类院校直接享受职业类院校相对应的待遇。加快制定出台建立实习实训安全责任分担政策及实施办法、学生顶岗实习工伤保险补贴制度及实施办法等系列政策。

2. 校企合作所形成的技术成果、专利、发明等知识产权及产品的收益均为投资者共有，也可通过协商确定其归属，成果主要完成人可按有关法规享有相应权益。

3. 明确企业职工培训经费，企业应建立职工培训和继续教育制度，并确保按规定提取职工培训经费并合理使用。对企业和职业类院校合作开展"订单式"技能人才培养，由企业承担的支出可从企业职工教育经费中列支。企业应在职位晋升、工资福利待遇等方面切实保障到学校培训的职工的权益。

4. 校企共办非营利性教学实训基地用地可列入教育用地范围，允许使用教育经费与企业共建资产权属明晰的企业实训基地，制定相应的管理制度与操作办法，对校企合作建设实训（生产）基地的教学管理、设备与物资管理、生产管理、现场管理、人员管理等提出具体要求，使职业教育高技能人才培养的每个环节均与企业、职业要素"全面渗透"，全面提升实训基地的功能，推进实践教学改革。

5. 落实相关税费优惠政策，企业用于校企合作的设备按税法规定计提折旧，企业给予实践教师和顶岗实习的学生的劳动报酬或津贴按照税法规定予以税前扣除。企业通过具有公益性捐赠税前扣除资格的社会团体、群众团体或者县级以上人民政府及其部门，个人通过具有公益性捐赠税前扣除资格的社会团体、群众团体或者县级以上人民政府及其部门，向职业类院校捐赠的支出，可按相关税收政策规定的比例在缴纳企业所得税、个人所得税税前扣除。对企业共同合作研究开发的项目，符合税收政策规定条件的，由合作各方就自身承担的研发费用分别按照规定在计算企业所得税应纳税所得额时加以扣除；对企业委托职业类院校进行研究开发活动的研发费用，符合税法规定条件的，由委托方按照规定在计算企业所得税应税所得额时加以扣除。

（五）建立评审考核机制

校企合作各方应对合作项目建立考核、评价体系，共同制定考核标准，对人才培养及在职培训质量等进行考核；市和区（县级市）主管部门应当对财政用于支持校企合作发展的资金的使用情况进行绩效评价，并根据评价结果对资金使用进行调整。市有关职能部门及其委托的行业组织，对职业教育校企合作项目及其实施情况进行检查、评估，检查、评估结果作为政府专项资金资助或奖励的依据。对校企合作中有突出贡献的职业类院校、企业、个人，按规定进行评选表彰。对职业类院校参与企业技术改造、产品研发、科技攻关和促进科技成果转化给予资助或奖励；对校企合作培养高技能人才成绩突出的职业类院校，将优先推荐申报各级实训基地建设和基础设施建设项目，优先推荐参评各级教育部门的荣誉集体和人力资源和社会保障部门授予的"高技能人才实训基地"称号。

四、其他

本意见自 2013 年 3 月 1 日起施行，有效期 5 年。

广州市人民政府办公厅
2013 年 1 月 24 日

关于加强我市高等职业教育内涵建设工作的若干意见

市属各高职院校：

根据教育部《关于全面提高高等教育教学质量的若干意见》（教高〔2012〕4号）、《关于推进高等职业教育改革创新引领职业教育科学发展的若干意见》（教职成〔2011〕12号）、省委省政府《关于统筹推进职业技术教育改革发展的决定》（粤发〔2011〕14号）、省教育厅《关于进一步提高广东省高等职业教育教学质量的意见》（粤教高〔2007〕102号）、市委办公厅市府办公厅《关于印发〈广州市中长期教育改革和发展规划纲要（2010—2020年）重点任务分工方案〉的通知》（穗文〔2012〕13号）等文件精神，为提高教学质量，推动我市高等职业教育健康持续发展，培养大批高级技术技能型人才，现就加强我市高等职业教育内涵建设工作提出以下意见，请认真贯彻执行。

一、优化结构，实施重点专业建设工程

以服务为宗旨、就业为导向，适应广州经济社会发展和产业转型升级的需要，建立科学的专业预测、建设与协调机制，形成合理的专业结构。支持特色学校和特色专业做优做强，积极扶持适应战略性主导产业和战略性新兴产业发展需要的专业发展，遴选建设30个基础条件好、改革思路清晰、教学和人才培养模式先进、改革成效大、特色鲜明、办学水平和就业水平高，尤其在校企合作、工学结合方面优势突出的市级重点专业，争取建成省级重点专业。

各高校要以重点专业建设为契机，以重点专业为龙头，优化专业结构，推动专业群建设，带动相关专业改革发展，逐步形成以专业特色为基础的办学特色。要抓住机遇，集中力量发展我市产业优化升级大量需要的汽车、数控、机电一体化、轨道交通、现代物流、制造、信息、石油与医药化工、生物、软件、动漫等专业，积极发展高级护理、物业管理、社区、旅游、文化服务等新兴专业，努力优化改造市政建设和建筑工程、纺织服装、现代农业、市政园林和包装装潢等传统、特色专业。

二、优化机制，实施教师队伍建设工程

遴选建设10个市级教学团队。各高校要以此为契机，以深化人事制度改革为突破口的校内管理体制改革，加强工学结合型和职称、年龄、学历和学缘等结构合理的教学团队和有效合作机制建设，注重优化"双师"结构，提高专任教师"双师"素质、实践教学能力和整体水平。鼓励专兼结合的

教学团队共同开展教学方案的规划和设计,通过制定教师到企业顶岗实践的制度,提升教师职业教育教学能力。大量聘请行业企业专业人才和能工巧匠到学校担任兼职教师,逐步加大兼职教师比例,形成实践技能课程主要由具有相应高技能水平的兼职教师讲授的机制。同时,组织教师开展教学技能竞赛,提供教师交流教学经验的平台。遴选建设市级 5 个教师教学发展示范中心或专业教师实践基地。各高校要积极支持,采取措施,强化教师能力培养和专业素养提升。遴选培养 15 名市级教学名师。鼓励保障高水平教师进行教学研究和改革,多出成果,充分发挥校级教学名师示范作用,在各高校培育教学名师的基础上,遴选培养市级教学名师,加大培养力度,争取培育出 5 名省级、国家级教学名师。

三、创新模式,实施教学改革工程

加强教育教学立项改革,遴选资助 50 个市级教改项目。支持教师和教学管理人员在专业建设、课程设置、教学内容、教学方法、实践教学和管理等方面开展教育教学改革研究与试验,以校企合作、工学结合为人才培养模式改革的切入点,争取行业企业参与,积极推行与生产劳动和社会实践相结合的学习模式和任务驱动、项目导向、工学交替、顶岗实习等教学模式,带动专业调整与建设,改革以学校和课堂为中心的传统教学模式,进一步明确培养目标,切实把培养学生动手能力、实践能力、创新精神和可持续发展能力放在突出地位。推动高职院校开展"现代学徒制"人才培养模式改革探索,推动高职院校与本科院校合作开展高级技术技能型人才培养;通过委托行业组织和协会,组织各类技能竞赛,为学生提供交流、学习和展示自我的平台,推动实践性教学工作全面开展,提高教育教学质量、效益、水平,办出特色。

四、强化基础,实施教学资源建设工程

抓住课程建设与改革的核心、重点和难点,强化课程和教材基础性建设工作,用现代教育技术手段,推进课程建设。遴选建设 30 门市级精品开放课程,50 部内容新颖、体系合理、特色突出的市级立体化教材和优秀教材,推动课程体系、教材建设、教学内容、方法和手段、效果取得较大突破,争取建设 15 门左右省级、国家级精品开放课程,15 部省级、国家级优秀教材。大力开发数字化教学资源,推动校校、校企优质教学资源共建共享。积极推进网络资源开发和共享平台建设,遴选建设 15 个市级教学资源库,加强数字化图书馆和网络辅助教学网站建设,实现图书资料等教学文件以及参考资料等优质资源上网开放共享。积极与行业、企业合作开发课程,根据技术领域和职业岗位

（群）要求、职业资格标准，建立突出职业能力培养的课程标准，规范课程教学基本要求，建设具有工学结合，融"教、学、做"于一体的精品开放课程，编写一批基于生产过程的高职课程优质教材。

五、深化合作，实施实训基地建设工程

提高实践教学基础建设水平，遴选建设6个高职教育示范性实训中心和30个实训基地。保证大多数学生能在实习基地进行集中实习，拓宽学生校外实践渠道。各高校应抓住机遇，吸引企业对学校的技术、师资和设备支持，与企业建立形式多样、资源共享、互利双赢的合作伙伴关系，使校内外实训基地成为技术装备先进、教学改革力度大、集教学、培训、技能鉴定及技术服务等多功能为一体的厂校合作平台，加大校内外实训基地生产性实训的比例，让师生在真实的企业工作场景和氛围中，训练实际动手技能。

六、创新机制，释放高职院校办学活力

各高校要促进人才培养模式创新，推行学分制，实行多种学制并举的教学管理体制。根据职业技术与职业岗位的特点，以满足岗位（群）实际需要的知识、能力、素质要求为标准，在各专业中推行学分制和弹性学制，实行并完善弹性学制和灵活的教学管理制度。进一步推进"双证书"制度。各高校必须把培养学生动手能力、实践能力和可持续发展能力放在突出位置，主动与劳动、人事部门和行业联系，建立职业技能鉴定机构，开展职业技能鉴定工作，强化学生职业能力培养，使有职业资格证书专业的毕业生取得"双证书"人数逐步达到80%以上，获得高级工证书的比例要逐年提高。根据国家职业分类标准整合课程体系，要把证书课程纳入培养计划与课程体系之中，尽量使专业教学大纲与证书考试大纲衔接，改进人才培养方案，创新人才培养模式，突出强化学生技能训练的要求，使学生在获得学历证书的同时顺利获得相应的职业资格证书，增强就业竞争力。

七、拓宽视野，加强境内外交流与合作

支持职业院校与境外有关组织、企业和机构开展多元化合作。各高校要积极推进境内外师资、学生、课程的交流与合作，加大引进境外优质教育资源的力度，推进联合开发课程、联合专业人才培养等。鼓励职业院校与境外优质高等教育机构联合办学，鼓励有条件的职业院校到境外拓展国际合作领域。

本意见所涉的高等职业教育内涵建设的周期为5年。

广州市教育局　广州市财政局
2013年7月8日

服务广州新型城市化战略，加快发展现代技工教育行动计划
（2013—2016）

为深入贯彻落实党的十八大精神，紧紧围绕"加快转型升级、建设幸福广东"的要求，深化技工教育"273"工程，完善广州模式，加快推进我市技工教育现代化进程，为新型城市化建设提供技能人才支撑，制定《服务广州新型城市化战略，加快发展现代技工教育行动计划（2013—2016）》（以下简称"七大行动计划"）。

一、行动思路、目标与原则

（一）总体思路

坚持社会主义办学方向，践行"技能振兴"强国梦，紧紧围绕全面建设国家中心城市的核心目标，坚持"民生为本，人才优先"的行动主线，坚持"市场导向，开放多元"的办学体制，坚持"提高办学质量，服务产业发展"的办学思路，加快推进技工教育高端引领和内涵发展，在技能人才培养中实现新突破，推动新发展，创造新成就，积极主动为低碳经济、智慧城市、幸福广州的建设做贡献。

（二）总体目标

2013—2016年，广州市技工教育在校生总规模稳定在10万人以上，职业培训每年稳定在8万人次以上，毕业生就业率稳定在96%以上，技师学院高技能人才培养比例达60%以上，世界性技能竞赛奖牌实现零的突破。校企合作机制基本健全，人才培养模式不断优化，服务产业发展的能力明显增强，师资队伍结构、素质全面改善，技工教育品牌效应日益凸显，现代技工教育——广州模式体系基本建立。

（三）行动原则

——服务产业转型升级。围绕广州产业发展需求，着力解决技工教育与产业、学校与企业、专业设置与职业标准、课程教学与职业岗位群的对接问题，培养适应广州及珠三角地区经济社会发展需求的各类技能人才。

——服务更高质量就业。积极开展校园对接产业园，推动校企双制办学，全面提高教育教学质量。对技工院校学生实施全程化职业指导教育，促进创业带动就业，健全面向全体劳动者的职业培训体系，以更高质量技工教育服务更高质量就业。

——服务高端引领。以广州技工教育60年办学实践为基础，以发达职业

技术教育地区为参照，引进先进的办学理念、方法和技术，调整和优化我市技工教育结构，推动我市技工教育办学水平的提升。推进一流技师学院建设和国家中职示范校建设，促进全市技工教育新一轮大发展。

——服务内涵发展。立足广州经济社会发展大局，遵循技工教育发展规律，处理好扩大规模与提高质量，加快发展与规范管理的关系，充分整合有利资源，公办技工院校与民办技校"结对子"，协同发展，推动我市技工教育质量整体上台阶，引领全国技工教育发展。

二、七大行动计划内容

（一）产业主导行动计划

目标：立足广州产业发展实际，重构专业群布局，加强产业系建设，深化校企合作，力争形成与区域产业匹配、结构合理、特色鲜明、极具竞争力的专业群发展新格局。

1. 成立"政校企协"合作委员会。贯彻落实《关于促进我市职业教育校企合作工作的意见》（穗府办〔2013〕2号），由本局牵头成立广州市技工教育"政校企协"合作委员会，充分发挥政府部门的组织优势、资源调节优势、公共管理优势，组建技工教育专家库，搭建政府部门、学校、企业、行业协会对接和信息沟通平台。省重点以上技工院校要组建校企合作委员会，与企业进行多层次、多维度的沟通合作，有条件的可以组建技工教育集团。（局技工教育管理处牵头）

2. 开展企业技能人才供需调研。各技师学院每年要以教学系为单位开展有针对性的技能人才供需调研并综合上报，局层面要依托"政校企协"合作委员会，深入相关行业企业开展技能型人才供求基本情况调查，充分利用人力资源市场发布的信息，科学确定技工院校相关专业的总体发展规模。（市教研室牵头）

3. 推进技工院校产业系建设。紧紧围绕广州"9+6"战略性主导产业中的优势产业与新兴产业，将办学重点由传统制造业向先进制造业、现代服务业和战略性新兴产业拓展。各技师学院要按照职业门类与产业发展之间的内在联系组建产业系和专业群，构建一体化课程体系，培养一体化教学团队，建设一体化实训基地，加快形成各具特色、富有活力、与广州产业结构相匹配的专业发展布局。（局技工教育管理处牵头）

4. 深化校园对接产业园工作。贯彻落实《广东省技工院校校园对接产业园工作实施意见》（粤人社函〔2012〕4586号），由本局牵头建立技工院校与产业园区良性互动发展机制，各技工院校要积极与产业园区对接，与园区企业开展合作办学、职业培训与鉴定服务,联合优质企业开展技术、工艺研发,实现"产教研培"对接,优先配置技能人才就业资源。(局技工教育管理处牵头)

(二)校企双制行动计划

目标:落实省厅"校企双制"改革精神,加快校园对接产业园步伐,建立政府出政策、企业出岗位、学校出学位的新机制,创新技能人才培养与使用紧密结合的办学模式。

5. 组建"校企双制"试点工作组。贯彻落实《广东省技工院校"校企双制"办学指导意见》(粤人社发〔2012〕178号),成立"校企双制"办学试点工作组。由试点工作组组织专家评审,各技师学院遴选3~5个优势专业作为试点,积极开展"招生即招工全日制双制班"、"招工即招生在职双制班"等形式的探索改革,培养符合企业需求的技能人才,并在此基础上进一步完善"校企双制"技师培养模式。(局技工教育管理处牵头)

6. 制订试点专业人才培养方案。试点院校要对试点专业组织校企双方共商专业规划、共议课程体系、共创工学一体、共组教师队伍、共建学习环境、共搭管理平台、共享教学资源、共评学生能力、共招学生员工,开发一套体现"院校课程与工作任务于一体、学习过程与工作过程于一体、学生身份与员工身份于一体"特征的人才培养方案。(各技工院校负责)

7. 实施"校企双制"试点专业教学。试点院校和企业根据实际实行分专业、分阶段、分层次组织教学。院校要充分发挥教学和管理的双重优势,全程参与教学组织,并充分利用企业的设备、场地和人员,加大实践教学力度。(各技工院校负责)

8. 探索"校企双制"人才培养评价机制。组织研究机构专业人员、行业协会代表、企业代表、技工院校教师等共同参与,探索"校企双制"办学模式下技能人才评价的标准化、规范化技术路径,创新技能人才评价方式和评价标准。(市教研室牵头)

(三)强师重教行动计划

目标:以提升师德水平和专业素质为核心,推动师资队伍规模、质量、结构协调发展,整体素质和执教能力全面提高,努力建设一支师德高尚、业务精湛、结构合理、充满活力的高素质专业化教师队伍。

9. 加强专业带头人培养。依托产业系建设,每年遴选20名专业带头候选人,开展针对性培养,使其承担本专业建设任务,在人才培养方案制订、科研教改、专业教材开发、应用技术推广与研究等方面起带头和把关作用,在同类型院校专业领域有较高的知名度。(市教研室牵头)

10. 加强教学团队建设。探索世界级和国家级技能竞赛优胜者引进机制、技工教育专业技术人员正高级职称评审机制、技工教育工作者在职攻读更高学历学位激励机制。加大培训力度,每年组织出国(境)培训30人次,赴国内发达地区培训300人次,常规基础性培训2500人次,培养既有扎实专业理论功底,又有熟练实践技能,能实现理论与实践、教学与生产有机结合的一体化师资。省重点以上技工院校要确保专业课教师每年至少到企业进行专业实践锻炼1周,重点遴选和建设教学质量高、结构合理的教学团队,力争专业课一体化师资比例达50%以上,其中技师学院要达到70%以上。(市教研室牵头)

11. 加强科研团队建设。健全和完善技工教育科研管理体系,推动科研工作规范化、制度化,切实发挥教育科研在技能人才培养过程中探寻规律、服务决策、创新理论、指导实践的作用。省重点以上技工院校要以教学团队为载体,坚持教学科研共同发展,以教学为本,以科研促进教学,以科研带动专业发展,努力建成一支业务精湛、成果显著的科研团队。(市教研室牵头)

12. 加强学生管理团队建设。各技工院校要以德育工作为主线,坚持以生为本,充分发挥党团组织在学生自我教育、自我管理、自我服务中的作用,组织学生参与学校重大活动,加大社团建设力度,不断加强学生管理队伍建设,努力提高学生管理综合水平,确保无重大责任事故发生。(各技工院校负责)

(四)能工巧匠行动计划

目标:以技能大师工作室建设为龙头,聘请行业企业技术、技能专家进校园、带徒弟、上讲台、显身手,充分发挥"能工巧匠"在带徒传技、技术攻关、技艺展示、资源开发等方面的重要作用,深化技工院校与行业、企业的合作。

13. 推进技能大师工作室建设。大力推行现代学徒制,建立技能导师制。省重点以上技工院校至少建成技能大师工作室2～4个,全市技工院校力争建成8～10个省级技能大师工作室、2～3个国家级技能大师工作室。(局技工教育管理处牵头)

14. 选聘能工巧匠进校园。延揽各行业、各职业(工种)中掌握"绝技、绝活、绝招"的一线技能人才,建立"能工巧匠"信息资源库。各技工院校重点专业要积极聘请1～2名"能工巧匠"到学校担任专业课教师或生产实习指导教师,全市技工院校力争聘请"能工巧匠"100名以上。(局技工教育管理处牵头)

15. 建立技艺传承和创新平台。充分发挥广州市各行业协会和技师协会等团体的中介服务作用,依托大师工作室,定期组织技艺交流、成果展示,开展工艺、技艺研发。省重点以上技工院校要配合企业培养"能工巧匠",为"能工巧匠"的成长、成才提供必要的继续教育机会,并积极参与企业高技能人

才队伍评价的开发工作。(市教研室牵头)

16. 组织各类技能竞赛。进一步完善技能大赛制度，将每年5月定为"技能月"，每两年组织一次全市技工院校技能大赛，扩大技能竞赛范围，提高技能竞赛质量。建立世界技能大赛参与机制，加快研发与国际接轨的职业标准，培养世界通用技能人才。力争全市技工院校获省级技能竞赛奖项150人次，全国技能竞赛奖项30人次，世界技能竞赛奖牌实现零的突破。(市教研室牵头)

(五) 优质就业行动计划

目标：推进全程化的职业指导，推动技工院校学生的生涯规划、职业素质、创业意识和就业能力大提升，毕业生就业率保持在96%以上，促进对口就业，稳定就业，催生一批微小企业，带动部分毕业生自主创业、成功创业，建立"创业孵化基地"。

17. 加强职业指导教学。落实《职业指导进校园活动工作方案》(穗人社发〔2012〕45号)，开发职业指导本市地方教材和教辅资料，组建市级职业指导讲师团，每年开展巡回讲座，并举办市级职业生涯规划大赛或创业规划大赛。各技工院校要推进职业指导课程与教学改革，逐步实现职业指导的全程化、全面化和全员化。(市教研室牵头)

18. 加快就业服务平台建设。落实《广州市技能人才公共就业服务平台建设工作方案》(穗人社发〔2012〕100号)，以我市各级公共就业服务机构为依托，建设技能人才公共就业服务平台。充分利用"五个一"的技能人才就业服务体系，在人力资源和社会保障事务各方面为技能人才提供职业生涯全程服务。(局技工教育管理处牵头)

19. 开展创业教育进校园。各技工院校要逐步推进创业教育，重点培养学生的创业意识、创业能力和创业胆识，引导学生树立想创业、敢创业、会创业的信念，切实提高学生自主创业、自我就业的能力。结合"创业孵化基地"、"中小企业研发基地"的建设，积极争取并利用省市创业相关优惠政策，帮扶学生创业。(各技工院校负责)

20. 推进技工院校就业质量评估。构建技工院校毕业生就业质量评估体系，对毕业生初次就业率、专业对口率、就业稳定率、就业满意度、企业满意度等指标进行评估和考核。省重点以上技工院校每年底向局提交当年毕业生就业调查报告，局统筹召开就业分析会，其结果作为院校就业管理、招生计划审批和专业设置的重要参考。(局技工教育管理处牵头)

21. 开展毕业生就业跟踪服务。建立全市技工院校毕业生就业与培训终身服务信息系统。省重点以上技工院校需抽样并跟踪毕业生就业的情况，并为其提供职业适应指导、继续教育等服务。(各技工院校负责)

（六）终身培训行动计划

目标：健全相关制度，建立学制教育和社会培训并举制度，完善终身培训体系，提升终身培训服务基础能力，推进终身培训基地和职工培训基地建设，构建远程培训学习平台，扩大培训规模，提高培训质量。

22. 构建技工教育终身培训体系。局统筹完善终身培训相关制度，建立以校企合作为基础，覆盖对象广泛、培训形式多样、学历教育与技能培训相互融通，管理运作规范、保障措施健全的终身培训工作新机制。依托现有继续教育基地，探索构建技能人才继续教育机制。省重点以上技工院校建立"学员信息库"，探索打通"初级工—中级工—高级工—技师—高级技师"的培训通道。（局技工教育管理处牵头）

23. 推进终身培训基地与职工培训基地建设。局统筹开展技工教育终身培训基地建设，健全技能培训工作管理机制，经费投入机制，落实人员配置、师资队伍建设等工作。各技师学院以校企合作为基础，与大中型企业或工业园区合作，共同开展技能人才培训工作。（局技工教育管理处牵头）

24. 打造远程培训学习平台。依托信息化建设项目，搭建广州技工教育"远程培训学习平台"，建设终身培训数字化学习资源，探索远程技能培训的新模式。根据板块信息化建设进度，配套完成一批远程课程数字化资源建设。（市教研室牵头）

25. 开展各类职业培训工作。积极面向企业在岗职工、异地务工人员、高校毕业生等群体开展各类职业技能培训。各技师学院以省、市相关文件精神为指导，加大职业培训工作力度，每年开展各类培训1.5万人次以上。力争全市技工院校年培训量达8万人次以上。（各技工院校负责）

（七）文化引领行动计划

目标：立足广州技工教育，弘扬精神文化，规范制度文化，引导行为文化，彰显物质文化，推进广州技工教育核心价值认同，构建技工教育文化宣传大格局，发扬各自文化特色，全面提升技工院校软实力，进一步塑造技工教育广州品牌。

26. 创新技工教育文化。构建"以生为本、技能强国、服务为先"的技工教育文化价值体系，为技工教育事业发展提供强有力的思想基础、精神动力和智力支持。各技工院校要强化服务意识，服务学生、服务企业、服务社会，以服务提升学校品牌，营造良好的校风、教风、学风和班风，开展基于职业道德的德育检查评比活动。（市教研室牵头）

27. 推进校企文化融合。各技工院校要联合品牌行业企业，引导"产业文化进校园，企业文化进课堂"，大力推进校企文化的融合，进而推进技工教育办学模式、培养模式和成才模式的改革，形成具有广州特色，与合作行业企业文化价值体系相对接、相协调的技工教育文化。（市教研室牵头）

28. 创建院校文化品牌。各技工院校要结合自身特色，进一步宣传广州模式，加强自身文化研究，创建校史馆、展览馆等文化平台，通过文化节、艺术节、体育节等交流、展示手段，宣传院校文化，力争形成"校有文化品牌，系有文化特色"的局面。（市教研室牵头）

29. 加强技工教育文化宣传。培养优秀文体骨干队伍，开展丰富多彩的文体活动；建立健全新闻报道和舆论引导机制，充分利用中央和省、市多种传媒加大宣传力度，依托本系统会刊、校报和校园网等宣传资源，形成多元化立体式宣传格局，共同营造氛围，唱响技能成才主旋律。（市教研室牵头）

30. 推进技工文化研究。秉承岭南文化，发扬广州技工教育"服务产业、崇尚技能"的优良传统，以《广州现代技工教育文化体系研究》为基础，以各校文化建设课题为抓手，深入开展技工教育文化建设研究，归纳广州技工教育系统文化建设的经验和成果，形成学术性专著。（市教研室牵头）

三、组织实施与行动保障

（一）细化行动任务

各技工院校要制订本单位行动方案，逐一分解行动任务，细化工作内容，明确责任人、责任部门、推进时限、工作标准，每月、每季、每年进行评估、总结、考评，扎实推进本行动计划的落实。

（二）加大资源投入

各技工院校要安排专项资金用于七大行动计划的实施，加大人力、物力和财力的投入，积极协调解决在推进过程中存在的困难和问题，确保七大行动计划取得成效。

（三）加强监督考核

局牵头制订考核评价方案，组织有关专家定期或不定期进行检查、督导和考核，考核评价结果作为技工院校领导班子考核的重要依据。

（四）建立激励机制

对表现突出的学校在竞争性资金分配、技工院校办学层次评估、各级评优评先等方面予以倾斜。对表现突出的单位和个人给予表彰奖励。

附录二 各类基础数据表

附表1 广州市职业院校名单

院校类型	序号	院校名称	院校性质	备注
高职院校	1	广州番禺职业技术学院	公办	国家级示范性高职院校
	2	广州体育职业技术学院	公办	广东省示范性高职院校建设单位
	3	广州工程技术职业学院	公办	
	4	广州城市职业学院	公办	广东省示范性高职院校建设单位
	5	广州铁路职业技术学院	公办	国家骨干高职院校
	6	广州科技贸易职业学院	公办	
	7	广州大学市政技术学院	公办	
	8	广州大学纺织服装学院	公办	
	9	广州医科大学卫生职业技术学院	公办	
中职学校	1	广州市交通运输职业学校	公办	全国中职教育发展改革示范校、广东省示范性中职学校、国家级重点学校
	2	广州市旅游商务职业学校	公办	全国中职教育发展改革示范校、广东省示范性中职学校、国家级重点学校
	3	广州市财经职业学校	公办	全国中职教育发展改革示范校、广东省示范性中职学校、国家级重点学校
	4	广州市商贸职业学校	公办	全国中职教育发展改革示范建设项目学校、广东省示范性中职学校、国家级重点学校
	5	广州市纺织服装职业学校	公办	广东省示范性中职学校、国家级重点学校

续上表

院校类型	序号	院校名称	院校性质	备注
中职学校	6	广州市信息工程职业学校	公办	广东省示范性中职学校、国家级重点学校
	7	广州市土地房产管理职业学校	公办	国家级重点学校
	8	广州市轻工职业学校	公办	国家级重点学校
	9	广州市建筑工程职业学校	公办	国家级重点学校
	10	广州市医药职业学校	公办	国家级重点学校
	11	广州市司法职业学校	公办	国家级重点学校
	12	广州市艺术学校	公办	国家级重点学校
	13	广州市电子信息学校	公办	国家级重点学校
	14	广州市市政职业学校	公办	广东省示范性中职学校、国家级重点学校
	15	广州医科大学卫生职业技术学院（中职部）（原广州卫生学校）	公办	广东省示范性中职学校、国家级重点学校
	16	广州市贸易职业高级中学	公办	省级重点学校
	17	广州市幼儿师范学校	公办	省级重点学校
	18	广州铁路机械学校	公办	
	19	广州市广播电视大学附设职业技术学校	公办	
	20	广州市总工会职业技术学校	公办	
	21	广州市总工会外语职业学校	公办	
	22	广州市聋人学校	公办	
	23	广州市盲人中等职业学校	公办	
	24	广州市天河职业高级中学	公办	国家级重点学校
	25	广州市黄埔职业技术学校	公办	国家级重点学校
	26	广州市白云行知职业技术学校	公办	省级重点学校
	27	广州市海珠商务职业学校	公办	
	28	广州市荔湾区外语职业高级中学	公办	

续上表

院校类型	序号	院校名称	院校性质	备注
中职学校	29	广州市番禺区职业技术学校	公办	全国中职教育发展改革示范建设项目学校、广东省示范性中职学校、国家级重点学校
	30	广州市番禺区新造职业技术学校	公办	国家级重点学校
	31	广州市番禺区工商职业技术学校	公办	
	32	广州市花都区理工职业技术学校	公办	国家级重点学校
	33	广州市花都区职业技术学校	公办	国家级重点学校
	34	广州市花都区经济贸易职业技术学校	公办	省级重点学校
	35	增城市职业技术学校	公办	广东省示范性中职学校、国家级重点学校
	36	增城市卫生职业技术学校	公办	
	37	增城市东方职业技术学校	公办	
	38	从化市职业技术学校	公办	省级重点学校
	39	广州市南沙区岭东职业技术学校	公办	省级重点学校
	40	广州康复实验学校	公办	
	41	广州市番禺区培智学校	公办	
	42	广州市越秀区启智学校	公办	
	43	广州亚加达外语职业技术学校	民办	
	44	广州通用职业技术学校	民办	
	45	广州华成理工职业技术学校	民办	
	46	广州工商职业技术学院（中职部）	民办	
	47	广州加利福职业技术学校	民办	
	48	广州市创艺术职业学校	民办	
	49	广州国光艺术设计职业学校	民办	
	50	广州市侨光财经职业技术学校	民办	
	51	广州市立信职业技术学校	民办	

续上表

院校类型	序号	院校名称	院校性质	备注
中职学校	52	广州市穗华职业技术学校	民办	
	53	广州市羊城职业技术学校	民办	
	54	广州市华大轻工职业技术学校	民办	2014年暂停招生
	55	广州市松岗经济管理职业技术学校	民办	2014年暂停招生
	56	广州市番禺沙湾工业职业技术学校	民办	2014年暂停招生
技工学校	1	广州市高级技工学校（广州市技师学院）	公办	国家中职教育改革发展示范学校、国家级重点学校
	2	广州市工贸技师学院	公办	全国一流技师学院创建院校、国家中职教育改革发展示范学校、国家高技能人才培养示范基地、国家级重点学校
	3	广州市轻工高级技工学校（广州市轻工技师学院）	公办	国家中等职业教育改革发展示范学校、国家高技能人才培训基地建设学校、国家级重点学校
	4	广州市机电高级技工学校（广州市机电技师学院）	公办	国家中职教育改革发展示范学校、国家高技能人才培养培训基地、国家级重点学校
	5	广州市公用事业高级技工学校（广州市公用事业技师学院）	公办	国家级重点学校
	6	广州市交通高级技工学校（广州市交通技师学院）	公办	国家中等职业教育改革发展示范学校、国家级重点学校
	7	广州市花都区技工学校	公办	
	8	从化市技工学校	公办	国家级重点学校
	9	广州白云工商高级技工学校（广州市白云技师学院）	民办	国家级重点学校

续上表

院校类型	序号	院校名称	院校性质	备注
技工学校	10	广州港技工学校	国企办	省级重点学校
	11	广州市蓝天技工学校	民办	省级重点学校
	12	广州南华工贸技工学校	民办	省级重点学校
	13	广州市天河金领技工学校	民办	省一类学校
	14	广州城市职业技工学校	民办	省一类学校
	15	广州开发区技工学校	民办	省一类学校
	16	广州城建技工学校	民办	省一类学校
	17	广州华风汽车工业技工学校	民办	省一类学校
	18	广州市电子商务技工学校	民办	省一类学校
	19	广州红日技工学校	民办	
	20	广州市实验技工学校	民办	
	21	广州市中科教育技工学校	民办	
	22	广州市工商技工学校	民办	
	23	广州市航天科技技工学校	民办	2014年暂停招生
	24	广州市南方模具工业技工学校	民办	2014年暂停招生
	25	广州市江南技工学校	民办	2014年暂停招生
	26	广州市现代工业技工学校	民办	2014年暂停招生
	27	广州市华南高科技工学校	民办	2014年暂停招生
	28	广州市北达技工学校	民办	2014年暂停招生

注：高职院校、中职学校信息由广州市教育局提供；技工学校信息由广州市人力资源和社会保障局提供。

附表2 广州市高等职业学院办学状况一览表

学校	学生数（人）				教职工数（人）						校舍建筑总面积（m²）				占地面积（m²）	馆藏图书（万册）	教学、科研仪器设备资产值（万元）
	实际毕业生数	实际招生数	在校学生数	毕业班学生数	总计	专任教师数				校外兼职教师数							
						计	其中：具有研究生学历教师数	其中：具有高级职称教师数	其中：双师型教师数		总计	其中：教学及辅助用房	其中：行政办公用房	其中：学生宿舍（公寓）			
广州番禺职业技术学院	3466	4001	11095	3936	933	529	272	139	234	251	319799	166823	11531	104285	1377960	105	18675
广州体育职业技术学院	519	657	1847	718	450	165	55	46	47	116	177173	73538	18738	38962	172710	16	1431
广州工程技术职业学院	3020	2423	7427	2261	470	367	70	77	143	80	154203	89236	10983	47807	237735	61	7270
广州城市职业学院	3211	3262	9190	3118	573	431	190	137	235	392	197553	85766	18793	53337	202393	75	10132
广州铁路职业技术学院	2181	2775	8074	2676	558	355	107	90	164	132	181542	106362	24477	44226	172150	52	17718
广州科技贸易职业学院	2203	2503	7199	2369	454	328	113	82	181	80	111423	57462	13319	33971	127647	45	3435
广州医科大学卫生职业技术学院	1224	1166	3438	1147													
广州大学市政技术学院	2720	2321	7967	3344													
广州大学纺织服装学院																	

注：1. 数据来源：《广州市教育统计手册》（2014学年度）。广州大学、广州医科大学本部不招专科层次学生，因此《广州市教育统计手册》（2014学年度）在两校名下列出的专科层次学生数即为三所挂靠学校报送的材料。
2. 校外兼职教师数据来源：各相关院校报送的数据。

附表3　广州市市属高等职业教育专业布局一览表

专业大类序号	专业大类	专业类	专业	广州番禺职业技术学院	广州城市职业学院	广州铁路职业技术学院	广州体育职业技术学院	广州工程技术职业学院	广州科技贸易职业学院	广州市政职业技术学院	广州纺织服装职业技术学院	广州大学卫生职业技术学院	广州医科大学	每个专业布点学校数（所）	每个专业类已布点专业数（个）	备注
01	农林牧渔大类	林业类	城市园林	√										1	1	（新目录已合并）
02	资源环境与安全大类	资源勘查类	珠宝鉴定与营销	√										1	1	（新目录已合并）
		测绘地理信息类	工程测量与监理						√					1	1	
		环境保护类	资源环境与城市管理		√					√				1	2	（新目录已合并）
04	土木建筑与水利大类	土建施工类	建筑工程技术		√			√		√	√			4	1	
		市政工程类	市政工程技术		√					√	√			3	2	
			给排水工程技术							√				1		
		建设工程管理类	建筑经济管理							√	√			2	2	
			工程造价							√				1		
		建筑设备类	供热通风与空调工程技术	√										1	3	（新目录已更名）
			楼宇智能化工程技术	√					√					1		
			建筑设备工程技术							√				1		
		建筑设计类	建筑设计技术	√										1	1	（新目录已更名）
		房地产类	房地产经营与估价	√		√				√				3	1	（新目录已更名）

续上表

专业大类序号	专业大类	专业类	专业	广州番禺职业技术学院	广州城市职业学院	广州铁路职业技术学院	广州体育职业技术学院	广州工程技术职业学院	广州科技贸易职业学院	广州大学市政技术学院	广州大学纺织服装学院	广州医科大学卫生职业技术学院	每个专业布点学校数(所)	每个专业类已布点专业数(个)	备注
05	装备制造大类	机械设计制造类	数控技术	√	√	√							3	5	
			模具设计与制造	√	√	√		√					4		
			机械制造与自动化	√	√								2		
			计算机辅助设计与制造		√								1		(新目录已取消)
		汽车制造类	汽车技术服务与营销	√									1	1	
		自动化类	电气自动化技术	√		√							2	3	
			机电一体化技术	√		√		√					3		
		机电设备类	玩具质量检验与管理	√		√		√					5	3	
			机电设备维修与管理					√					1	1	(新目录已更名)
07	生物与化工大类	化工技术类	应用化工技术					√					1	2	(新目录已更名)
			石油化工生产技术					√					1		(新目录已合并)
		生物技术类	食品生物技术		√								1	1	(新目录已合并)
08	轻工纺织大类	纺织服装类	鞋类与皮具设计						√				1	3	
			纺织品检验与贸易								√		1		
			现代纺织技术								√		1		

续上表

专业大类序号	专业大类	专业类	专业	广州番禺职业技术学院	广州城市职业学院	广州铁路职业技术学院	广州工程技术职业学院	广州科技贸易职业学院	广州大学市政技术学院	广州大学纺织服装学院	广州医科大学卫生职业技术学院	每个专业布点学校数(所)	每个专业类已布点专业数(个)	备注
09	食品与药品大类	食品加工类	食品营养与检测	√								1	3	
			餐饮食品安全	√								1		(新目录已更名)
			食品加工技术		√							1		
10	交通运输大类	铁道运输类	电气化铁道技术			√						1	4	(新目录已更名)
			铁道机车车辆			√						1		(新目录已更名)
			铁道工程技术			√						1		
			高速动车组驾驶与维修			√						1		(新目录已合并)
		道路运输类	道路桥梁工程技术						√			1	2	
			汽车检测与维修技术	√	√		√	√	√			5		(新目录已合并)
		城市轨道交通类	城市轨道交通车辆			√						1	3	(新目录已更名)
			城市轨道交通控制			√						1		
			城市轨道交通运营管理			√			√			2		
		水上运输类	集装箱运输管理			√						1	1	

续上表

专业大类序号	专业大类	专业类	专业	市属高等职业学院专业布点									合计		备注
				广州番禺职业技术学院	广州城市职业学院	广州铁路职业技术学院	广州体育职业技术学院	广州工程技术职业学院	广州科技贸易职业学院	广州市政职业技术学院	广州大学纺织服装学院	广州医科大学卫生职业技术学院	每个专业布点学校数（所）	每个专业类布点专业数（个）	
11	电子信息大类	计算机类	计算机应用技术	√	√	√	√	√	√	√			7	8	
			计算机网络技术	√	√	√		√	√	√			6		
			软件技术	√		√							2		
			动漫设计与制作					√	√				2		
			嵌入式技术与应用	√									1		
			计算机多媒体技术				√						1		
			图形图像制作					√					1		
			物联网应用技术	√	√								2		
		电子信息类	信息安全技术		√	√							2	4	（新目录已合并）
			应用电子技术	√	√	√		√					4*		
			电子信息工程技术						√				1		
			玩具设计与制造	√									1		

续上表

专业大类序号	专业大类	专业类	专业	市属高等职业学院专业布点								合计		备注
				广州番禺职业技术学院	广州城市职业学院	广州铁路职业技术学院	广州工程技术职业学院	广州科技贸易职业学院	广州市政职业技术学院	广州大学纺织服装学院	广州医科大学卫生职业技术学院	每个专业布点学校数(所)	每个专业类已布点专业数(个)	
12	医药卫生大类	药学类	药学								√	1	1	
		康复治疗类	康复治疗技术								√	1	1	
		护理类	护理								√	1	2	
			助产								√	1		
		医学技术类	医学检验技术								√	1	2	
			医学影像技术								√	1		
		临床医学类	临床医学								√	1	3	
			口腔医学								√	1		
			针灸推拿								√	1		
13	财经商贸大类	工商管理类	工商企业管理	√	√							2	2	
			连锁经营管理				√					1		
		物流类	物流管理	√	√	√	√	√	√			6	1	
		电子商务类	电子商务		√			√				2	1	
		市场营销类	市场营销	√	√	√	√	√	√	√		7	1	

· 263 ·

续上表

专业大类序号	专业大类	专业类	专业	广州番禺职业技术学院	广州城市职业学院	广州铁路职业技术学院	广州体育职业技术学院	广州工程技术职业学院	广州科技贸易职业学院	广州大学市政技术学院	广州大学纺织服装学院	广州医科大学卫生职业技术学院	每个专业布点学校数（所）	每个专业类布点专业数（个）	备注
13	财经商贸大类	经济贸易类	国际商务	√									1	5	
			国际贸易实务		√					√			2		
			国际经济与贸易			√		√					2		
			商务经纪与代理			√							1		
			报关与国际货运		√								1		
		金融类	金融管理与实务	√			√						2	4	
			国际金融		√								1		
			投资与理财					√					1		（新目录已更名）
			金融保险						√				1		（新目录已合并）
		财务会计类	会计电算化	√	√					√			3	4	
			审计实务	√									1		
			会计	√	√					√	√		4		
			财务管理		√					√			2		

续上表

专业大类序号	专业大类	专业类	专业	广州番禺职业技术学院	广州城市职业学院	广州铁路职业技术学院	广州体育职业技术学院	广州工程技术职业学院	广州科技贸易职业学院	广州市政职业技术学院	广州大学纺织服装学院	广州大学卫生职业技术学院	广州医科大学	每个专业布点学校数（所）	每个专业类布点专业数（个）	备注
14	旅游大类	旅游类	旅游管理	√	√									2	3	
			酒店管理	√			√							3		
			涉外旅游		√									1		（新目录已合并）
		会展类	会展策划与管理	√					√					2	1	
		餐饮类	餐饮管理与服务	√										1	1	（新目录已更名）
15	文化艺术大类	艺术设计类	珠宝首饰工艺及鉴定	√										1	12	（新目录已合并）
			装演艺术设计		√			√			√			3		（新目录已合并）
			广告设计与制作	√	√									2		
			艺术设计	√	√			√	√		√			5		
			产品造型设计					√						1		
			首饰设计	√				√	√					3		
			视觉传达艺术设计	√										1		（新目录已合并）
			人物形象设计	√					√					2		（新目录已合并）
			环境艺术设计	√					√		√			4		
			服装设计	√					√		√			3		
			皮具设计	√										1		
		表演艺术类	音乐表演		√									1	1	

续上表

专业大类序号	专业大类	专业类	专业	市属高等职业学院专业布点							合计		备注
				广州番禺职业技术学院	广州城市职业学院	广州铁路职业技术学院	广州工程技术职业学院	广州科技贸易职业技术学院	广州市政职业技术学院	广州大学纺织服装学院	广州医科大学卫生职业技术学院	每个专业布点学校数(所)	每个专业类已布点专业数(个)	
16	新闻传播大类	新闻出版类	网络新闻与编辑	√								1	1	
		广播影视类	影视动画		√							1	1	
		语言类	商务英语	√	√			√	√			6	5	
			商务日语	√								2		
			应用英语	√			√					3		
			应用日语			√						1		
			旅游英语			√						1		
17	教育与体育大类	体育类	社会体育		√							1	5	(新目录已更名)
			体育保健		√							1		
			运动训练		√							1		
			高尔夫球场服务与管理		√							1		(新目录已合并)
			体育服务与管理		√							1		(新目录已合并)

续上表

专业大类序号	专业大类	专业类	专业	广州番禺职业技术学院	广州城市职业学院	广州铁路职业技术学院	广州工程技术职业学院	广州科技贸易职业学院	广州市政职业技术学院	广州纺织服装职业技术学院	广州大学卫生职业技术学院	广州医科大学	每个专业布点学校数（所）	每个专业类已布点专业数（个）	备注
18	公安与司法大类	法律实务类	法律文秘		√								1	1	
		公共管理类	人力资源管理	√	√		√						3	2	
			公共事务管理					√					1		
19	公共管理与服务大类	公共事业类	社会工作	√	√			√	√		√		4	2	
			社区管理与服务		√								1		
		文秘类	文秘	√	√		√						3	1	
												合计	合计 119		

注：1. 广州大学纺织服装学院的信息根据学校门户网站 2013 年招生信息整理；其他院校信息根据该校提供材料整理。
2. 此表仅列出市属高等职业学院 2014 年招生的专业，或 2014 年末招生但有在校生的专业。
3. 专业大类、专业类以教育部 2014 年 12 月发布的《高等职业学校专业目录（修订二稿）》征求意见稿为准，具体专业名称则为学校现在使用的专业全称。

附表 4 广州市中等职业教育办学状况总表

学校类型	学生数（人）		教职工数					外聘教师数（人）	校舍建筑总面积（m²）	占地面积（m²）	馆藏图书（册）	教学、实习仪器设备资产值（万元）
	招生数	在校生数	总计	专任教师数								
				计	其中：具有本科毕业及以上学历教师数	其中：具有高级职称教师数	其中：双师型教师数					
中等职业学校	44951	127831	6831	5130	4925	1108	1613	294	2001990	3205603	3934866	95866
技工学校	34234	110728	5025	3479	3502①	1559②	1484	606	1310800	1943400		

注：中等职业学校数据来源于《广州市教育统计手册》（2014学年度）；技工学校"招生数"、"在校生数"、"教职工总数"、"专任教师数"来源于《广州市教育统计手册》（2014学年度），其他数据来源于广州市人力资源和社会保障局。

① 技工学校的"具有本科毕业及以上学历教师数"为教职工总数中所含人数，非专任教师数中所含人数。
② 技工学校的"具有高级职称教师数"含技师和高级技师。

附表5 广州市国家级重点中等职业学校办学状况一览表

序号	学校	毕业生数（人）	在校学生数（人）		专任教师（人）						办学条件（含学校产权的和非学校产权但独立使用的）				固定资产总额（万元）	
		计	计	其中获得职业资格证书	计	其中本科毕业以上	其中本科毕业	其中双师型	其中副高及以上	其中中级	学校占地面积（m²）	校舍建筑面积（m²）	馆藏图书（册）	数字资源量（GB）	计	其中：教学、实习仪器设备资产值
1	广州市市政职业学校	1152	3780	1117	219	21	195	92	56	113	167135	114897	458732	10316	27093	6782
2	广州市纺织服装职业学校	1068	3427	774	148	15	123	31	31	68	71124	64457	100467	3500	10723	4487
3	广州市交通运输职业学校	2108	6310	2010	204	24	167	116	28	82	49020	64039	135478	3	19079	4595
4	广州市信息工程职业学校	1689	4757	1421	166	23	133	63	38	89	110971	97439	148962	2000	17731	17144
5	广州市土地房产管理职业学校	1636	4738	1603	125	18	97	64	28	56	50323	52198	173000	440	18929	2313
6	广州市轻工职业学校	901	4568	825	126	8	117	62	17	63	96470	56511	71393	5000	11881	4919
7	广州市建筑工程职业学校	1629	5242	1629	103	12	90	35	25	23	61073	14258	133810	2000	9116	2226
8	广州市医药职业学校	1534	6479	1534	120	17	103	38	32	47	31827	36668	104475	52000	11390	292
9	广州医科大学卫生职业技术学院（中职部）	1719	5032	1547	191	76	114	21	87	72	154367	100683	183063	1502	25277	4000

续上表

序号	学校	毕业生数（人）计	在校学生数（人）计	其中获得职业资格证书	专任教师 其中本科毕业以上	其中本科毕业	其中双师型	其中副高及以上	其中中级	学校占地面积（m²）	校舍建筑面积（m²）	馆藏图书（册）	数字资源量（GB）	固定资产总额（万元）计	其中：教学、实习仪器设备资产值
10	广州市财经职业学校	2550	6779	2427	39	184	57	62	63	165801	87040	309602	500	12068	171
11	广州市商贸职业学校	1583	4042	1456	3	127	60	47	57	58590	73123	195389	300	16481	3133
12	广州市司法职业学校	1358	2529	223	19	64	19	29	22	95077	49945	139150	100	17291	330
13	广州市艺术学校（单科艺术学校）	242	1408	24	3	88		31	21	44484	33955	51838	4	6069	1073
14	广州市番禺区职业技术学校	2183	5596	2183	2	205	78	37	104	69128	71235	121000	8800	116224	6613
15	广州市花都区理工职业技术学校	1077	3951	1024	4	110	31	10	42	175222	36916	60150	500	6436	
16	广州市电子信息学校	554	1928	546	4	101	58	48	35	20767	17069	57590	90	8083	4563
17	广州市旅游商贸职业学校	1413	4306	1413	10	251	165	74	138	96577	94007	200240	3936	42449	2608

续上表

序号	学校	毕业生数（人）		在校学生数（人）		专任教师（人）					办学条件（含学校产权的和非学校产权但独立使用的）				固定资产总额（万元）	
		计	其中获得职业资格证书	计	其中本科毕业以上	其中本科毕业	其中双师型	其中副高及以上	其中中级		学校占地面积（m²）	校舍建筑面积（m²）	馆藏图书（册）	数字资源量（GB）	计	其中：教学、实习仪器设备资产值
18	广州市天河职业高级中学	705	705	2171	176	7	168	89	45	86	98949	58389	30765	500	6713	6045
19	广州市黄埔职业技术学校	763	700	2532	155	6	128	48	36	58	47395	32104	51960	15	2823	113
20	广州市番禺区新造职业技术学校	667	667	2275	98	2	96	48	15	55	142931	29655	53545	1030	4585	1545
21	广州市花都区职业技术学校	671	612	2611	146	12	121	27	35	45	39617	37681	99055	500	4475	2113
22	增城市职业技术学校	1575	1575	4866	242	12	224	38	30	85	199800	66597	64486	47	5269	3024

注：毕业生数来源于2014年广州市中等职业学校毕业班工作评价有关数据。其他数据来源于《广州市教育统计手册》（2014学年度）。

附表6 广州市公办、国企办技工学校办学状况一览表

序号	学校	实际在校生总数(人)	校舍面积（万 m²）			总数(人)	生师比	专任教师				校外兼职教师	
			总占地面积	建筑面积	实训场地面积			具有研究生以上学历教师数(人)	具有高级职称教师数(人)	双师型教师数(人)	双师型教师占专任教师的比例(%)	总数(人)	兼职教师占专任教师的比例(%)
1	广州市高级技工学校（广州市技师学院）	11255	15.70	13.55	5.47	360	29	30	37	201	56	44	12
2	广州市工贸技师学院	15642	50.87	20.70	11.02	394	34	62	27	201	51	126	32
3	广州市轻工高级技工学校（广州市轻工技师学院）	10966	11.30	10.58	1.88	291	35	14	30	166	57	44	15
4	广州市机电高级技工学校（广州市机电技师学院）	10243	9.49	8.73	2.48	206	43	11	17	161	78	70	34
5	广州市公用事业高级技工学校（广州市公用事业技师学院）	11165	7.69	6.82	2.11	278	36	30	25	83	30	71	26
6	广州市交通高级技工学校（广州市交通技师学院）	10098	7.06	8.03	2.03	265	34	18	40	221	83	56	21
7	从化市技工学校	5825	8.40	5.61	1.52	213	25	25	35	69	32	40	19
8	广州港技工学校	2636	2.67	1.66	0.00	35	72	1	6	20	57	3	9
9	广州市花都区技工学校	1355	0.58	0.94	0.22	53	26	1	2	35	66	0	0

注：1. 数据来源于广州市人力资源和社会保障局。
2. 生师比＝实际在校生总数/（专任教师总数＋校外兼职教师×0.5）。

第四部分　附录

附表7　广州市公办中等职业学校专业布局一览表

专业类序号	专业类	专业名称	广州市电子信息学校	广州市旅游商务职业学校	广州市幼儿师范学校	广州市交通运输职业学校	广州市土地房产管理职业学校	广州市建筑工程职业学校	广州市财经职业学校	广州市司法职业学校	广州市信息工程职业学校	广州市商贸职业学校	广州市医药职业学校	广州市轻工职业学校	广州市纺织服装职业学校	广州市市政职业学校	广州医科大学卫生职业技术学院(中职部)	广州市艺术学校	广州市铁路机械学校	广州市广播电视大学附设职业技术学校	广州市总工会职业技术学校	广州市聋人学校	广州市荔湾外语职业高级中学	广州市总工会外语职业高级中学	广州市海珠商务职业学校	广州市天河职业高级中学	广州市黄埔职业技术学校	广州市番禺区新造职业技术学校	广州市番禺区职业技术学校	广州市番禺区工商职业技术学校	广州市花都区职业技术学校	广州市花都区经济贸易职业技术学校	广州市花都区工业职业技术学校	增城市东方职业技术学校	增城市职业技术学校	增城市卫生职业技术学校	从化市职业技术学校	从化市旅游职业学校	广州市南沙区岭东职业技术学校	广州市白云行知职业技术学校	广州市盲人中等职业学校	广州市贸易职业高级中学	合计 每个专业已布点学校数(所)	每个专业类已布点专业数(个)
01	农林牧渔类	园林技术																																									3	4
		园林绿化																																									1	
		农业机械使用与维护																													✓												1	
		农村经济综合管理																																				✓					1	
02	资源环境类	环境治理技术																			✓																						1	1
04	土木水利类	建筑工程施工						✓									✓									✓																	3	9
		建筑装饰						✓									✓											✓														✓	4	
		工程造价						✓									✓																									✓	3	
		建筑设备安装						✓																																			1	
		楼宇智能化设备安装与运行	✓					✓																																		✓	3	

· 273 ·

续上表

专业类序号	专业类	专业名称	广州市电子信息学校	广州市商务职业学校	广州市旅游商务职业学校	广州市幼儿师范学校	广州市交通运输职业学校	广州市土地房产管理职业学校	广州市建筑工程职业学校	广州市财经职业学校	广州市司法职业学校	广州市信息工程职业学校	广州市商贸职业学校	广州市医药职业学校	广州市轻工职业学校	广州市纺织服装职业学校	广州市市政职业学校	广州医科大学卫生职业技术学院（中职部）	广州市艺术学校	广州市铁路机械学校	广州电视大学附设职业技术学校	广州市总工会职业技术学校	广州市聋人学校	广州市荔湾区外语职业高级中学	广州市总工会外语职业学校	广州市海珠商务职业学校	广州市天河职业高级中学	广州市黄埔职业技术学校	广州市番禺区新造职业技术学校	广州市番禺工商职业技术学校	广州市花都区经济贸易职业技术学校	广州市花都区理工职业技术学校	增城市东方职业技术学校	增城市卫生职业技术学校	从化市旅游职业学校	从化市职业技术学校	广州市南沙区岭东职业技术学校	广州市白云行知职业技术学校	广州市盲人中等职业学校	广州市贸易职业高级中学	每个专业布点学校数（所）	每个专业类已布点专业数（个）
04	土木水利类	城市燃气输配与应用					√																																		1	9
		给排水工程施工与运行							√																																1	
		市政工程施工							√								√																								2	
		工程测量															√																								1	
05	加工制造类	机电技术应用	√												√		√			√								√	√	√		√	√			√					11	11
		数控技术应用													√		√			√								√	√	√			√								7	
		模具制造技术													√													√	√			√									4	
		机电设备安装与维修																									√			√		√									3	
		汽车制造与检修																					√														√				2	
		汽车电子技术应用																																			√				1	
		电机电器制造与维修																															√								1	
		制冷和空调设备运行与维修																													√		√	√		√	√				5	

续上表

专业类序号	专业类	专业名称	广州市电子信息学校	广州市商务职业学校	广州市旅游商务职业学校	广州市幼儿师范学校	广州市交通运输职业学校	广州市土地房产管理职业学校	广州市建筑工程职业学校	广州市财经职业学校	广州市司法职业学校	广州市信息工程职业学校	广州市商贸职业学校	广州市医药职业学校	广州市轻工职业学校	广州市纺织服装职业学校	广州市市政职业学校	广州市艺术学校	广州医科大学卫生职业技术学院（中职部）	广州铁路机械学校	广州广播电视大学附属职业技术学校	广州市总工会职业技术学校	广州市聋人学校	广州市荔湾区外语职业高级中学	广州市总工会外语职业学校	广州市海珠商务职业学校	广州市天河职业高级中学	广州市黄埔职业技术学校	广州市番禺区新造职业技术学校	广州市番禺区职业技术学校	广州市番禺区工商职业技术学校	广州市花都区职业技术学校	广州市花都区经济贸易职业技术学校	广州市花都区理工职业技术学校	增城市东方职业技术学校	增城市职业技术学校	增城市卫生职业技术学校	从化市旅游职业学校	从化市职业技术学校	广州市南沙区岭东职业技术学校	广州市白云行知职业技术学校	广州市盲人中等职业学校	广州市贸易职业高级中学	合计 每个专业布点总校数（所）	每个专业类已布点专业数（个）
05	加工制造类	电气运行与控制	√																																									1	11
		电气技术应用																																										1	
		电子电器应用与维修												√																	√													2	
06	石油化工类	精细化工																											√															2	1
07	轻纺食品类	平面媒体印制技术												√																														1	4
		纺织技术及营销														√																												1	
		染整技术														√																												1	
		食品生物工艺												√	√																													2	
08	交通运输类	铁道运输管理																		√																								1	13
		电力机车运用与检修																		√																								1	
		内燃机车运用与检修																		√																								1	

续上表

专业类序号	专业类	专业名称	广州市电子信息学校	广州市旅游商务职业学校	广州市幼儿师范学校	广州市交通运输职业学校	广州市土地房产管理职业学校	广州市建筑工程职业学校	广州市财经职业学校	广州市司法职业学校	广州市信息工程职业学校	广州市商贸职业学校	广州市医药职业学校	广州市经工职业学校	广州市纺织服装职业学校	广州市市政职业学校	广州医科大学卫生职业技术学院（中职部）	广州市艺术学校	广州铁路机械学校	广州市播电视大学附设职业技术学校	广州市总工会职业技术学校	广州市聋人学校	广州市荔湾区外语职业高级中学	广州市总工会外语职业学校	广州市海珠商务职业学校	广州市天河职业高级中学	广州市黄埔职业技术学校	广州市番禺新造职业技术学校	广州市番禺职业技术学校	广州市番禺区工商职业技术学校	广州市花都区职业技术学校	广州市花都区经济贸易职业技术学校	广州市花都区理工职业技术学校	增城市东方职业技术学校	增城市职业技术学校	增城市卫生职业技术学校	从化市旅游职业学校/从化市职业技术学校	广州市南沙区岭东职业技术学校	广州市白云行知职业技术学校	广州市盲人等中等职业学校	广州市贸易职业高级中学	每个专业类布点学校数（所）	每个专业类已布点专业数（个）
08	交通运输类	铁道车辆运用与检修				√													√																							1	13
		电气化铁道供电																	√																							1	
		城市轨道交通运营管理				√					√								√						√																	4	
		城市轨道交通车辆运用与检修																	√																							1	
		轮机管理				√																																√				2	
		外轮理货				√																																√				2	
		汽车运用与维修				√																					√	√			√	√		√	√			√	√			11	
		汽车车身修复				√																																				1	
		汽车整车与配件营销				√																																	√			2	
		城市交通运输管理（学校自设专业）				√																																				1	

续上表

专业类序号	专业类	专业名称	广州市电子信息学校	广州市旅游商务职业学校	广州市幼儿师范学校	广州市交通运输职业学校	广州市土地房产管理职业学校	广州市建筑工程职业学校	广州市财经职业学校	广州市司法职业学校	广州市信息工程职业学校	广州市医药职业学校	广州市轻工职业学校	广州市纺织服装职业学校	广州市市政职业学校	广州医科大学卫生职业技术学院（中职部）	广州市艺术学校	广州市铁路机械学校	广州市广播电视大学附设职业技术学校	广州市总工会职业技术学校	广州市聋人学校	广州市荔湾区外语职业高级中学	广州市总工会外语职业学校	广州市海珠商务职业学校	广州市天河职业高级中学	广州市黄埔职业技术学校	广州市番禺区新造职业技术学校	广州市番禺区职业技术学校	广州市番禺区工商职业技术学校	广州市花都区职业技术学校	广州市花都区经济贸易职业技术学校	广州市花都区理工职业技术学校	增城市东方职业技术学校	增城市职业技术学校	增城市卫生职业技术学校	从化市旅游职业学校	从化市职业技术学校	广州市南沙区岭东职业技术学校	广州市白云行知职业技术学校	广州市盲人中等职业学校	广州市贸易职业高级中学	合计每个专业布点学校数（所）	合计每个专业类已布点专业数（个）
09	信息技术类	计算机应用	√	√							√												√			√				√				√									13	12
		数字媒体技术应用	√							√	√		√																														3	
		计算机平面设计	√								√		√							√	√		√							√													7	
		计算机动漫与游戏制作									√									√																							5	
		计算机网络技术	√								√									√	√		√		√		√	√		√	√				√				√				13	
		网站建设与管理																										√															1	
		软件与信息服务	√								√															√																	3	
		计算机与数码产品维修	√																																								1	
		电子与信息技术									√																							√	√								3	
		电子技术应用									√																					√		√	√								4	
		通信技术									√																																1	
		通信系统工程安装与维护	√																																								1	

续上表

专业类	序号	专业名称	学校分布（√表示开设）	每个专业布点学校数(所)	每个专业类已布专业数(个)
医药卫生类	10	护理	广州医科大学卫生职业技术学院（中职部）、增城市卫生职业技术学校	2	14
		助产	广州医科大学卫生职业技术学院（中职部）、增城市卫生职业技术学校	2	
		营养与保健	广州市医药职业学校	1	
		眼视光与配镜	广州医科大学卫生职业技术学院（中职部）	1	
		医学检验技术	广州医科大学卫生职业技术学院（中职部）	1	
		口腔修复工艺	广州医科大学卫生职业技术学院（中职部）	1	
		药剂	广州医科大学卫生职业技术学院（中职部）、广州市医药职业学校、增城市卫生职业技术学校	3	
		中医康复保健	广州市医药职业学校、广州市白云行知职业技术学校	2	
		中药	广州市医药职业学校	1	
		中药制药	广州市医药职业学校	1	
		制药技术	广州市医药职业学校	1	
		生物技术制药	广州市医药职业学校	1	
		药品食品检验	广州市医药职业学校	1	
		制药设备维修	广州市医药职业学校	1	

第四部分 附录

续上表

专业类序号	专业类	专业名称	广州市电子信息学校	广州市旅游商务职业学校	广州市幼儿师范学校	广州市交通运输职业学校	广州市土地房产管理职业学校	广州市建筑工程职业学校	广州市财经职业学校	广州市司法职业学校	广州市信息工程职业学校	广州市商贸职业学校	广州市医药职业学校	广州市轻工职业学校	广州市纺织服装职业学校	广州市市政职业学校	广州市艺术学校	广州医科大学卫生职业技术学院（中职部）	广州铁路机械学校	广州市广播电视大学附设职业技术学校	广州市总工会职业技术学校	广州市聋人学校	广州市荔湾区外语职业高级中学	广州市总工会外语职业学校	广州市珠海商务职业学校	广州市天河职业高级中学	广州市黄埔职业技术学校	广州市番禺区新造职业技术学校	广州市番禺区职业技术学校	广州市番禺区工商职业技术学校	广州市花都区职业技术学校	广州市花都区经济贸易职业技术学校	广州市花都区理工职业技术学校	增城市东方职业技术学校	增城市职业技术学校	增城市卫生职业技术学校	从化市旅游职业学校	从化市职业技术学校	广州市南沙区岭东职业技术学校	广州市白云行知职业技术学校	广州市盲人中等职业学校	广州市贸易职业高级中学	合计 每个专业布点学校数（所）	合计 每个专业类已布点专业数（个）
11	休闲保健类	美容美体		√																																						2	2
		美发与形象设计		√																																						1	
12	财经商贸类	会计		√					√	√	√	√		√		√						√		√		√			√	√	√	√	√	√	√	√				√		√	23	14
		会计电算化							√		√	√																√															3	
		金融事务		√																	√			√	√	√								√								√	6	
		连锁经营与管理																													√												1	
		市场营销		√																						√				√												√	4	
		电子商务		√									√	√	√		√			√	√	√		√	√	√	√	√	√	√	√	√	√	√	√		√		√			√	22	
		国际商务		√							√	√			√									√						√		√	√										7	
		商务英语		√					√		√										√	√		√	√	√	√		√	√	√	√	√	√	√		√		√			√	18	
		商务日语																						√																		√	2	
		商务德语																						√																			1	

· 279 ·

续上表

专业类序号	专业类	专业名称	广州市电子信息学校	广州市旅游商务职业学校	广州市幼儿师范学校	广州市交通运输职业学校	广州市土地房产管理职业学校	广州市建筑工程职业学校	广州市财经职业学校	广州市司法职业学校	广州市信息工程职业学校	广州市商贸职业学校	广州市医药职业学校	广州市轻工职业学校	广州市纺织服装职业学校	广州市市政职业学校	广州医科大学卫生职业技术学院(中职部)	广州市艺术学校	广州铁路机械学校	广州广播电视大学附设职业技术学校	广州市总工会职业技术学校	广州市聋人学校	广州市荔湾区外语职业高级中学	广州市总工会外语职业学校	广州市海珠商务职业学校	广州市天河职业高级中学	广州市黄埔职业技术学校	广州市番禺区新造职业技术学校	广州市番禺区职业技术学校	广州市番禺区工商职业技术学校	广州市花都区职业技术学校	广州市花都区经济贸易职业技术学校	广州市增城东方职业技术学校	增城市职业技术学校	增城市卫生职业技术学校	从化市职业技术学校	从化市旅游职业学校	广州市南沙区岭东职业技术学校	广州市白云行知职业技术学校	广州市盲人中等职业学校	广州市贸易职业高级中学	每个专业布点学校数(所)	每个专业类已布点专业数合计(个)
12	财经商贸类	商务法语	√																																							1	14
		物流服务与管理		√								√								√						√			√	√		√							√		√	14	
		房地产营销与管理					√																																			1	
		客户服务								√																																1	
13	旅游服务类	高星级饭店运营与管理(学校自设专业)		√								√													√					√									√	√	√	7	5
		旅游服务与管理		√								√								√					√				√	√	√						√		√	√	√	10	
		会展服务与管理		√																√																						2	
		中餐烹饪与营养膳食(学校自设专业)		√																											√							√	√	√	√	6	
		西餐烹饪		√																																				√		2	

第四部分 附录

续上表

专业类序号	专业类	专业名称	广州市电子信息学校	广州市旅游商务职业学校	广州市幼儿师范学校	广州市交通运输职业学校	广州市土地房产管理职业学校	广州市建筑工程职业学校	广州市财经职业学校	广州市司法职业学校	广州市信息工程职业学校	广州市商贸职业学校	广州市医药职业学校	广州市轻工职业学校	广州市纺织服装职业学校	广州市市政职业学校	广州医科大学卫生职业技术学院(中职部)	广州市艺术学校	广州铁路机械学校	广州市总工会职业技术学校	广播电视大学附设职业技术学校	广州市聋人学校	广州市荔湾区外语职业高级中学	广州市总工会外语职业学校	广州市海珠商务职业学校	广州市天河职业高级中学	广州市黄埔职业技术学校	广州市番禺区新造职业技术学校	广州市番禺区工商职业技术学校	广州市花都区职业技术学校	广州市花都区经济贸易职业技术学校	广州市花都区理工职业技术学校	增城市东方职业技术学校	增城市职业技术学校	增城市卫生职业技术学校	从化市旅游职业学校	从化市职业技术学校	广州市南沙区岭东职业技术学校	广州市白云行知职业技术学校	广州市盲人中等职业学校	广州市贸易职业高级中学	每个专业布点学校数(所)	每个专业类已布点专业数(个)
14	文化艺术类	社会文化艺术	√														√																								2	13
		广播影视节目制作															√																								1	
		音乐															√																								1	
		舞蹈表演															√																								1	
		戏剧表演															√																								1	
		动漫游戏			√							√		√											√																6	
		数字影像技术			√																																				1	
		工艺美术													√					√	√				√	√				√											8	
		美术绘画																			√							√													2	
		美术设计与制作											√		√	√					√																	√			5	
		服装设计与工艺													√	√					√					√		√		√								√			6	
		服装展示与礼仪													√																										1	
		民间传统工艺																																							1	
16	教育类	学前教育			√																	√	√		√	√	√	√	√	√	√	√		√		√			√	√	13	1

广州市职业教育发展蓝皮书（2014）

续上表

专业类序号	专业类	专业名称	每个专业布点学校数（所）	每个专业类已布点专业数（个）
17	司法服务类	法律事务	1	3
		保安	1	
		农村土地纠纷调解（学校自设专业）	1	
18	公共管理与服务类	文秘	6	6
		商务助理	4	
		人力资源管理事务	2	
		物业管理	6	
		社区公共事务管理	4	
		老年人服务与管理	1	

注：1. 根据2014年中职招生资料整理，因此只能反映2014年招生专业的现状。
2. 2014年中职招生材料由广州市招生考试委员会办公室提供。
3. 专业类序号、专业类、专业名称以《中等职业学校专业目录（2010年修订）》为准。
4. 未包括广州康复实验学校、广州市番禺区培智学校、广州市越秀区启智学校的数据。

附表8 广州市市属公办技工学校专业布局一览表

专业类序号	专业类	专业	级别	广州市高级技工学校	广州市工贸技师学院	广州市轻工高级技工学校	广州市机电高级技工学校	广州市公用事业高级技工学校	广州市交通高级技工学校	合计 专业及方向不同级别布点学校数(所)	合计 不分方向、级别专业布点学校数(所)	每专业类已布点专业数(个)	备注
01	机械类	数控加工（数控车工）	高级		√		√			2	4	8	广东省技工院校补充专业目录
			中级	√			√	√		3			
		数控加工（数控铣工）	高级				√			1	1		
		数控加工（加工中心操作工）	预备技师				√			1			
			高级	√			√			2			
			中级	√						1			
		数控加工	高级			√			√	2	4		
			中级			√				1			
		数控机床装配与维修	高级	√			√			2	2		
		模具制造	高级					√		1			原专业目录内容
			中级	√	√		√			3			
		模具设计与制造	预备技师				√			1	5		
			高级	√	√	√				3			
			中级										
		汽车制造与装配	高级	√						1	1		
			中级	√						1			
		制冷设备运用与维修	高级			√	√			2	5		
			中级	√	√	√	√	√		5			

续上表

专业类序号	专业类	专业	级别	广州市高级技工学校	广州市工贸技师学院	广州市轻工高级技工学校	广州市机电高级技工学校	广州市公用事业高级技工学校	广州市交通高级技工学校	合计 专业及方向不同级别布点学校数(所)	合计 不分方向、级别专业布点学校数(所)	每专业类已布点专业数(个)	备注
02	电工电子类	电气自动化设备安装与维修	高级		√					1	1	5	
		楼宇自动控制设备安装与维护	高级		√					1	1		
			中级		√					1			
		工业机器人应用与维护	高级				√			1	1		
		机电一体化	预备技师				√	√		2	6		原专业目录内容
			高级	√	√	√	√	√	√	6			
			中级	√	√	√	√	√	√	6			
		电梯安装与维修	高级		√					1	1		原专业目录内容
			中级		√					1			
03	信息类	计算机网络应用	预备技师					√		1	6	10	
			高级			√	√		√	4			
			中级	√	√	√		√		5			
		计算机程序设计	高级					√		1	1		
		计算机应用与维修	高级			√				1	2		
			中级			√	√			2			
		计算机信息管理	中级		√					1			
		计算机动画制作	高级		√	√		√		4	6		
			中级		√	√	√	√		4			
		计算机广告制作	高级	√		√	√	√		4	5		
			中级		√					1			

续上表

专业类序号	专业类	专业	级别	广州市高级技工学校	广州市工贸技师学院	广州市轻工高级技工学校	广州市机电高级技工学校	广州市公用事业高级技工学校	广州市交通高级技工学校	合计 专业及方向不同级别布点学校数（所）	合计 不分方向、级别专业布点学校数（所）	每专业类已布点专业数（个）	备注
03	信息类	多媒体制作	高级			√				1	1	10	
			中级			√				1			
		移动互联网技术	高级					√		1	1		广东省技工院校补充专业目录
		网站开发与维护	中级	√						1	1		原专业目录内容
		物联网技术应用	高级					√		1	1		广东省技工院校补充专业目录
04	交通类	汽车维修	预备技师						√	1	5	11	原专业目录内容
			高级	√	√	√			√	4			
			中级	√	√	√	√		√	5			
		汽车检测	预备技师						√	1	4		
		汽车检测与维修	预备技师				√	√		2			
			高级	√			√	√		4			
			中级	√				√		2			
		汽车电器维修	高级						√	1	4		
			中级	√	√			√	√	4			

续上表

专业类序号	专业类	专业	级别	广州市高级技工学校	广州市工贸技师学院	广州市轻工高级技工学校	广州市机电高级技工学校	广州市公用事业高级技工学校	广州市交通高级技工学校	合计 专业及方向不分方向、级别布点学校数(所)	合计 不分方向、级别专业布点学校数(所)	每专业类已布点专业数(个)	备注
04	交通类	汽车钣金与涂装	高级						√	1	3	11	原专业目录内容
			中级	√	√				√	3			
		汽车营销	高级						√	1	5		
			中级	√	√				√	3			
		汽车服务与营销	高级			√				1			
			中级	√			√			2			
		现代物流	预备技师						√	1	5		
			高级				√		√	2			
			中级	√	√		√		√	5			
		港口机械操作与维护	中级	√						1	1		
		城市轨道交通运输与管理	高级	√		√	√		√	4	5		
			中级	√		√	√			3			
		城市轨道交通车辆运用与检修	高级			√				1	1		
			中级			√				1			
		汽车运用与管理	高级						√	1	1		广东省技工院校补充专业目录
		汽车装调	中级						√	1	1		广东省技工院校补充专业目录

续上表

专业类序号	专业类	专业	级别	广州市高级技工学校	广州市工贸技师学院	广州市轻工高级技工学校	广州市机电高级技工学校	广州市公用事业高级技工学校	广州市交通高级技工学校	合计 专业及方向不同级别布点学校数（所）	不分方向、级别专业布点学校数（所）	每专业类已布点专业数（个）	备注
05	服务类	烹饪	高级			√				1	1	6	原专业目录内容
			中级			√				1			
		饭店（酒店）服务	高级			√				1	3		
			中级		√	√		√		3			
		美容美发与造型（美发）	高级					√		1	2		
			中级			√		√		2			
		物业管理	中级					√		1	1		
		会展服务与管理	高级						√	1	1		
		老年服务与管理	中级	√		√				2	2		原专业目录内容
06	财经商贸类	市场营销	高级		√					1	3	6	
			中级		√		√			2			
		商务文秘	高级			√				1	2		
			中级		√	√				2			
		电子商务	高级		√	√	√	√	√	5	6		
			中级	√	√	√	√	√		5			
		会计	高级		√	√	√	√	√	5	6		
			中级		√	√	√	√		5			
		国际贸易	中级					√		1	1		
		房地产经营与管理	中级					√		1	1		
07	农业类	畜牧兽医	中级	√						1	1	2	
		园林技术	中级	√						1	1		

续上表

专业类序号	专业类	专业	级别	广州市高级技工学校	广州市工贸技师学院	广州市轻工高级技工学校	广州市机电高级技工学校	广州市公用事业高级技工学校	广州市交通高级技工学校	合计 专业及方向不同级别布点学校数(所)	合计 不分方向、级别专业布点学校数(所)	每专业类已布点专业数(个)	备注
09	化工类	高分子材料加工	中级	√						1	1	1	
11	建筑类	建筑装饰	高级		√		√			2	2	2	
			中级		√					1			
		建筑工程管理	高级				√	√		2	2		
12	轻工类	服装制作与营销	高级				√			1	1	3	
			中级				√			1			
		服装设计与制作	高级			√				1	1		
			中级			√				1			
		食品加工与检验	中级	√						1	1		
14	文化艺术类	美术设计与制作	中级			√				1	1	6	
		珠宝首饰设计与制作	高级				√			1	1		
		室内设计	中级					√		1	1		
		工业设计	高级			√	√	√		3	3		
		实用美术	高级			√				1	1		广东省技工院校补充专业目录
		室内装饰	高级			√				1	1		广东省技工院校补充专业目录
			中级			√							

续上表

专业类序号	专业类	专业	级别	广州市高级技工学校	广州市工贸技师学院	广州市轻工高级技工学校	广州市机电高级技工学校	广州市公用事业高级技工学校	广州市交通高级技工学校	合计 专业及方向不同级别布点学校数（所）	不分方向、级别专业布点学校数（所）	每专业类已布点专业数（个）	备注
15	其他	幼儿教育	中级	√						1	1	1	

注：1. 根据2014年招生资料整理，因此此表数据只能反映2014年招生专业的现状。

2. 2014年招生资料由广州市招生考试委员会办公室提供。

3. 专业类序号、专业类、专业、级别以《全国技工院校专业目录（2013年修订）》为准。

参 考 文 献

[1] 教育部．《中国职业教育发展报告》，总结十年历程［EB/OL］．http://edu.sina.com.cn/l/2012-10-29/1039220646.shtml，2012-10-29.

[2] 中共广东省委，广东省人民政府．广东省教育现代化建设纲要（2004—2020 年）［EB/OL］．http://www.eol.cn/article/20060320/3179519.shtml，2006-03-20.

[3] 广东省教育厅．广东省中长期教育改革和发展规划纲要（2010—2020 年）［EB/OL］．http://www.moe.edu.cn/publicfiles/business/htmlfiles/moe/s4604/201011/110935.html，2010-10-26.

[4] 中共广东省委，广东省人民政府．中共广东省委、广东省人民政府关于统筹推进职业技术教育改革发展的决定［EB/OL］．http://www.360doc.com/content/13/1107/13/13920349_327390190.shtml，2015-05-02.

[5] 广东省人民政府．广东省教育发展"十二五"规划［EB/OL］．http://www.jyb.cn/info/dfjyk/201111/t20111120_464551.html，2011-11-20.

[6] 广州市人民政府．广州市职业技术教育发展总体规划（2006—2020 年）［EB/OL］．http://www.guangzhou.gov.cn/node_429/node_433/2007-09/1188622536206939.shtml，2007-09-01.

[7] 中共广州市委，广州市人民政府．广州市中长期教育改革和发展规划纲要（2010—2020 年）［EB/OL］．http://www.gzedu.gov.cn/gov/GZ04/201110/t20111012_16487.html，2011-10-12.

[8] 广州市教育局．广州市教育事业发展第十二个五年规划［EB/OL］．http://wenku.baidu.com/view/daee93f2ba0d4a7302763a03.html，2012-03-27.

[9] 广州市人民政府．广州市人民政府办公厅关于促进我市职业教育校企合作工作的意见［EB/OL］．http://zwgk.gd.gov.cn/007482532/201302/t20130205_365969.html，2013-01-24.

[10] 鲁昕．职业教育，加快适应经济新常态［J］．职业技术，2015（2）：9-11.

[11] 鲁昕．中国经济新常态对职业教育提出新需求［EB/OL］．http://www.360doc.com/content/15/0104/13/3106397_438067204.shtml，2015-01-04.

[12] 宋军．广东：打造"一带一路"战略枢纽［EB/OL］．http://mon-

ey. 163. com/15/0609/03/ARKVOOMG00252G50. html,2015 - 06 - 09.

[13] 国家发展改革委,外交部,商务部. 推动共建丝绸之路经济带和21世纪海上丝绸之路的愿景与行动[EB/OL]. http://www.fmprc.gov.cn/ce/cgtrt/chn/xw/t1253579.htm,2015 - 04 - 10.

[14] 李建忠. "一带一路"给职业教育带来怎样的发展机遇[EB/OL]. http://www.cssn.cn/jyx/jyx_jyqy/201505/t20150528_2013164.shtml,2015 - 05 - 28.

[15] 国务院. 中国(广东)自由贸易试验区总体方案[EB/OL]. http://www.gov.cn/zhengce/content/2015 - 04/20/content_9623.htm,2015 - 04 - 20.

[16] 中共广东省委,广东省人民政府. 广东省中长期人才发展规划纲要(2010—2020年)[EB/OL]. http://epaper.southcn.com/nfdaily/html/2011 - 01/15/content_6916704.htm,2011 - 01 - 15.

[17] 德国联邦职业教育中心,欧洲职业培训开发中心. 德国职业教育一览. http://www.trainningvillage.gr/etv/Information_resources/National Vet/.

[18] 菲利克斯·劳耐尔. 双元制职业教育——德国经济竞争力的提升动力[J]. 职业技术教育,2011(12):68 - 71.

[19] Germany Trade & Invest. German's VET System, DIHK, Federal Ministry of Education and Research, IAB, Federal Statistical Office 2013, www.gtai.com.

[20] 金铁宽. 中华人民共和国大事记[M]. 济南:山东教育出版社,1995.

[21] 卢现祥. 西方新制度经济学[M]. 北京:中国发展出版社,2003.

[22] 查吉德. 广州模式:高职院校体制机制改革与创新[M]. 广州:暨南大学出版社,2015.

[23] 余秀琴. 中国经济转型期职业教育集团化发展[D]. 天津大学博士论文,2009.

[24] 赵小段. "职业院校社区化办学"的探索与思考——基于广州城市职业学院的探索实践[J]. 职教论坛,2015(9):59 - 62.

[25] 黄淑霞. 高校生均综合定额拨款模式探讨[J]. 财会通讯,2010(6):58 - 59.

[26] 钟碧菲,等. 建立市属高职院校学分互认制度及实施细则[R]. 广州市第四批教育教学改革项目体改项目结题报告,2013.

[27] 周萍,陈明选,杨启光. 区域高等教育国际化发展的特点和问题分析[J]. 江苏高教,2007(5):125 - 127.

[28] Bengt Nilsson, Internationalising the curriculum [G] //Paul Crowther, Michael Joris, Matthias Otten, Bengt Nilsson, Hanneke Teekens and Bernd W

chter. Internationalisation at Home: A Position Paper. Amsterdam: European Association for International Education, 2000: 34.

[29] 简·奈特. 激流中的高等教育——国际化变革与发展 [M]. 刘东风, 等, 译. 北京: 北京大学出版社, 2011.

[30] 王江琼. 论高等职业教育的国际化 [J]. 高教研究, 2004 (1): 41-42.

[31] 骆文炎. 浙江省高职教育国际化发展研究 [J]. 继续教育研究, 2010, (8): 81-83.

[32] 刘正让, 余靖中. 广东技工教育: 一流技工的摇篮 [N]. 南方日报, 2011-7-21 (A17).

[33] 何颖思. 技校生实习补贴站上"2"字头 [N]. 广州日报, 2014-4-13 (A3).

[34] 唐颖. 广东民办教育发展的现状、问题及其对策 [D]. 华中师范大学, 2001.

[35] 张铁明. 广东民办教育发展的新创举及政策创新回顾 (1979—2011 年) [J]. 广东教育 (综合), 2013 (12): 39-42.

[36] 肖航. 广东民办教育陷入"税务困局" [N]. 民营经济报, 2007-2-8 (A11).